Financial Law

高等院校经济管理类新形态系列教材

金融法（第4版）

□ 李良雄 主编
□ 杨垠红 邱格磊 副主编

人民邮电出版社

北京

图书在版编目（CIP）数据

金融法 / 李良雄主编. -- 4 版. -- 北京 : 人民邮
电出版社，2025. --（高等院校经济管理类新形态系列教
材). -- ISBN 978-7-115-67014-4

Ⅰ. D922.28

中国国家版本馆 CIP 数据核字第 2025TZ5441 号

内 容 提 要

本书本书根据我国新的金融法律法规，结合当前金融业改革与创新成果，重点选择金融业务中常用
的法律知识，阐述了中国人民银行法律制度、商业银行法律制度、借款合同法律制度、金融担保法律制
度、票据法律制度、证券法律制度、期货法律制度、保险法律制度、信托法律制度、融资租赁法律制度
和金融犯罪等内容。本书内容的选取参考了银行业、证券业、期货业等行业从业资格考试的要求。

本书正文内容配以解读知识点的"案例分析"、展示与金融法相关社会现象的"实案广角"（文本或
视频）、增加了对相应知识点理解深度的"思考与讨论"、方便读者查询法规原文的"法规展台"和拓展
性的"视野拓展"等栏目，章后布置了数量适中、题型多样的综合练习题。

与本书配套的课程简介、教学大纲、电子教案、电子课件、补充案例（文本、视频）、各类题目参
考答案、模拟试卷及答案等教学资料的索取方式见"更新勘误表和配套资料索取示意图"（部分资料仅
限用书老师下载，咨询QQ：602983359）。

本书适合高等院校财经类本科专业学生使用，也可作为成人本科、社会在职人员的培训教材和自学
参考读物。

◆ 主　　编　李良雄
　　副 主 编　杨垠红　邱格磊
　　责任编辑　万国清
　　责任印制　陈　犇

◆ 人民邮电出版社出版发行　　北京市丰台区成寿寺路 11 号
　　邮编　100164　电子邮件　315@ptpress.com.cn
　　网址　https://www.ptpress.com.cn
　　大厂回族自治县聚鑫印刷有限责任公司印刷

◆ 开本：787×1092　1/16
　　印张：14.25　　　　　　　　　2025 年 6 月第 4 版
　　字数：371 千字　　　　　　　2025 年 6 月河北第 1 次印刷

定价：54.00 元

读者服务热线：(010)81055256　印装质量热线：(010)81055316
反盗版热线：(010)81055315

第 4 版前言

本书以培养应用型财经人才为核心，遵循理论提升和实务操作相结合的思路，注重理论联系实际、深入浅出、重点分明地阐述了我国金融法律知识以及实践运用。书中穿插了形式多样的教学栏目，力求进一步拓宽学生的知识面、激发其学习兴趣。

本书自第 1 版出版以来，受到众多高校师生的欢迎。随着金融领域日新月异的发展，金融法律制度也在不断变革和因应，如 2022 年 8 月 1 日起正式施行的《中华人民共和国期货和衍生品法》补齐了我国期货和衍生品领域的法律"短板"。为吸纳最新金融法律法规，进一步增强教材的可读性，激发学生的学习兴趣和热情，编者特再次对本书进行修订。

本次修订试图突出以下几个特点。

（1）进一步更新章节内容。本版充分吸收了 2023 年 3 月印发的《党和国家机构改革方案》和截至 2025 年初的新金融相关法律法规，特别是 2022 年 8 月实施的《中华人民共和国期货和衍生品法》、2023 年 5 月实施的《期货交易所管理办法》等。全面更新了导论、中国人民银行法律制度、商业银行法律制度、期货法律制度等章节内容。

（2）进一步强化实用性和前瞻性。本书不求面面俱到，而是有针对性地选择与金融专业关系最密切、最实用的法律法规，在理论精准、言简意赅、解析透彻的指导思想下进行修订。因而删减了"互联网金融"等内容或过时提法，通过插入小栏目形式补充了与金融科技等相关的法律问题的内容，突出了金融领域的前沿发展和相关业务法律风险防范，同时调整、更新了实务内容和综合练习题，以实现从知识介绍向实务操作的转化。

（3）进一步增强可读性。在更新"导入案例""思考与讨论""案例分析"等栏目内容的基础上，通过二维码链接引入了重要的法律条文、视频案例、拓展知识等资源，打破了传统"法条罗列"式的金融法教材编写模式，使内容更加通俗易懂、重点更加突出，进一步增强了可读性。

（4）增强素质教育内容。为更好地落实立德树人这一根本任务，编者团队在深入学习党的二十大报告后，在每章章首增加了"素养目标"，正文内融入了更多素质教育素材，更新了素质教育指引等配套教学资料。

（5）进一步丰富电子化教学资料。全面更新了课程简介、教学大纲、电子教案、电子课件、补充案例（文本、视频）、各类题目参考答案、模拟试卷及答案等配套教学资料，后期还将不定期补充、完善这些资料（部分资料仅限用书老师下载，咨询 QQ：602983359）。

本书由李良雄担任主编，具体分工如下：李良雄负责编写第一章至第三章、第六章；杨垠红负责编写第四章、第八章；邱格磊负责编写第五章、第九章；张韩负责编写第七章、第十二章；王琳雯负责编写第十章、第十一章。

在编写与修订本书过程中，我们参阅了大量国内外有关论著，在此向相关作者表示诚挚的感谢！

由于编者水平所限，书中难免存在疏漏之处，敬请读者提出宝贵意见，以便进一步修订和改进。

编　者

目 录

第一章 金融法导论

【学习目标】

理解金融法的调整对象、基本原则，了解金融法的渊源；理解金融法律关系的特征，掌握金融法律关系的构成要素，熟悉金融法律关系的保护。

【素养目标】

弘扬社会主义法治精神，树立社会主义核心价值观，增强金融法治理念，严格遵纪守法，做当代金融法治的践行者。

导入案例

2021年5月8日，李某与某商业银行签订了借款合同，双方约定：借款金额为10万元，借款期限为2年，即2021年5月8日起至2023年5月7日止。借款到期后李某未偿还借款本息。2023年8月，该商业银行将李某起诉至人民法院，请求人民法院判令李某立即归还借款本息，并支付逾期利息。庭审中，李某辩称，依照借款合同载明的时间，自己应在2023年5月7日前归还该款项，如今已过了诉讼时效。

请问：（1）本案法律关系的构成要素分别是什么？

（2）人民法院会支持李某"过了诉讼时效"的主张吗？为什么？

第一节 金融法概述

一、金融法的调整对象

了解金融法的概念和调整对象是认识和理解金融法的逻辑起点。

金融法是调整金融关系的法律规范的总称，是由国家制定或认可，用以规范金融组织和金融行为的所有法律规则和法律原则。

根据金融关系的范围来看，金融法存在广义和狭义之分。狭义的金融法专指银行法，因为金融活动主要是通过银行的各种业务来实现的，银行处于金融体系的主体地位，因而银行法是金融法的最核心组成部分，是金融法的龙头法。广义的金融法除了银行法外，还包括证券法、保险法、金融信托法、金融租赁法等。本书采用的是广义的金融法，分章介绍银行、证券、保险、信托、租赁等领域涉及的主要法律问题。

金融法的调整对象是金融关系，即在现实经济活动中产生的与货币流通、信用活动相关联的各种社会关系，主要包括金融调控关系、金融监管关系和金融交易关系等三类。

视野拓展
为什么要学习
金融法

1. 金融调控关系

金融调控是国家实现宏观经济总量平衡和经济结构优化的基本手段之一，主要是以中央银行制定和实施货币政策为主导，通过各类经济变量和政策工具，引导和促进各种经济主体合理运行而实现的。金融调控过程中产生的调控主体与被调控主体之间的各种关系，即为金融调控关系。调控主体在金融调控关系中居于主导地位，拥有单方创设、变更和终止金融调控关系的权力，同时在具体调控手段的运用上，既可以直接采用强制性管控手段，使被调控主体接受与服从；也可以采用激励、诱导等间接形式，指导被调控主体的金融活动。当然，市场经济的健康发展要求金融调控以间接手段为主。为此，金融调控关系既包含不平权的纵向关系，也包含平权的横向关系，是二者的融合。

2. 金融监管关系

金融监管是金融监督和金融管理的简称。为了维护金融体系的安全与效率，保证金融业公平、正当竞争，保护各方主体权益，国家金融监管机构依法对金融机构、金融业务及金融市场实施规制和管控。金融监管机构在对金融经营机构市场准入、营运、变更、退出及金融市场秩序的监管中，形成了与被监管主体之间的各种关系，即金融监管关系。具体而言，即金融监管机构对金融经营机构的设立、变更、重整与退出进行全程审批所形成的关系；金融监管机构对各类金融机构的业务活动制定基本规则并监督实施中形成的关系；金融监管机构对货币市场、资本市场、外汇市场、保险市场、黄金市场的创建、调整、终止及其业务的开展和品种增减的监管形成的关系。由于金融监管机构是以监管者的身份出现的，通过行政权、立法权和准司法权直接实施监督管理，被监管机构必须接受和服从，无权拒绝或协商。因此，金融监管关系是一种不平权的纵向关系。

3. 金融交易关系

金融交易关系是金融经营机构在平等、自由、等价有偿的基础上依法开展各类金融业务所形成的关系。金融交易关系主要包括：银行业金融机构在办理存款、贷款、结算等银行业务中与相应主体之间发生的各种关系，如存款关系、贷款关系、拆借关系等；非银行业金融机构在开展证券、投资基金、期货期权、保险、信托、租赁等非银行业务中与相应主体之间发生的各种关系，如证券发行关系、证券交易买卖关系、期货期权交易关系、人身与财产保险业务关系、金融信托关系、融资租赁关系等。这些关系中最明显的特点是交易各方主体的地位一律平等，不存在一方凌驾于另一方之上，也不存在领导与被领导、服从与被服从的关系。因此，金融交易关系是一种平权的横向关系。

二、金融法的渊源

金融法的渊源，一般是指金融法律规范的表现形式，包括国内渊源和国际渊源等两大类。

1. 国内渊源

金融法的国内渊源，是指国家制定或认可的有关金融组织及其活动的规范性法律文件。具体包括以下六个方面。

（1）《宪法》①，是由全国人民代表大会（以下称"全国人大"）依特别程序制定的国家根本大法，具有最高的权威地位和法律效力。其他一切法律法规都必须以《宪法》为立法基

---

① 即《中华人民共和国宪法》，为简便起见，以下所有法律法规如无特别说明，均指我国的相关法律法规，不使用全称。

础，都不得与《宪法》相抵触。《宪法》中关于加强经济立法、完善宏观调控、维护社会经济秩序的规定，是我国金融立法的基础，是金融法的最高法源。

（2）金融法律，是由全国人大及其常委会制定的有关金融组织及其活动的规范性法律文件，其效力仅次于《宪法》，是金融法的主要渊源，如《中国人民银行法》《保险法》等。

（3）金融行政法规，是由最高国家行政机关——国务院依《宪法》和法律制定的有关金融组织及其活动的规范性法律文件，其法律地位和法律效力仅次于《宪法》和金融法律，如《中国人民银行货币政策委员会条例》等。

（4）金融地方性法规，是指省、自治区、直辖市的人大及其常委会在不同宪法、法律、行政法规相抵触的前提下，以及设区的市的人大及其常委会在不同宪法、法律、行政法规和本省、自治区的地方性法规相抵触的前提下，根据本地区实际情况制定的有关金融活动的规范性法律文件。金融地方性法规只在本行政区域内有效。

（5）金融规章，包括金融部委规章和金融地方政府规章两类。金融部委规章是指国家金融监督管理机关根据金融法律、行政法规的规定或授权制定的有关金融活动的规范性法律文件，如《中国人民银行残缺污损人民币兑换办法》等。这些规定多体现技术性、操作性的特点，为我国金融活动提供了较为翔实的依据，也是我国金融业监管机构履行各自职责的有力保障。金融地方政府规章是指省、自治区、直辖市人民政府以及设区的市自治州的人民政府在其职权范围内依法制定的有关金融活动的规范性法律文件。出于金融业全局性、统一性的考虑，地方政府不宜也基本没有制定在本辖区范围内适用的金融地方政府规章。

（6）金融司法解释，是指最高人民法院和最高人民检察院根据法律赋予的职权，对金融审判和检察工作中具体应用法律所作的具有普遍司法效力的解释。金融司法解释广泛适用于我国司法实践，有效地弥补了我国金融法律的缺漏。

2. 国际渊源

金融法的国际渊源是指我国缔结或参加的有关金融领域的国际条约和国际惯例。

（1）国际条约指我国在国际金融活动中所缔结或参加的双边或多边条约。这些国际条约由我国自主签订或参加，对我国具有约束力，是我国参与国际金融交往和合作的重要工具。

（2）国际惯例是在国际经济交往实践中反复使用形成的，具有固定内容且为国际社会广泛接受并承认的，一经双方确认就具有法律约束力的习惯做法或常例。

三、金融法的基本原则

金融法的基本原则，是指金融法的基础性真理、原理，其贯穿于金融法律法规的始终，体现金融法律法规的基本理念和基本精神，是金融立法、司法、执法以及守法的重要指导思想和基本行为准则。金融法的基本原则是金融法本质和内容的最集中的表现，对金融法体系中的各项法律制度具有普遍的指导作用。根据我国现阶段的国情，我国金融法的基本原则应包括以下几项。

1. 在稳定币值的基础上促进经济增长的原则

稳定币值就是保持市场货币流通和经济发展情况相适应，使货币的总供求保持平衡，避免通货膨胀或通货紧缩。促进经济增长不仅要扩大经济总量，也要优化经济结构。币值稳定与经济增长密切相关，二者的最佳结合就是在稳定币值基础上促进经济增长，这是国民经济协调发展的必要条件、内在要求和重要标志。实践也证明，只有币值稳定，才能促进国民经济持续、快速、健康发展。

我国金融立法充分体现了这一原则。《中国人民银行法》明确将"保持货币币值的稳定，并以此促进经济增长"规定为中国人民银行的货币政策目标，并赋予中国人民银行相对独立的法律地位、货币垄断发行权、动用各种货币政策工具的权力、监督管理金融市场以及防止财政透支等权力，以确保这一目标的实现。

2. 保护客户合法权益的原则

保护客户合法权益原则是指在开展金融业务中，任何金融机构、其他组织和个人都不得侵犯客户的合法权益。在金融活动中，客户是金融机构服务的对象，任何金融机构都不能脱离客户而存在；不维护客户权益，必然就会失去客户，从而导致金融机构无法生存。因此，金融法将保护客户合法权益作为一项基本原则。

要实现对客户合法权益的保护，金融机构必须正确处理其与客户之间的关系，坚持客户权益至上，向客户提供快速、便利、准确的金融服务，为客户保密，不占压、挪用客户的资金，不欺诈客户，不设置霸王条款等。我国金融法充分彰显了这一原则，如《商业银行法》不仅将客户合法权益的维护作为立法的宗旨之一，更是为保护存款人的利益单独设立了一章。

3. 防范和化解金融风险，促进金融业稳健发展的原则

金融业是一个高风险的行业，经营过程中始终伴随着信用风险、市场风险、操作风险、法律风险、声誉风险、国家风险等各种风险。这些风险的存在，不仅严重影响着金融业的安全、稳健运营，甚至还有可能引发金融危机，破坏整个社会的经济生活和国家安定。因此，防范和化解金融风险，促进金融业稳健发展，是金融业永恒的主题。

我国金融法无论是对金融业务的规范、对金融组织的构建，还是对监督管理制度的设计，都始终没有脱离防范和化解金融风险，促进金融业稳健发展这一原则。《商业银行法》《证券法》《保险法》等都对这一原则加以了具体化，如《商业银行法》明确规定商业银行应当以安全性作为"三性"经营原则之首，应当建立、健全内部的风险管理和内部控制制度等。

4. 公平、适度竞争的原则

市场经济的重要原则之一是通过市场竞争机制引导资源优化配置。在市场经济条件下，各种金融机构都要成为独立的市场主体，自主经营、自负盈亏，资金也要商品化，这就必然要在金融业中引入市场竞争机制，依靠竞争引导资金合理流动，以实现最佳配置。为此，在我国社会主义市场经济建设中，为了提高金融业资源的优化配置，各种金融机构之间开展竞争在所难免。但金融机构之间的竞争不应是不正当竞争和恶性竞争，而应该是在不断提高金融服务质量基础上的公平竞争。我国金融立法非常强调金融机构之间的公平竞争原则，如《商业银行法》第9条规定：商业银行开展业务，应当遵守公平竞争的原则，不得从事不正当竞争。

值得注意的是，与一般商品市场不同，金融业的竞争还必须是适度竞争。这主要体现在各国一般都对金融机构的市场准入采取严格限制，实行许可制，而且很多国家都在一定程度上限制金融机构的业务交叉，特别是分业经营的国家。更为重要的是金融是国民经济的命脉，金融业关系到国计民生，而金融业的危机具有传染性，会导致"多米诺骨牌"效应，一旦过度、任意竞争，必然会频繁发生金融机构退出问题，从而可能引发连锁反应，造成严重损害。因此，出于对整个社会利益的考虑，金融机构之间的竞争必须是适度的，而非充分竞争。当然，适度竞争并非提倡金融垄断，而是主张国家应加强对金融业的管控。

> **思考与讨论**
>
> 金融科技有哪些模式？存在哪些法律风险？请通过网络查询相关资料后讨论上述问题。

5. 分业经营、分业管理的原则

分业经营、分业管理是指银行、证券、保险、信托等各类金融机构在各自业务分工许可范围内，各营其业、互不交叉，并分别接受不同的监督管理。分业经营、分业管理的原则有利于专业分工细化，避免金融风险扩散，而且比较容易进行监督管理，这也符合我国现阶段的国情。我国金融法吻合这一现状，明确商业性金融与政策性金融分开经营、分开管理，也明确商业性金融中的银行业、证券业、保险业、信托业分开经营、分开管理，禁止交叉混合、越权经营、越权监管。

当然，随着金融创新的日益深化、外资银行的逐渐准入、全球金融业并购的不断扩大，金融业混业经营已经成为当今世界的发展主流。在这一背景下，我国金融实务部门也开始了混业经营的尝试，不仅诞生了金融控股公司，而且业务界限开始模糊。金融立法也开始对此作出反应，如经过修改的《商业银行法》和《证券法》都为混业经营提供了认可的空间。应该承认，混业经营是我国金融业发展的必然趋势，我国金融法的分业经营、分业管理原则也必将发生改变。2023年我国在中国银行保险监督管理委员会基础上组建国家金融监督管理总局就体现了这一趋势。

第二节　金融法律关系

一、金融法律关系的概念及特征

金融法律关系是由金融法律规范调整的在金融宏观调控、金融监管、金融业务等活动过程中形成的以权利义务为内容的社会关系。金融法律关系的形成和存在必须以金融关系和金融法律规范的同时存在为条件。

金融法律关系作为法律关系的一种，除具有法律关系的一般特点外，还有其自身的特征。

（1）金融法律关系一般以金融机构作为一方当事主体。金融法律关系是在金融宏观调控、金融监管、金融业务等活动过程中形成的权利义务关系。金融宏观调控是指中央银行为了实现货币政策目标，通过货币政策工具，以商业银行等金融机构为传导主体，实现对宏观经济的调节；金融监管是指金融监管机构对商业银行等银行业金融机构和证券公司、保险公司等非银行业金融机构进行的监督和管控；金融业务活动是指银行业金融机构和非银行业金融机构向企业事业单位、自然人等提供金融服务的过程。这意味着，金融法律关系是以金融机构为中心形成的责任、权利、义务关系，金融机构是其中不可或缺的一方当事主体，否则难以形成金融法律关系。

（2）金融法律关系具有纵横统一性。金融法律规范所调整的金融关系既有不平等主体之间的纵向金融监管关系，又有平等主体之间的横向金融业务关系，还有包含不平等主体之间和平等主体之间的纵横双重性的金融宏观调控关系。因而，由此产生的金融法律关系必然彰显纵向法律关系和横向法律关系的统一，属于比较典型的经济法律关系。

（3）金融法律关系具有广泛性、多样性和复杂性。当前金融活动不仅已经渗透到社会生活的各个方面和领域，成为大众广泛参与的活动，而且随着科技领域的日新月异和金融竞争的日益激烈，金融行业不断加强创新，金融领域的新事物层出不穷，金融产品、金融机构等变得越来越复杂多样，从而使得金融法律关系呈现出广泛性、多样性、复杂性的特征。

（4）金融法律关系的形成和变化往往具有要式性。基于金融的重要性和特殊性，金融行业的管控比较严格，立法一般要求金融法律关系的确立、变更、终止必须采用书面形式，而且其格式往往标准化，当事人不能随意对之加以调整和变更，从而使金融法律关系具有较为严格的要式性特征。

二、金融法律关系的构成要素

金融法律关系的构成要素是指构成金融法律关系所必不可少的组成部分。和其他法律关系的构成要素一样，金融法律关系也是由主体、客体和内容等三个要素构成的。

1. 金融法律关系的主体

金融法律关系的主体是指金融法律关系的参加者，即在金融法律关系中，依法享有权利和承担义务的当事人。享有权利的当事人称为权利主体，承担义务的当事人称为义务主体。主体是金融法律关系的第一要素，没有主体参与的金融法律关系是不存在的。

（1）金融机构，是金融法律关系的当然主体。金融机构可以分为两大类：金融管理机构和金融经营机构。金融管理机构代表国家调控金融市场、监管金融行业，是国家金融调控、监管部门，在金融法律关系主体中居于特殊重要的地位。中国人民银行、国家金融监督管理总局、中国证券监督管理委员会（证监会）等都属于此类金融机构。金融经营机构则以营利为目的，按照价值规律和金融市场运行机制从事各种金融营业活动。金融经营机构包括各类银行和非银行金融机构，如各类商业银行、信用社、政策性银行、证券公司、保险公司、信托公司和金融资产管理公司等。

（2）各类普通经济组织以及其他社会组织。普通经济组织是指除金融经营机构之外，从事生产经营活动，依法自主经营、自负盈亏并实行独立核算的经济组织，包括各种公司、合伙企业和个人独资企业等。其他社会组织是指依法定程序成立，实行独立核算或预算，拥有独立的财产权或经营管理权的组织，包括事业单位和社会团体。这些主体可以是法人组织，也可以是非法人的合伙组织和联营组织。

（3）自然人，是指在自然状态下出生的人，包括中国公民、外国公民以及无国籍人。一般而言，具有完全行为能力的自然人参与金融活动，才能成为金融法律关系的主体。但在特殊情况下，无行为能力人或限制行为能力人也能成为金融法律关系的主体。

（4）国家。某些情况下，国家也可以作为主体参与金融活动，成为金融法律关系的主体，如发行国债、发行货币等。

2. 金融法律关系的客体

金融法律关系的客体，是指金融法律关系主体的权利义务所共同指向的对象。金融法律关系的客体是确立权利义务关系的性质和具体内容的依据，也是确定权利行使与否和义务是否履行的客观标准。客体是金融法律关系不可缺少的要素之一。金融法律关系的客体有货币、金银、有价证券等金融资产和金融调控、监管、服务等行为。

3. 金融法律关系的内容

金融法律关系的内容，是指金融法律关系主体依法所享有的权利和承担的义务。内容要素是金融法律关系的核心，直接反映了金融法律关系主体的要求和利益。权利是指金融法律关系主体依法有权为或不为一定行为和要求他人为或不为一定行为的资格。义务是指金融法律关系主体依法必须为一定行为或不得为一定行为的责任。义务具有强制性，如不履行或不适当履行，都要受到法律的制裁。

权利和义务既相互对立，又相辅相成，一方的权利，就是他方的义务。在不同的金融法律关系中，金融法主体享有不同的权利，承担不同的义务。

三、金融法律关系的产生、变更和终止

金融法律关系是一个不断运动、变化的过程，表现为金融法律关系的产生、变更和终止。金融法律关系的产生，是指在金融法律关系主体之间形成一定的权利义务关系，如因存款合同行为而在商业银行和储户之间形成的债权债务关系等。金融法律关系的变更，是指已经存在的金融法律关系的主体、客体或内容发生了改变，如存款合同的权利义务随存款金额的变化而增加或减少等。金融法律关系的终止，是指金融法律关系主体之间的权利义务关系完全

消灭，如因贷款合同履行完毕而使借款人和商业银行之间不再存在债权债务关系。

金融法律关系的产生、变更和终止，需要具备一定的条件。其中最主要的条件有两个：一是金融法律规范。金融法律规范是金融法律关系产生、变更和终止的法律依据，没有一定的金融法律规范就不会有相应的金融法律关系。二是法律事实。所谓法律事实，是指由金融法所规定的，能够引起金融法律关系产生、变更和终止的各种事实的总称，包括法律行为和法律事件两大类。

<u>法律行为是指以当事人的意志为转移，能够引起金融法律关系的产生、变更和终止的人们的有意识的活动，包括合法行为和违法行为两类。</u>如依法订立保险合同、不履行或不适当履行贷款合同义务等。法律行为是引起金融法律关系产生、变更和终止最普遍的法律事实。<u>法律事件是指不以当事人的意志为转移，能够引起金融法律关系产生、变更和终止的客观事实。</u>事件包括自然事件和社会事件，前者如人的生老病死、自然灾害等，后者如战争、社会革命等。

📝 案例分析

李某购买了一套商品房，与甲商业银行签订房屋按揭贷款合同。双方约定：贷款金额为100万元，贷款期限为10年。前年李某将该房屋卖给张某，并与甲商业银行达成协议，剩余贷款由张某承担清偿责任。后来由于张某投资一个项目获得成功，赚了100多万元，其便与甲商业银行协商后，提前将剩余贷款在今年6月一次性全部还清。

请问：如何理解本案贷款法律关系的产生、变更和终止？

解析：因李某与甲商业银行签订房屋按揭贷款合同，便在二者之间形成贷款法律关系；后因张某购买该房屋而成为新的还贷者，使已经生效的贷款法律关系发生了主体方面的改变，即主体变更；最后由于张某提前清偿所有贷款本息，从而使贷款法律关系终止。

四、金融法律关系的保护

金融法律关系的保护，是指国家有关机关依法采取积极有效的方法和手段，以促使金融法律关系的参加者正确行使权利和切实履行义务，从而维护当事人的合法权益和良好的金融秩序。

（一）金融法律关系的保护机构

金融法律关系的保护主要通过以下四个机构来实现。

1. 金融监管机构

金融监管机构既是金融法律关系的主体，又是进行金融法律关系保护的最重要机构。相关金融法律法规不仅赋予了金融监管机构广泛的监管权，实现对金融经营机构的市场准入、退出和业务经营活动的全程监管，而且也明确了金融监管机构享有强有力的行政处罚权，对金融违法违规行为予以严厉打击与查处，从而确保金融经营机构的合法经营，保障金融法律关系内容的全部实现。

2. 审计机构

根据《审计法》的规定，审计机构有权对金融监管机构和国有金融机构的财务收支进行审计监督，并对违反国家规定的财务收支行为有权采取责令限期缴纳应当上缴的款项、限期退还被侵占的国有资产、限期退还违法所得、依法给予处罚等措施，从而促进金融机构规范财务收支行为，加强资金管理，提高义务履行的实力，间接地保护了金融法律关系。

3. 仲裁机构

仲裁机构不是行政机关，也不附属于行政机关，而是依法成立的一种社会服务组织，其可以在直辖市和省、自治区人民政府所在地的市设立，也可以根据需要在其他设区的市设立。根据《仲裁法》的规定，平等主体的公民、法人和其他组织之间发生的合同纠纷和其他财产权益纠纷，可以仲裁。为此，金融业务经营活动中发生的存款、贷款、保险、证券交易、信托、租赁等合同纠纷都可以申请仲裁机构仲裁，从而实现平等主体之间金融纠纷的公平解决。

4. 司法机关

司法机关是指人民法院和人民检察院。人民法院依法对金融民事案件、金融行政案件和金融犯罪案件行使审判权，公正地解决当事人之间的金融纠纷。人民检察院对金融犯罪案件依法行使检察权，以国家公诉人身份向人民法院提起公诉，并对人民法院的金融审判活动实行监督。司法是金融权利救济的最后一道防线，因而司法机关对金融法律关系的保护起着十分重要的作用。

（二）金融法律关系的保护途径

金融法律关系的保护主要包括行政、仲裁和诉讼三种途径，其中诉讼保护是指通过金融民事诉讼、金融行政诉讼和金融刑事诉讼对金融法律关系进行的保护。

1. 行政保护

行政保护是指金融监管机构对违反金融法律法规，不履行金融法律义务的单位和个人，依照行政程序予以处理，以保护金融法律关系主体的权利义务得以实现的行为。当金融经营机构、其他单位和个人的违法行为应当给予行政处罚时，金融监管机构有权根据具体情况对该违法主体采取警告、停业整顿、吊销金融许可证等行政处罚。当然，受到行政处罚的主体享有陈述权与申辩权，对行政处罚不服的，有权依法申请行政复议或提起行政诉讼。

2. 仲裁保护

仲裁保护是指仲裁机构受理仲裁申请，对民事金融纠纷依法实行裁决，以保护金融法律关系的行为。对于仲裁保护，需做以下四项说明：第一，民事金融纠纷的当事人应在自愿基础上达成仲裁协议；若无仲裁协议的，仲裁机构不予受理。第二，当事人应当在规定的期限内约定仲裁庭的组成方式并选定仲裁员；若当事人在规定的期限内未能约定仲裁庭的组成方式或者未能选定仲裁员的，由仲裁委员会主任指定。第三，仲裁机构应当在仲裁规则规定的期限内将开庭日期通知双方当事人，在庭审过程中当事人享有辩论权、表述最后意见权、自行和解权等。第四，仲裁实行一裁终局制，即裁决一旦作出，就发生法律效力；若当事人就同一金融纠纷再申请仲裁或者向人民法院起诉的，仲裁机构或人民法院不予受理。以仲裁方式保护金融法律关系，既可以简便、快捷地解决民事金融纠纷，又可以实现较大的自主性和保密性。

3. 金融民事诉讼

视野拓展

走近金融法院

金融民事诉讼是指人民法院在当事人和全体诉讼参与人的参加下，依法审理平等主体之间发生的金融业务纠纷的活动。金融民事诉讼遵守合议、回避、公开审判、两审终审等制度。金融民事诉讼一般以原告就被告原则确定地域管辖。但因侵权行为提起的诉讼，也可以由侵权行为地人民法院管辖；因合同纠纷提起的诉讼，也可以由合同履行地人民法院管辖。此外，因不动产纠纷提起的诉讼，由不动产所在地人民法院管辖。

金融民事诉讼中还应特别注意诉讼时效问题。诉讼时效是权利人在法定期间内不行使权利，则人民法院对权利人的权利不再给予保护的制度。诉讼时效届满，权利人丧失胜诉权，但仍享有实体权利，因而若当事人自愿履行的，则不受诉讼时效限制。根据《民法典》规定，向人民法院请求保护民事权利的诉讼时效期间为 3 年。诉讼时效期间自权利人知道或者应当知道权利受到损害以及义务人之日起计算。法律另有规定的，依照其规定。但是，自权利受到损害之日起超过 20 年的，人民法院不予保护，有特殊情况的，人民法院可以根据权利人的申请决定延长。诉讼时效存在中断和中止两种情形。

4. 金融行政诉讼

金融行政诉讼是指公民、法人或者其他组织认为金融监管机构在金融行政监管过程中所作出的具体行政行为侵犯其合法权益，依法向人民法院请求司法保护，人民法院通过对被诉金融监管行政行为的合法性进行审查，从而解决金融监管行政争议的活动。

5. 金融刑事诉讼

金融刑事诉讼是指公安机关、人民检察院、人民法院在当事人及其他诉讼参与人的参加下，依照法律规定的程序和要求，查证核实被告人是否实施了金融犯罪，是否应当受到刑罚及受到何种刑事处罚的活动。其中公安机关负责金融刑事案件的侦查、拘留、执行逮捕、预审；人民检察院负责金融刑事案件的检察、批准逮捕、检察机关直接受理的金融刑事案件的侦查、提起公诉；人民法院负责金融刑事案件的审判。

导入案例解析

（1）金融法律关系由主体、客体和内容等三个要素构成。本案的主体就是李某和某商业银行。客体是借贷行为。内容是某商业银行主要享有请求李某按期归还本息的权利，承担发放贷款的义务；李某享有请求某商业银行发放贷款的权利，承担按期归还本息的义务。

（2）人民法院不会支持李某的主张。《民法典》规定，诉讼时效期间自权利人知道或者应当知道权利受到损害以及义务人之日起计算。向人民法院请求保护民事权利的诉讼时效期间为 3 年。本案的诉讼时效期间应自 2023 年 5 月 8 日起算，至 2026 年 5 月 7 日届满。

综合练习题①

一、名词解释

金融法　金融法渊源　金融法律关系　金融法基本原则

二、判断题

1．金融法的调整对象主要包括金融业务关系与金融监管关系两类。　　（　　）
2．金融监管关系是一种纵横统一的关系。　　（　　）
3．金融法律关系的客体只能是货币、金银、有价证券等金融资产。　　（　　）
4．只要有金融法律规范，就可以形成金融法律关系。　　（　　）
5．金融法律关系一律以金融机构作为一方当事主体。　　（　　）

三、单项选择题

1．下列属于法律行为的是（　　）。
　　A．自然灾害　　　B．订立买卖合同　　C．战争　　　　　　D．生老病死
2．一般诉讼时效期间为（　　）。

---

① 为了增强学生自主解决问题的能力，本书部分习题需要学生借助网络或课外资料查找正确答案。

A．1年   B．2年   C．3年   D．5年

3．人民法院对金融行政纠纷案件，不能作出（   ）判决。

     A．维持原具体行政行为

     B．部分撤销原具体行政行为

     C．责令被告限期履行

     D．直接向原告颁发许可证或执照等，赋予或确认原告从事某种活动的法律资格或
        法律权利

4．下列表述正确的是（   ）。

     A．金融行政法规的法律地位和法律效力仅次于《宪法》

     B．金融自律性规则具有法律强制力

     C．金融法律关系的形成和变化一般要求采用书面形式和标准化格式

     D．金融法律关系客体直接反映了金融法律关系主体的要求和利益

5．（   ）是金融法律关系主体的权利义务所共同指向的对象。

     A．金融法律关系主体   B．金融法律关系客体

     C．金融法律关系形式   D．金融法律关系内容

四、多项选择题

1．下列属于金融业务关系的有（   ）。

     A．存款关系   B．拆借关系   C．外汇买卖关系   D．金融监管关系

2．金融法的渊源有（   ）。

     A．金融法律   B．金融行政法规

     C．金融地方性法规   D．金融机构内部规章制度

3．下列表述正确的有（   ）。

     A．稳定币值和促进经济增长同时并举是我国金融法的基本原则之一

     B．宏观调控和分业管理相统一是我国金融法的基本原则之一

     C．完全充分竞争是金融法公平竞争原则的体现

     D．金融法律关系由主体、客体、内容等三个要素构成

4．金融法律关系的保护机构有（   ）。

     A．金融监管机构   B．审计机构   C．仲裁机构   D．司法机关

5．金融法律关系的保护主要途径有（   ）。

     A．行政保护   B．仲裁保护   C．民事诉讼   D．刑事诉讼

五、思考题

1．简述金融法的调整对象。

2．如何理解我国金融法的基本原则？

3．简述金融法律关系的特征。

4．简述金融法律关系的保护机构。

5．简述金融法律关系的构成要素。

六、案例分析题

     储户张某持一张甲商业银行的借记卡到乙商业银行下属的自助银行刷卡取款，见自助银行门禁上设有一个装置和一条提示：进门前先刷卡并输入密码。张某刷卡并输入密码后因自助银行的门仍旧未打开，便离去。后来张某发现借记卡内存款少了万余元。

     请问：本案涉及的金融法律关系应如何保护？

第二章 中国人民银行法律制度

【学习目标】

理解中国人民银行的法律性质和地位，了解中国人民银行的职责和组织机构；掌握中国人民银行货币政策的最终目标和工具；掌握人民币的法律地位，了解人民币的发行原则和程序；理解中国人民银行的监督管理权。

【素养目标】

理解有中国特色的现代中央银行制度，牢牢把握中国人民银行金融监管的目的与意义，自觉抵制发生系统性金融风险；增强人民币保护意识，严禁损害人民币的违法行为，自觉维护国家征信体系，强化诚信意识和行为。

导入案例

在某小学附近的一家文具店内，一种十分逼真的"玩具人民币"颇为畅销，受到小学生的追捧。"玩具人民币"与真实人民币高度相似，面值、国徽、花纹、盲文、编号等信息与真币无异，只是用"儿童玩具银行"代替了"中国人民银行"，除尺寸稍小外几乎能以假乱真。同时，该文具店老板王某还将一些小面额的人民币，通过剪裁并用胶水粘贴后制作成帆船、莲花等工艺品高价出售。

请问：（1）该文具店销售"玩具人民币"是否违法？若违法，应承担何种法律责任？

（2）王某制作人民币工艺品是否违法？若违法，应承担何种法律责任？

第一节 中国人民银行法概述

《中国人民银行法》是我国首部金融基本法，其以法律形式明确了中国人民银行作为我国中央银行的地位，标志着中国人民银行走向法制化、规范化的轨道，是中国人民银行法制建设的重要里程碑。

一、中国人民银行的法律性质

中国人民银行是我国的中央银行，居于我国金融体系的核心地位。中国人民银行在法律性质上属于特殊国家金融监管机关。

1. 中国人民银行是特殊的国家机关

中国人民银行从事金融业务，具有金融机构的属性，区别于一般的政府机关，具体体现在以下几个方面：①中国人民银行履行的监管、调控职能主要是通过其服务职能，即通过金融业务活动实现的，其调控方式也主要是施行货币政策等间接手段；而一般政府机关主要依靠行政命令直接管理国家事务。②中国人民银行办理存款、再贴现、票据清算等金融业务，实行资产负债管理，有收益也会有亏损；而一般政府机关则完全依靠国家财政拨付经费。

③中国人民银行因其职能的重要性和业务的特殊性,不像一般政府机关那样完全隶属于政府,而是具有相对独立的法律地位。

2. 中国人民银行是特殊的金融机构

中国人民银行虽然属于广义金融机构的范畴,但与普通金融机构相比,又更多地体现出国家政府机关的性质。首先,中国人民银行不以营利为目的,其亏损由中央财政拨款弥补,这与普通金融机构以营利为目的的企业属性截然不同。其次,中国人民银行不经营普通金融机构的业务,只对政府、普通金融机构办理业务,而不对工商企业和个人办理业务。最后,《中国人民银行法》对行长、副行长的设置、任免等规定较为严格,与其他国家政府机关行政领导干部的任命程序相同。

二、中国人民银行的法律地位

中国人民银行的法律地位是指法律规定中国人民银行在国家机构体系中的地位。基于中国人民银行的性质以及我国现行的政治体制结构,中国人民银行的法律地位是在国务院领导下具有相对独立性的国家金融行政监管机关。

1. 中国人民银行具有行政隶属性

根据《中国人民银行法》的规定,中国人民银行对中央人民政府的行政隶属性体现在以下四个方面:①中国人民银行是国务院的重要组成部门,在国务院领导下制定和执行货币政策,防范和化解金融风险,维护金融稳定;②中国人民银行就年度货币供应量、利率、汇率和国务院规定的其他重要事项作出的决定,须报国务院批准后执行;③中国人民银行货币政策委员会的职责、组成和工作程序,由国务院规定,报全国人民代表大会常务委员会备案;④中国人民银行的行长由国务院总理提名,副行长由国务院总理任免。

2. 中国人民银行具有相对独立性

根据《中国人民银行法》的规定,中国人民银行享有相对独立性,其体现在以下三个方面:①中国人民银行履行职责、开展业务,不受地方政府、各级政府部门、社会团体和个人的干涉。财政不得向中国人民银行透支,中国人民银行不得直接认购政府债券,不得向各级政府贷款,不得包销政府债券。②中国人民银行应当向全国人民代表大会常务委员会提出有关货币政策情况和金融业运行情况的工作报告。③中国人民银行行长的人选,根据国务院总理的提名,由全国人民代表大会决定;全国人民代表大会闭会期间,由全国人民代表大会常务委员会决定,由中华人民共和国主席任免。

> **思考与讨论**
>
> 各国对中央银行独立性理解的不同,以及各国经济、金融和政治体制的不同,决定了各国立法对中央银行地位的规定也不尽相同。如何评价主要国家中央银行的独立性问题?

三、中国人民银行的职能与职责

中国人民银行的职能是中国人民银行应有的作用,具体体现在中国人民银行职责中。

1. 中国人民银行的职能

中国人民银行具有中央银行所具备的四项基本职能,即发行的银行、银行的银行、政府的银行、监管的银行。

发行的银行是指国家赋予中国人民银行集中与垄断货币发行的特权,并由中国人民银行统一管理全国的货币发行与流通,维持币值稳定;银行的银行是指中国人民银行只对商业银行和其他金融机构开展各种银行业务,主要包括集中管理存款准备金、充当银行业的最后贷款人、组织全国银行间的资金清算等；政府的银行是指中国人民银行代表政府贯彻执行货币政策，代理政府管理财政收支，以及为政府提供各种金融服务；监管的银行是指中国人民银行为了实施货币政策和维护金融稳定而承担和执行有关监管职责，如监管银行间同业拆借市场、监管外汇市场等。

2. 中国人民银行的职责

根据《中国人民银行法》的规定，中国人民银行履行下列职责。

（1）发布和履行与其职责有关的命令和规章。中国人民银行作为国务院的重要组成部门，有权根据法律、行政法规、决定和命令，在本部门的权限范围内，制定和颁布有关命令和规章。这是《中华人民共和国立法法》所明确规定的，也是实现中国人民银行职责的前提和保障。

（2）依法制定和执行货币政策。货币政策是指中国人民银行为实现一定的经济目标，运用各种工具调节和控制货币供给量，进而影响宏观经济的方针和措施的总和。中国人民银行要在国务院领导下，依照法定程序研究拟定货币政策，并组织实施，以实现货币政策的最终目标。这是中国人民银行最重要的职责。

（3）发行人民币，管理人民币流通。发行与管理货币是世界各国中央银行通常的职责，中国人民银行也不例外。中国人民银行负责人民币的设计、印刷、投放和回笼，还要承担人民币流通中的更新、销毁和反假币等工作。

（4）监督管理银行间同业拆借市场和银行间债券市场。银行间同业拆借市场是金融机构之间开展1年以下、无担保资金融通活动的市场。中国人民银行负责审核同业拆借市场的准入主体，负责同业拆借交易、清算、风险、信息披露等方面的监督管理。银行间债券市场是指依托于中国外汇交易中心暨全国银行间同业拆借中心和中央国债登记结算有限责任公司，包括商业银行、农村信用联社、保险公司、证券公司等金融机构进行债券买卖和回购的市场。中国人民银行是全国银行间债券市场的主管部门，负责制定市场管理办法和规定，对市场进行全面监督和管理，拟定市场发展规划和推动市场产品创新等。

（5）实施外汇管理，监督管理银行间外汇市场。外汇管理是中国人民银行运用各种手段对外汇的收支、使用、结算、买卖以及汇率进行管制，以保持国际收支平衡和汇率稳定的行为。银行间外汇市场是指经国家外汇管理局批准的，从事外汇业务的金融机构之间通过中国外汇交易中心进行人民币与外币之间交易的市场。中国人民银行授权国家外汇管理局具体实施外汇管理，监管银行间外汇市场的准入、交易工具以及交易价格等。

视野拓展

外汇的种类

外汇是指以外币表示的可以用作国际清偿的支付手段和资产。外汇可以分成：①外币现钞，包括纸币、铸币；②外币支付凭证或者支付工具，包括票据、银行存款凭证、银行卡等；③外币有价证券，包括债券、股票等；④特别提款权；⑤其他外汇资产。

（6）监督管理黄金市场。黄金市场是指黄金买卖和兑换的交易市场。中国人民银行是我国黄金市场的主管机关，具体负责监管黄金交易所和黄金进出口业务。上海黄金交易所是经国务院批准，由中国人民银行组建，在国家市场监督管理部门登记注册的，不以营利为目的，实行自律性管理的法人。上海黄金交易所接受中国人民银行的领导和监管。黄金及其制品进出口管理属于我国进出口许可管理制度中限制进出口管理范畴。进出口列入《黄金及其制品进出口管理商品目录》的货物，必须获得中国人民银行或其授权的中国人民银行分支机构签发的"黄金及其制品进出口准许证"，海关才能办理验放手续。

（7）持有、管理、经营国家外汇储备、黄金储备。外汇储备是一国政府所持有的国际储备资产中的外汇部分，一般包括国际上广泛使用的可兑换货币。黄金储备是一国政府为了应付国际支付和维护货币信用而储备的金块、金币的总额。外汇储备、黄金储备是一国对外支付能力的保证，也是实现币值稳定和国际收支平衡的重要手段。中国人民银行跟其他国家中央银行一样，负责持有、管理、经营国家外汇储备、黄金储备，并使其保值、增值。

📖 视野拓展

"经理"国库还是
"代理"国库

（8）经理国库。国库是国家金库的简称，指专门办理国家预算资金的收纳、划分、留解和拨付的专门机构。中国人民银行经理国库主要是办理与监督国家预算收支和代理国债发行与兑付。这是中国人民银行的一项重要职责，体现了中国人民银行政府机关的职能。

（9）维护支付、清算系统的正常运行。支付、清算系统是中国人民银行向金融机构及社会经济活动提供资金清算服务的综合系统。我国已经建立了大额支付系统、小额支付系统、全国支票影像交换系统、境内外币支付系统、电子商业汇票系统、网上支付跨行清算系统等，这些是我国重要的金融基础设施，是国家和社会资金流动的大动脉。中国人民银行主要从制定有关支付清算规则、依法规范支付清算体系正常运行、依法规范支付服务组织运行、推广多种支付工具以减少现金使用等几方面维护支付、清算系统的正常运行。

（10）指导、部署金融业反洗钱工作，负责反洗钱的资金监测。中国人民银行是国务院反洗钱行政主管部门，承担组织、协调国家反洗钱工作，具体指导、部署金融业反洗钱，负责反洗钱的资金监测，制定或者会同国务院有关金融监督管理机构制定有关金融机构反洗钱的规章制度，监督、检查金融机构履行反洗钱义务的情况，在职责范围内调查可疑交易活动。

（11）负责金融业的统计、调查、分析和预测。中国人民银行的地位和职能决定了它有能力对金融行业进行系统的分析和研究，搜集、汇总有关经济金融信息，对经济、金融形势作出预测，为国务院组织整个国民经济运行提供资料、信息和预测分析，为国民经济其他部门提供参考。

（12）作为国家的中央银行，从事有关的国际金融活动。在对外金融活动中，中国人民银行作为中国政府的代表，参加国际货币基金组织、世界银行、国际清算银行等国际金融组织，签订国际金融协定，以及参与国际金融事务与活动，如出席各种国际性金融会议、参加国际金融事务的协调磋商等。

（13）国务院规定的其他职责。这一项是兜底条款，主要涵盖中国人民银行现有但没有必要列出的职责，以及国务院将来根据国家经济、金融形势发展而赋予中国人民银行的职责。

📖 **视野拓展**

中国人民银行管理信贷征信业

2003 年，国务院赋予中国人民银行"管理信贷征信业，推动建立社会信用体系"职责，批准设立征信管理局。2004 年，中国人民银行建成全国集中统一的个人信用信息基础数据库；2005 年，银行信贷登记咨询系统升级为全国集中统一的企业信用信息基础数据库。2008 年，国务院将中国人民银行征信管理职责调整为"管理征信业"并由中国人民银行牵头社会信用体系建设部际联席会议；2011 年，牵头单位中增加了国家发展和改革委员会。2013 年 3 月，《征信业管理条例》正式实施，明确中国人民银行为征信业监督管理部门，征信业步入了有法可依的轨道。

四、中国人民银行的组织机构

中国人民银行是一个复杂的组织控制系统，它通过一定的组织形式与组织机构履行职责、发挥作用。这些组织机构是中国人民银行履行职能、职责的根本保障。

（1）领导机构。中国人民银行设行长一人，副行长若干人。<u>中国人民银行实行行长负责制</u>。行长负责制是指行长在中国人民银行中处于核心地位，起中心作用，对中国人民银行全面负责。行长负责制也就是首长负责制。中国人民银行的副行长在行长的领导下，按各自的分工协助行长工作，对行长负责。行长与副行长的关系是领导与被领导的关系。

（2）分支机构。<u>中国人民银行根据履行职责的需要设立分支机构，并将其作为中国人民银行的派出机构。</u>中国人民银行对分支机构实行统一领导和管理。各分支机构根据中国人民银行的授权，维护本辖区的金融稳定，承办有关业务。

（3）咨询机构。根据《中国人民银行法》和国务院发布的《中国人民银行货币政策委员会条例》的规定，<u>中国人民银行还设有货币政策委员会，</u>作为制定货币政策的咨询议事机构。货币政策委员会的主要职责是在综合分析宏观经济形势的基础上，依据国家的宏观经济调控目标，讨论货币政策事项，并提出建议，确保在国家宏观调控、货币政策制定和调整上起重要作用。

此外，中国人民银行还设立了内设机构和具有法人资格的企事业单位，前者如办公厅（党委办公室）、条法司、货币政策司、金融市场司、金融稳定局等；后者如中国反洗钱监测分析中心、中国人民银行征信中心、中国外汇交易中心（全国银行间同业拆借中心）等。

第二节　中国人民银行货币政策

制定和执行国家货币政策是中国人民银行最重要的职能。《中国人民银行法》在相关条文中涉及了货币政策的规定。

一、货币政策的内容

货币政策在国家的宏观经济政策中居于十分重要的地位。货币政策的变化会引起社会总需求和总供给、一般价格水平、经济增长速度和经济结构、国际收支平衡等方面的变化。因而它是现代市场经济国家最重要的宏观经济调控手段之一。

货币政策包括政策目标、实现目标的政策工具、监测和控制目标实现的各种操作指标和中介指标、政策传递机制和政策效果等基本内容。这些基本内容紧密联系，构成一个国家货币政策的有机整体。在制定和实施货币政策时，必须对这一有机整体进行统筹考虑。

二、货币政策的最终目标

货币政策的最终目标是指中国人民银行制定和实施货币政策所要达到的最终效果。各国立法对中央银行货币政策目标的表述各有不同，一般来说可以分成三种，即单一目标论、双重目标论和多重目标论。单一目标论认为货币政策的最终目标就是稳定货币币值；双重目标论认为货币政策的最终目标应该是稳定货币币值和发展经济并举；多重目标论认为货币政策的最终目标应当是一个由多项目标有机构成的目标体系，主要包括稳定币值、充分就业、促进经济增长和平衡国际收支等四种。

《中国人民银行法》明确规定了我国货币政策的最终目标，即"保持货币币值的稳定，并以此促进经济增长"。这表明我国货币政策目标是有层次、有主次之分的单一目标。其中稳定币值是货币政策的第一层次，居于主要、核心地位，是中国人民银行制定和执行货币政策的出发点和归宿点；而促进经济增长是货币政策目标的第二层次，处于次要的、辅助的地位，体现了中国人民银行不是为了稳定币值而稳定币值，而是为了促进经济增长而稳定币值。因此，我国货币政策的最终目标有别于传统的单一目标、双重目标和多重目标，具有独创性。

三、货币政策工具

货币政策工具是指中国人民银行为了实现货币政策的终极目标而采取的措施和手段。根据《中国人民银行法》的规定，中国人民银行为执行货币政策，可以运用下列货币政策工具。

（一）存款准备金制度

存款准备金是指金融机构从自己吸收的存款中，依照规定的比率，提取一定的金额，存入中国人民银行，作为一种必要的准备。这个规定的比率被称为存款准备金率。存款准备金初始是商业银行为确保存款支付而自愿保留的部分存款准备，由于它能限制商业银行的信用创造，后来为中央银行所利用，才逐渐演变成了货币政策工具。中国人民银行可以通过提高或降低存款准备金率，实现收缩或扩张信用规模，进而影响社会的资金供应量。

存款准备金主要可分为法定存款准备金和超额存款准备金等两类。

1. 法定存款准备金

法定存款准备金是金融机构必须根据存款类别和数额，按照中国人民银行明确规定的法定存款准备金率，按时计提和上缴的存款准备金。根据中国人民银行现有关于法定存款准备金的管理规定，法定存款准备金制度主要包括以下内容。

（1）实施对象。我国境内的商业银行等吸收公众存款的金融机构、政策性银行、金融资产管理公司、信托公司、财务公司、金融租赁公司，以及经国务院银行业监督管理机构批准设立的其他金融机构均应向中国人民银行缴存存款准备金。

（2）缴存范围。缴存范围包括人民币存款和外汇存款两个部分。其中人民币存款是指一般性存款，是相对于财政性存款而言的，包括企业存款、储蓄存款、农村存款等各项存款。外汇存款包括金融机构吸收的个人外汇储蓄存款、单位外汇存款、发行外币信用卡的备用金存款及其他中国人民银行核定的外汇存款或负债；金融机构的委托、代理外汇业务负债项目与资产项目轧减后的贷方余额。

（3）考核。对于人民币存款准备金，中国人民银行实行按旬考核的制度；对于外汇存款准备金，中国人民银行实行按月考核的制度。

（4）动用。金融机构动用法定存款准备金必须经中国人民银行批准。金融机构只有在采取各种有效措施后仍存在严重支付困难时，才可以申请动用法定存款准备金。对批准动用的法定存款准备金应实行专户管理、专人负责，不得挪作他用。其中对于人民币存款准备金，金融机构动用的最高限额不得超过其实际缴存的法定存款准备金余额；动用的最长期限为6个月，视具体情况可展期一次，展期期限不得超过原动用期限；仅用于兑付储蓄存款。

2. 超额存款准备金

超额存款准备金是指商业银行及其他吸收存款的金融机构为应付可能的提款所安排的除法定存款准备金之外的准备金，包括两个部分：一是存入中国人民银行的准备金；二是金融机构营运资金中的现金准备。前者主要用于银行间的结算和清算，以及用于补充现金准备；后者主要用于满足客户的现金需要。超额存款准备金不同于法定存款准备金，法定存款准备金不能由金融机构自由动用，而超额存款准备金属于自由准备金，金融机构有权自由动用。

📖 视野拓展

紧急存款准备金

一些国家的中央银行法还规定，当经济形势发生特殊变化或遇到紧急情况时，中央银行有权实施紧急存款准备金制度。紧急存款准备金在幅度和存款类别上可不受限制。如美国联邦储备委员会可以对任何存款类别征收任何比率的紧急存款准备金。但由于紧急存款准备金是一种临时的应急措施，因此美国联邦储备委员会实行紧急存款准备金的最长期限为180天，但是如果美国联邦储备委员会认为有必要延长期限，经投票通过后，可展期180天。一旦决定实行紧急存款准备金制度，美国联邦储备委员会必须立即向美国国会提交报告，对该项措施作出报告和解释。

（二）中央银行基准利率

基准利率是指在一国利率体系中起主导作用的基础利率，它的水平和变动决定其他各种利率的水平和变化。基准利率作为各类金融产品利率定价的重要参考，是重要的金融市场要素，也是货币政策传导中的核心环节。在国际金融市场上，曾运用最广的基准利率之一是伦敦银行间同业拆借利率（LIBOR）。自2008年国际金融危机之后，伦敦银行间同业拆借利率报价的参考基础弱化，市场公信力也被严重削弱，至2023年7月正式退出了历史舞台。

📖 **视野拓展**
基准利率补充资料

目前，我国货币市场、债券市场、信贷市场等基本上都已培育了各自的指标性利率，存款类金融机构间的债券回购利率（DR）、国债收益率、贷款市场报价利率（LPR）等在相应金融市场中都发挥了重要的基准作用，为观测市场运行、指导金融产品定价提供了较好的参考。

（三）再贴现政策

再贴现是指金融机构为了取得资金，将未到期的已贴现商业汇票再以贴现方式向中国人民银行转让的票据行为。中国人民银行可以采取提高或降低再贴现率等方式，影响金融机构取得信贷资金的成本和可使用额，以达到增加或减少货币供给量，实现货币政策目标的目的，因而再贴现是中国人民银行的重要货币政策工具之一。

根据中国人民银行发布的《商业汇票承兑、贴现与再贴现管理办法》等的相关规定，再贴现政策主要包括以下内容。

1. 再贴现的对象

再贴现的对象为在中国人民银行开立存款准备金账户的银行业金融机构、财务公司和其他允许办理再贴现业务的金融机构。

2. 再贴现的类型

再贴现可以分为买断式再贴现和回购式再贴现两种。买断式再贴现是指金融机构将未到期的票据卖给中国人民银行，票据到期由中国人民银行作为票据债权人向票据付款人收取票款的行为。买断式再贴现的核心特点是票据权利转移给中国人民银行。回购式再贴现是指金融机构将未到期的票据卖给中国人民银行，同时约定在未来某一日期以约定价格回购票据的行为。回购式再贴现的核心特点是票据权利不发生转移，中国人民银行只是暂行持有票据。

3. 再贴现的审查内容

中国人民银行收到再贴现凭证及汇票后，按照贴现政策和有关规定进行审查。审查的主要内容包括：①所附汇票内容填写是否齐全，付款单位是否已经承兑，贴现申请人是否办理背书；②商品交易合同是否符合国家经济政策的要求，签发的汇票是否符合交易合同的要求；③付款单位的经营状况、经济效益和信用情况；④如有必要，还需对贴现申请人的经营状况和经济效益情况、信用程度等方面进行必要的了解和调查；⑤审查商业汇票背书的连续性，如收款人的背书、贴现银行的背书是否完整齐全，是否符合规定的要求，签章是否有效等。

（四）再贷款政策

再贷款是指中国人民银行对商业银行的贷款。再贷款的提供意味着中国人民银行注入市场的基础货币增加；反之，再贷款的回收则意味着基础货币的减少。再贷款是中国人民银行调控基础货币的渠道之一。自1984年中国人民银行专门行使中央银行职能以来，再贷款一直是我国重要的货币政策工具。近年来，适应金融宏观调控方式由直接调控转向间接调控，再贷款所占基础货币的比重逐步下降，结构和投向发生重要变化。新增再贷款主要用于促进信贷结构调整，引导扩大县域和"三农"信贷投放。

根据《中国人民银行法》的规定，中国人民银行根据执行货币政策的需要，可以决定对商业银行贷款的数额、期限、利率和方式，但贷款的期限不得超过1年。中国人民银行不得向地方政府、各级政府部门提供贷款，不得向非银行金融机构以及其他单位和个人提供贷款，但国务院决定中国人民银行可以向特定的非银行金融机构提供贷款的除外。中国人民银行不得向任何单位和个人提供担保。

（五）公开市场业务

公开市场业务是指中国人民银行在金融市场上买卖有价证券，以改变商业银行等金融机构的准备金，进而影响货币供应量和利率，实现货币政策目标的一种政策措施。与一般金融机构所从事的证券买卖不同，中国人民银行买卖证券的目的不是营利，而是为了调节货币供应量。根据经济形势的发展，当中国人民银行认为需要收缩银根时，便卖出证券，相应地收回一部分基础货币，减少金融机构可用资金的数量；相反，当中国人民银行认为需要放松银根时，便买进证券，扩大基础货币供应，直接增加金融机构可用资金的数量。

根据《中国人民银行法》的规定，中国人民银行在公开市场上可以买卖国债、其他政府债券和金融债券及外汇。

📖 **视野拓展**

中国人民银行公开市场业务债券交易品种

从交易品种看，中国人民银行公开市场业务债券交易主要包括回购交易、现券交易和发行中央银行票据。其中回购交易分为正回购和逆回购两种，正回购为中国人民银行向一级交易商卖出有价证券，并约定在未来特定日期买回有价证券的交易行为，正回购为央行从市场收回流动性的操作，正回购到期则为央行向市场投放流动性的操作；逆回购为中国人民银行向一级交易商购买有价证券，并约定在未来特定日期将有价证券卖给一级交易商的交易行为，逆回购为央行向市场投放流动性的操作，逆回购到期则为央行从市场收回流动性的操作。现券交易分为现券买断和现券卖断两种，前者为央行直接从二级市场买入债券，一次性地投放基础货币；后者为央行直接卖出持有债券，一次性地回笼基础货币。中央银行票据即中国人民银行发行的短期债券，央行通过发行央行票据可以回笼基础货币，央行票据到期则体现为投放基础货币。

（六）其他货币政策工具

其他货币政策工具是由国务院确定的补充性货币政策工具，主要包括常备借贷便利、中期借贷便利、抵押补充贷款、定向中期借贷便利、结构性货币政策工具等。

📖 视野拓展

常备借贷便利

中国人民银行于 2013 年年初创设了常备借贷便利货币政策工具。常备借贷便利是中国人民银行正常的流动性供给渠道，主要功能是满足金融机构期限较长的大额流动性需求。对象主要为政策性银行和全国性商业银行。期限为 1～3 个月。利率水平根据货币政策调控、引导市场利率的需要等综合确定。常备借贷便利以抵押方式发放，合格抵押品包括高信用评级的债券类资产及优质信贷资产等。

第三节　人民币管理制度

人民币与其他货币一样具有价值尺度、流通手段、储藏手段、支付手段和世界货币这五种职能。我国发行的人民币现金包括具有实物形态的人民币纸币和硬币及不具有实物形态的数字人民币，针对纸币和硬币的人民币管理制度已比较完善，针对数字人民币的管理制度正在逐步建设中。

📖 视野拓展
数字人民币简介

一、人民币的法律地位

根据《中国人民银行法》的规定，人民币的法律地位应包括以下几层含义。

（1）人民币是我国的法定货币，即国家以法律形式赋予强制性通用的货币。人民币有主币和辅币两种。其中主币以"元"为单位计算，是我国计价、结算的唯一合法的货币单位；辅币以"角""分"为单位计算，供小额交易和找零之用。

（2）人民币具有无限法偿能力，即以人民币支付我国境内的一切公共的和私人的债务，任何单位和个人不得拒收。

（3）人民币是我国唯一的合法货币。在我国境内禁止外币流通，并且不得以外币计价结算，但国家另有规定的除外。

📝 案例分析

黄某到一公交公司 IC 卡（集成电路卡）服务点，为其公交 IC 卡充值。当她拿出一沓 5 角的零钱时，负责充值的工作人员马上拒绝接收这沓零钱。黄某甚是不解："我这钱没什么问题，不缺不烂的，为什么不收？"而该工作人员始终坚持不肯收。最后大家闹得不欢而散，黄某的公交 IC 卡也无法充值。后来了解得知，该公交公司财务要求充值员"化零为整"后再上交充值款，这大大增加了清点、兑换等工作量，导致充值员拒收零钱。

请问：公交公司 IC 卡服务点的做法是否合法？为什么？

解析： 公交公司 IC 卡服务点拒收零钱的行为违法。我国的法定货币是人民币，以人民币支付我国境内的一切公共的和私人的债务，任何单位和个人不得拒收。尽管 5 角的零钱是辅币，但也是国家的法定货币，同样应受国家法律的保护。

二、人民币的发行管理

人民币的发行是指中国人民银行向流通领域投放人民币现金的行为，其管理内容主要包括发行机关、发行原则和发行程序。

1. 发行机关

中国人民银行是我国唯一的人民币发行机关，其根据法律授权负责统一印制、发行人民币。《中国人民银行法》在授权中国人民银行享有人民币发行权的同时，还规定了中国人民银行在发行新版人民币时的义务，即中国人民银行应当将新版人民币的发行时间、面额、图案、式样、规格予以公告，其目的是让民众认知新版人民币的具体式样，知道新版人民币发行的时间，以便使用和流通。

2. 发行原则

人民币的发行应当坚持以下三项原则。

（1）集中统一发行。中国人民银行享有垄断的货币发行权，即无论纸币还是硬币，也无论主币还是辅币，其发行权都集中于中国人民银行，财政部、其他金融机构以及任何单位和个人均无权发行人民币或者变相发行人民币。

（2）计划发行。要从国民经济发展的需要出发，有计划地印制、发行人民币，以保证币值的稳定。

（3）经济发行。中国人民银行根据市场上流通手段和支付手段的需要发行人民币，使市场上的货币流通量与商品流通量相适应。

3. 发行程序

人民币的发行程序主要有以下四个步骤。

（1）提出人民币的发行计划，确定年度货币供应量。中国人民银行根据国家经济发展的实际需要，提出货币发行和回笼计划，报经国务院批准后执行。

（2）核定各地货币的投放和回笼计划。中国人民银行根据国务院批准的货币发行计划，核定各地货币投放和回笼计划，逐级分配指标。中国人民银行分支行应根据下达的指标，掌握自己管辖范围内的地区现金收支计划的投放和回笼。

（3）进行发行基金的调拨。中国人民银行设立人民币发行库，在其分支机构设立分支库，负责保管人民币发行基金。分支库调拨人民币发行基金，应当按照上级库的调拨命令办理。任何单位和个人不得违反规定动用人民币发行基金，不得干扰、阻碍人民币发行基金的调拨。

（4）普通银行业务库日常现金收付。各商业银行结合日常现金的周转情况，将中国人民银行发行库的发行基金调入业务库后，再从业务库通过现金出纳支付给各单位和个人，即为"现金投放"。同时，各商业银行每日都要从市场回收一定的现金，当业务库的库存货币超过规定的限额时，超出部分要送交发行库保管，即为"现金归行"。

三、人民币的流通管理

1. 残缺、污损人民币的管理

残缺、污损人民币，是指票面撕裂、损缺，或因自然磨损、侵蚀，外观、质地受损，颜色变化，图案不清晰，防伪特征受损，不宜再继续流通使用的人民币。为维护人民币信誉，保护国家财产安全和人民币持有人的合法权益，确保人民币正常流通，必须对残缺、污损人民币进行兑换。

（1）兑换规则。根据《中国人民银行残缺污损人民币兑换办法》的规定，残缺、污损人民币兑换分"全额"和"半额"两种情况。能辨别面额，票面剩余 3/4（含 3/4）以上，其图案、文字能按原样连接的残缺、污损人民币，金融机构应向持有人按原面额全额兑换。能辨别面额，票面剩余 1/2（含 1/2）至 3/4 以下，其图案、文字能按原样连接的残缺、污损人民币，金融机构应向持有人按原面额的一半兑换。纸币呈正十字形缺少 1/4 的，按原面额的一半兑换。兑付额不足 1 分的，不予兑换；5 分按半额兑换的，兑付 2 分。

（2）兑换主体和程序。凡办理人民币存取款业务的金融机构都应无偿为公众兑换残缺、污损人民币。残缺、污损人民币持有人同意金融机构认定结果的，对兑换的残缺、污损人民币纸币，金融机构应当面将带有本行行名的"全额"或"半额"戳记加盖在其票面上；对兑换的残缺、污损人民币硬币，金融机构应当面使用专用袋密封保管，并在袋外封签上加盖"兑换"戳记。金融机构应按照中国人民银行的有关规定，将兑换的残缺、污损人民币交存当地中国人民银行分支机构。

（3）异议权。残缺、污损人民币持有人对金融机构认定的兑换结果有异议的，经持有人要求，金融机构应出具认定证明并退回该残缺、污损人民币。持有人可凭认定证明到中国人民银行分支机构申请鉴定，中国人民银行应自申请日起 5 个工作日内作出鉴定并出具鉴定书。持有人可持中国人民银行的鉴定书及可兑换的残缺、污损人民币到金融机构进行兑换。

（4）销毁。根据《中国人民银行残损人民币销毁管理办法》的规定，销毁残损人民币可采取蒸煮喷浆、机械粉碎、钞票自动处理系统联机销毁以及火焚等方式。残损人民币在销毁前应进行复点。销毁点应成立由主管行长任组长，发行、会计、保卫、内审等部门负责人参加的销毁领导小组，负责残损人民币复点、销毁工作的领导、组织与管理。残损人民币销毁装料时应 3 人（含 3 人）以上同时在场才能进行。无关人员禁止进入销毁现场。

案例分析

王某拿着 1 张残损的百元人民币到甲银行网点申请兑换，甲银行网点负责人李某刚开始以网点员工没时间为由拒绝兑换。但在王某一再恳请下，李某告知王某只能兑换 10 元，且要收取 5 元手续费，因为该百元人民币虽能辨别面额，票面剩余超过 1/2，但不足 3/4，只能按面额的 10% 兑换。

请问：上述哪些是违法的？为什么？

解析：（1）甲银行网点拒绝兑换是违法的。因为根据《中国人民银行残缺污损人民币兑换办法》的规定，凡办理人民币存取款业务的金融机构都应为公众兑换残缺、污损人民币。

（2）只能兑换 10 元，且要收取 5 元手续费，也是违法的。因为根据《中国人民银行残缺污损人民币兑换办法》的规定，能辨别面额，票面剩余 1/2（含 1/2）至 3/4 以下，其图案、文字能按原样连接的残缺、污损人民币，金融机构应无偿向持有人按原面额的一半兑换。因此，甲银行网点应对王某残损的百元人民币兑换 50 元，且不得收取手续费。

2. 人民币的法律保护

人民币是我国的主权货币，应受法律保护。根据《中国人民银行法》和《刑法》等法律法规的规定，人民币的法律保护主要包括以下几个方面。

（1）禁止伪造、变造人民币；禁止出售或购买伪造、变造的人民币；禁止运输或持有、使用伪造、变造的人民币。若伪造、变造人民币，出售或购买伪造、变造的人民币，或者明知是伪造、变造的人民币而运输、持有、使用，构成犯罪的，依法追究刑事责任；尚不构成犯罪的，由公安机关处 15 日以下拘留，1 万元以下罚款。

（2）禁止故意毁损人民币。若故意毁损人民币，则由公安机关给予警告，并处 1 万元以下的罚款。

（3）禁止在宣传品、出版物或其他商品上非法使用人民币图样。若非法使用人民币图样的，中国人民银行应当责令改正，并销毁非法使用的人民币图样，没收违法所得，并处 5 万元以下罚款。

（4）任何单位和个人不得印制、发售代币票券，以代替人民币在市场上流通。若印制、发售代币票券以代替人民币流通的，中国人民银行应当责令停止违法行为，并处 20 万元以下罚款。

（5）禁止制作、仿制、买卖人民币图样。禁止非法买卖流通人民币。若违反上述规定，则由市场监督管理机构和其他有关行政执法机关给予警告，没收违法所得和非法财物，并处违法所得 1 倍以上 3 倍以下的罚款；没有违法所得的，处 1 000 元以上 5 万元以下的罚款。市场监督管理机构和其他有关行政执法机关应当销毁非法使用的人民币图样。

（6）禁止中国公民出入境、外国人入出境携带人民币超过限定数额。从 2005 年 1 月 1 日起，中国公民出入境、外国人入出境每人每次携带的人民币限额由原来的 6 000 元调整为 20 000 元。

第四节　中国人民银行的监督管理

金融监管与货币政策、金融稳定密不可分，相辅相成，因而《中国人民银行法》专设第五章"金融监督管理"，以进一步保障中国人民银行执行货币政策的职能及其在宏观调控和防范化解金融风险中的作用。

一、直接检查监督权

根据《中国人民银行法》的规定，中国人民银行有权对金融机构以及其他单位和个人的下列行为进行检查监督。

（1）执行有关存款准备金管理规定的行为。中国人民银行已经发布了《关于改革存款准备金制度的通知》《关于加强存款准备金管理的通知》《金融机构外汇存款准备金管理规定》等一系列管理存款准备金的规定，金融机构必须严格遵守上述规定，依法向中国人民银行上缴存款准备金。中国人民银行有权对金融机构违法违规执行存款准备金行为予以处罚。

（2）与中国人民银行特种贷款有关的行为。中国人民银行特种贷款是指国务院决定的由中国人民银行向金融机构发放的用于特定目的的贷款。特种贷款有三个主要特征：一是由国务院决定，中国人民银行发放；二是贷款对象不限于在中国人民银行开立账户的商业银行或其他银行业金融机构；三是用于特定目的，如防范和化解金融风险、维护金融稳定及重大政策性项目等。中国人民银行根据国务院的决定向金融机构发放特种贷款后，有权检查、监督金融机构是否存在将特种贷款用于发放正常项目下的贷款，或者不按照特种贷款应发放的对象而发放等违法违规行为，并且应派专人负责，单独考核并到期收回。

（3）执行有关人民币管理规定的行为。发行与管理人民币是中国人民银行的法定职责。中国人民银行颁布了《中国人民银行货币鉴别及假币收缴、鉴定管理办法》《中国人民银行残缺污损人民币兑换办法》等一系列规定，要求社会各界主体必须严格遵守执行，并对之进行检查监督，确保人民币的发行和流通。

（4）执行有关银行间同业拆借市场、银行间债券市场管理规定的行为。中国人民银行已经发布了《同业拆借管理办法》《银行业金融机构进入全国银行间同业拆借市场审核规则》《全国银行间债券市场债券交易管理办法》《全国银行间债券市场金融债券发行管理办法》《银行间债券市场债券登记托管结算管理办法》等规章文件，使银行间同业拆借市场、银行间债券市场的业务有法可依，有章可循。中国人民银行有权对执行上述各项管理规定的行为进行检查监督，确保两大市场的健康运行。

（5）执行有关外汇管理规定的行为。根据《外汇管理条例》的规定，境内机构、个人的外汇收支或者外汇经营活动，以及境外机构、个人在境内的外汇收支或者外汇经营活动必须接受中国人民银行管理的国家外汇管理局的检查和监管。如外汇管理机关有权检查经常项目外汇收支是否具有真实、合法的交易基础，有权对资本项目外汇及结汇资金使用和账户变动情况进行监督检查等。

（6）执行有关黄金管理规定的行为。2011年中国人民银行联合公安部、工商总局、银监会、证监会共同发布了《关于加强黄金交易所或从事黄金交易平台管理的通知》，明确指出上海黄金交易所和上海期货交易所是合法的开展黄金交易的交易所，任何地方、机构或个人均不得设立黄金交易所或交易中心，也不得在其他交易场所或交易中心内设立黄金交易平台。正在筹建黄金交易所或交易中心或者准备在其他交易场所或交易中心内设立黄金交易平台的应一律终止相关设立活动；对已经开业或者开展业务的，要立即停止开办新的业务，并由中国人民银行牵头，妥善做好其黄金业务的善后清理工作。对于涉嫌犯罪需要作出行政认定的，中国人民银行及其当地分支机构依照相关规定出具行政认定意见后，移送当地公安机关依法查处。

（7）代理中国人民银行经理国库的行为。经理国库是中国人民银行的重要职责之一，但有些经理国库的工作需要委托商业银行来完成。商业银行代理中国人民银行经理国库的行为包括两类：一类是商业银行代理国库支库；另一类是代理国库经收处业务。中国人民银行有权检查代理支库业务的商业银行是否严格按国库业务的各项规定准确、及时地办理国库业务；有权检查国库经收处是否准确、及时地办理各项预算收入的收纳，完整地将预算收入划转到指定收款国库等。

（8）执行有关清算管理规定的行为。中国人民银行建立清算划转系统，是执行货币政策的需要，也是避免银行业金融机构大量占有汇差资金，减少在途资金，分清汇兑资金和信贷资金，防止支付危机的重要措施。同时对加速资金周转，提高资金效益，促进经济建设也具有重要意义。因此，银行业金融机构在加入中国人民银行的清算系统后，在提供清算的过程中必须遵守执行中国人民银行关于清算的有关规定，中国人民银行有权对其进行检查监督。

（9）执行有关反洗钱规定的行为。中国人民银行为了更好地履行反洗钱的职能，具体制定了《金融机构反洗钱规定》《金融机构大额交易和可疑交易报告管理办法》《金融机构报告涉嫌恐怖融资的可疑交易管理办法》等规章文件，要求各家金融机构按照规定向中国反洗钱监测分析中心报告人民币、外币大额交易和可疑交易，依法协助、配合司法机关和行政执法机关打击洗钱活动。中国人民银行有权直接检查监督金融机构执行反洗钱规定的行为，促使金融机构认真履行反洗钱任务，防止发生利用金融机构进行洗钱的活动。

二、建议检查监督权

中国人民银行在履行职责过程中，有可能发现银行业金融机构业务活动中存在的问题，但我国银行业监督管理体制已经发生转变，银行业金融机构经营业务问题的监督是由国务院银行业监督管理机构负责的。因此，为了避免重复监管，《中国人民银行法》规定，中国人民银行根据执行货币政策和维护金融稳定的需要，可以建议国务院银行业监督管理机构对银行业金融机构进行检查监督。

三、全面检查监督权

银行业金融机构出现支付困难往往会对金融体系的稳定产生重大影响,如发生挤兑风潮,有可能造成全局性的金融风险,使整个金融体系陷入瘫痪等。为此,《中国人民银行法》明确规定,中国人民银行在银行业金融机构出现支付困难,可能引发金融风险时,为了维护金融稳定,经国务院批准,有权对银行业金融机构进行检查监督。这一规定并不会导致与国务院银行业监督管理机构日常监管职责的重复,因为中国人民银行行使全面检查监督权是受到严格限制的,即必须同时满足两个条件:其一,一家银行业金融机构的支付困难可能导致系统性金融风险;其二,获得国务院批准同意。这也是中国人民银行维护金融稳定职责的必然体现和重要保障。

案例分析

中国人民银行某大区分行在履行职责过程中,发现当地甲商业银行分行存在违规贷款问题,即要求当地银行业监督管理机构立即对该商业银行进行现场检查和罚款,并要求当地银行业监督管理机构在 15 天内向中国人民银行书面报告具体处理情况。后来鉴于当地银行业监督管理机构期限届满仍旧没有提交报告,该大区分行立即对甲商业银行进行全面检查监督。

请问: 中国人民银行该大区分行的行为是否合法?为什么?

解析: 不合法。根据规定,中国人民银行该大区分行发现当地甲商业银行分行存在违规贷款问题,只能建议当地银行业监督管理机构进行检查,而且不能缩短银行业监督管理机构回复期限;同时,中国人民银行该大区分行必须证明甲商业银行出现支付困难,可能引发金融风险,而且还要经国务院批准后,才能行使全面检查监督权。

四、要求报送报表资料权

为了保证国家货币政策的正确制定和执行,了解金融业的运行情况,中国人民银行有权要求银行业金融机构报送必要的资产负债表、利润表,以及其他财务会计、统计报表和资料。

同时,根据《中国人民银行法》的规定,中国人民银行负责统一编制全国金融统计数据与报表,并按照国家有关规定予以公布。而银行业金融机构的会计报表、统计报表是其重要组成部分,加上证券、保险等非银行业金融机构的报表,就构成了全国金融机构的统计数据和报表。

导入案例解析

(1)文具店销售"玩具人民币"违法。根据《中国人民银行法》的规定,禁止在宣传品、出版物或者其他商品上非法使用人民币图样。因此,文具店销售"玩具人民币"是违法的。该违法行为应根据《中国人民银行法》第44条规定"在宣传品、出版物或者其他商品上非法使用人民币图样的,中国人民银行应当责令改正,并销毁非法使用的人民币图样,没收违法所得,并处五万元以下罚款"予以处罚。

(2)王某制作人民币工艺品违法。根据《中国人民银行法》的规定,禁止故意毁损人民币。王某制作人民币工艺品的过程中,折叠、粘贴、剪切等种种工艺手法实质上是一种破坏、污损人民币的行为,因而是违法的。该违法行为应根据《人民币管理条例》第42条规定"故意毁损人民币的，由公安机关给予警告，并处 1 万元以下的罚款"予以处罚。

综合练习题

一、名词解释

中国人民银行　经理国库　货币政策　存款准备金　公开市场业务　再贴现政策

二、判断题

1．中国人民银行是我国的中央银行，居于我国金融体系的主体地位。　　　（　　　）

2．中国人民银行履行职责、开展业务，不受各级政府、各级政府部门、社会团体和个人的干涉。　　　（　　　）

3．中国人民银行不得直接认购政府债券，但可以向各级政府贷款。　　　（　　　）

4．中国人民银行设有货币政策委员会，作为制定货币政策的决策机构。　　　（　　　）

5．中国人民银行根据执行货币政策和维护金融稳定的需要，可以要求国务院银行业监督管理机构对银行业金融机构进行检查监督。　　　（　　　）

三、单项选择题

1．中国人民银行的行长由（　　　）提名。

　　A．国家主席　　　　　　　　　B．全国人大常委会委员长

　　C．国务院总理　　　　　　　　D．中国人民银行党委书记

2．我国货币政策的最终目标是（　　　）。

　　A．保持货币币值的稳定　　　　B．促进经济增长

　　C．保持货币币值的稳定，并以此促进经济增长

　　D．保持充分就业与国际收支平衡

3．中国人民银行根据执行货币政策的需要，可以决定对商业银行贷款的数额、期限、利率和方式，但贷款的期限不得超过（　　　）。

　　A．3 个月　　　B．6 个月　　　　C．1 年　　　　D．3 年

4．对于人民币存款准备金，中国人民银行实行按（　　　）考核。

　　A．日　　　　　B．旬　　　　　C．月　　　　　D．季

5．（　　　）这一行为是合法的。

　　A．故意毁损人民币　　　　　　B．印制、发售代币票券

　　C．买卖人民币或人民币样币

　　D．经中国人民银行批准后在宣传品、出版物或者其他商品上使用人民币图样

四、多项选择题

1．中国人民银行履行（　　　）等职责。

　　A．指导、部署全国反洗钱工作，负责反洗钱的资金监测

　　B．监督管理银行间同业拆借市场、银行间债券市场、外汇市场、黄金市场

　　C．持有、管理、经营国家外汇储备、黄金储备

　　D．代理国库

2．下列表述正确的有（　　　）。

　　A．我国货币政策最终目标是单一目标

　　B．金融机构动用法定存款准备金必须经中国人民银行批准

　　C．中国人民银行在公开市场上可以买卖国债、其他政府债券和金融债券及外汇

D．中国人民银行总行及其分支机构均可以为金融机构办理再贴现业务

3．下列表述正确的有（　　　）。

A．人民币是我国的法定货币，即国家以法律形式赋予强制性通用的货币

B．人民币的种类有主币和辅币两种

C．人民币主币以"元"为单位计算，是我国计价、结算的唯一合法的货币单位

D．在我国境内绝对禁止外币流通，因为人民币是唯一合法货币

4．（　　　）等行为是被禁止的。

A．伪造、变造人民币　　　　　　　　B．出售或购买伪造、变造的人民币

C．运输或使用伪造、变造的人民币　D．持有伪造、变造的人民币

5．中国人民银行行使全面检查监督权的条件有（　　　）。

A．一家银行业金融机构的支付困难可能导致系统性金融风险

B．国务院银行业监督管理机构不行使检查监督权

C．国务院批准同意

D．全国人大常委会批准同意

五、思考题

1．简述中国人民银行的法律地位。

2．简述中国人民银行的具体职责。

3．如何理解我国货币政策的最终目标？

4．简述人民币保护的法律制度。

5．简述中国人民银行的监督管理权。

六、案例分析题

据查，中国人民银行甲分行今年主要从事了以下几项业务。

（1）3月，甲分行向该市人民政府某局发放贷款1 000万元人民币，期限1年。

（2）4月，甲分行向该市农业银行分行发放贷款350万元人民币，期限半年。

（3）6月，甲分行要求甲市工商银行分行报送资产负债表、利润表，以及其他财务会计、统计报表和资料，还要报送存款和贷款方面的经营管理资料，以实现甲分行对该工商银行分行存贷款业务的监管。

（4）9月，甲分行发现该市某印刷厂在所印制的挂历中以扩大的新版100元人民币的图案作为背景，色彩尺寸与100元人民币的票面相同甚至号码也一样，便对该印刷厂作出了以下处罚：撤销该印刷厂的法人登记；没收违法所得并处以10万元罚款。

请问：中国人民银行甲分行的上述业务中，哪些是合法的？哪些是违法的？并说明理由。

第三章 商业银行法律制度

【学习目标】

理解商业银行法的基本原则，掌握商业银行的法定业务范围；掌握商业银行设立条件和接管法律制度，熟悉商业银行的变更和终止情形；掌握存款业务和贷款业务的基本规则，熟悉银行卡业务和理财业务的规则；掌握银行业监管原则、监管措施，了解国务院银行业监督管理机构的监管职责。

【素养目标】

领会商业银行服务民生，推动绿色低碳发展的重要价值；领会国家金融监督管理总局成立的意义，坚定维护我国金融业的监管改革举措。

导入案例

某城市商业银行于 2009 年年初设立，注册资本为 30 亿元人民币。2023 年 2 月 5 日，该城市商业银行行长觉得本行已经具备了开展保管箱业务和外汇业务的条件，就主持召开董事会会议，会议表决通过该行办理保管箱业务和结汇、售汇业务，并即日起实施。到 3 月 10 日，该城市商业银行投资 1 亿元，与甲公司共同设立一家房地产开发公司，开发某经济特区的房地产项目，由该银行一位副行长兼任该房地产开发公司的董事长。

请问：（1）该城市商业银行设立时的注册资本是否合法？为什么？

（2）该城市商业银行上述运营行为是否合法？为什么？

第一节 商业银行法概述

商业银行法是调整商业银行的组织及其业务经营的法律规范的总称。我国于 1995 年制定通过了《商业银行法》，并分别在 2003 年 12 月和 2015 年 8 月进行了两次修正。

一、商业银行的特征

商业银行是指依照《商业银行法》和《公司法》设立的吸收公众存款、发放贷款、办理结算等业务的企业法人。商业银行是金融业务范围最为广泛、实力最为雄厚的金融机构之一，在金融体系中居于主体地位。从商业银行的定义可以归纳出商业银行具有以下三个特征。

（1）商业银行是企业。商业银行与一般工商企业一样，都是以营利为目的、追求利润最大化的，都是依法经营、照章纳税、自担风险、自负盈亏的。

（2）商业银行是企业法人。商业银行要依法设立，具有自己的名称、经营条件、经营场所和独立财产，能够以自己的名义从事经济活动，它

法规展台
有关法人的规定

是能对外独立承担责任的法律主体。为此，商业银行符合法人的构成要件，是企业法人。

（3）商业银行是特殊的金融企业法人。商业银行的主要业务是吸收公众存款、发放贷款、办理结算等业务，是典型的金融企业，从而有别于一般工商企业。同时，商业银行又是唯一可以签发支票的金融企业，其业务范围和对社会经济的影响力远远超过如证券公司、信托公司等其他金融企业，因而又不同于其他金融企业。

二、商业银行的业务范围

目前我国金融业采取的是分业经营体制，即银行业、证券业、信托业和保险业相分离，因而商业银行只能经营普通银行业务。具体而言，我国商业银行可以经营下列部分或者全部业务：吸收公众存款；发放短期、中期和长期贷款；办理国内外结算；办理票据承兑与贴现；发行金融债券；代理发行、代理兑付、承销政府债券；买卖政府债券、金融债券；从事同业拆借；买卖、代理买卖外汇；从事银行卡业务；提供信用证服务及担保；代理收付款项及代理保险业务；提供保管箱服务；经国务院银行业监督管理机构批准的其他业务等。经营范围由商业银行章程规定，报国务院银行业监督管理机构批准。商业银行经中国人民银行批准，可以经营结汇、售汇业务。

基于我国金融业的发展现状和监管水平，同时又考虑到我国金融业未来的发展方向，立法对商业银行业务既要严格限制，又不能规定死，应留下适当发展空间。为此，《商业银行法》明确规定：商业银行在我国境内不得从事信托投资和证券经营业务，不得向非自用不动产投资或者向非银行金融机构和企业投资，但国家另有规定的除外。

😀 思考与讨论

2020年10月16日，中国人民银行发布《中华人民共和国商业银行法（修改建议稿）》（以下称《修改建议稿》），向社会公开征求意见。这是《商业银行法》自1995年施行以来的第三次修改。其中在商业银行的分业经营方面，《修改建议稿》延续了现行《商业银行法》第43条，再次强调"商业银行在中华人民共和国境内不得从事信托投资和证券经营业务，不得向非自用不动产投资或者向非银行金融机构和企业投资，但国家另有规定的除外"。这与此前市场建议商业银行应走向混业经营或综合经营截然不同。

请问：为什么我国《修改建议稿》仍延续分业经营的规定？

三、商业银行法的基本原则

《商业银行法》主要包括以下几项基本原则。

（1）"三性"原则。所谓"三性"原则，是指商业银行以安全性、流动性、效益性为经营原则。这是我国商业银行必须遵守的首要、基本的原则。其中安全性原则是指商业银行在进行业务活动时，必须充分防范和化解各种经营风险，确保资产安全。流动性原则是指商业银行的资产可以随时变为现款，以便及时、充分地满足客户提现和发放正常贷款的需求。效益性原则是指商业银行在经营过程中，必须以营利为目标，努力使盈利最大化，追求最佳的经济效益和社会效益。

从根本上讲，"三性"原则之间是相互统一的，它们共同保证了商业银行经营活动的正常运行。其中，安全性原则是基础，是实现效益性原则和流动性原则的前提；流动性原则是保证，是实现效益性原则和安全性原则的条件；效益性原则是核心，是保持或实现安全性原则和流动性原则的目的。

（2）"四自方针"原则。所谓"四自方针"原则，是指商业银行实行自主经营、自担风险、自负盈亏、自我约束的原则。"自主经营"原则强调商业银行有权根据市场的需要，自主地对经营计划、投资安排、金融产品的开拓、劳动、人事、工资奖金分配等方面作出决策并组织实施，不受地方政府和部门的干预。"自担风险"原则是指商业银行要独自承担信用风险、利率风险、汇率风险、流动性风险和国家风险等经营中出现的各种风险。"自负盈亏"原则是指商业银行对其经营业务所产生的后果享有相应的权利、承担相应的责任。"自我约束"原则是指商业银行必须遵照国家法律法规的规定，建立自我约束机制，建立、健全本行的业务管理和内部控制制度。"四自方针"原则是商业银行作为独立企业法人的必然要求，能有力地促进商业银行建立现代企业制度。

（3）平等、自愿、公平和诚实信用原则。商业银行与客户进行的业务活动是民事法律行为，理应遵守民法的基本原则。具体而言，商业银行与客户的法律地位完全平等，不允许一方以大欺小、以强凌弱，双方完全受自己意志的支配，不受他人的左右和干涉。同时双方要诚实守信、不欺不诈，在享有民事权利和承担民事义务上要对等、合理，不能失当。

思考与讨论

《民法典》第9条规定："民事主体从事民事活动，应当有利于节约资源、保护生态环境。"本条规定将绿色作为民事法律的重要原则，民事活动应当节约资源、保护生态环境。请思考本条款对商业银行经营发展有哪些重要影响。

（4）不得损害国家利益、社会公共利益原则。商业银行作为金融体系的主体，是整个经济的中枢，其是否良性发展，不仅仅关系到银行自身能否盈利、能否存续发展，更关系到广大的工商企业和人民大众的生产、生活能否顺利进行，关系到整个国家的社会秩序、经济秩序能否稳定。为此，商业银行开展业务，应当遵守法律、行政法规的有关规定，不得为牟取私利或者局部利益而损害国家利益和社会公共利益。

（5）公平竞争原则。竞争是市场经济的基本特征之一，只有竞争才会出效益，才会使资源达到最佳配置。商业银行正是通过竞争，不断促进银行业提高管理水平，提高信贷资产质量，增强服务意识的。但银行业的竞争，必须是有序竞争、正当竞争，而非不正当竞争。因为不正当竞争会破坏商业银行的稳健运营，使金融秩序发生混乱，严重阻碍经济发展。

（6）依法接受监管原则。商业银行依法接受国务院银行业监督管理机构的监督管理，但法律规定其有关业务接受其他监督管理部门或机构监督管理的，依照其规定。

案例分析

甲商业银行××县支行为加快入账汇款业务的发展，在未经工商行政管理机关登记备案的情况下，擅自在该县一个体印刷厂印制了5 000份《外出务工经商人员电子汇兑业务手册》，并分别于8月2日上午和8月10日上午两次在××县长途汽车客运站向外出务工人员散发。该手册中不负责任地将甲商业银行汇款与乙商业银行汇款从两个方面进行了比较。一是甲商业银行汇款比乙商业银行汇款合算。在甲商业银行开立账户后，汇款每笔只收取手续费10元，而乙商业银行汇款需按汇款金额的1%收取手续费。二是甲商业银行汇款更方便。在中小城市，乙商业银行设立的营业网点仅一两个，而甲商业银行的储蓄网点星罗棋布，随处可见，比乙商业银行办理业务更方便。事实上，乙商业银行汇款每笔也只收取手续费10元，并且在该县城中乙商业银行的网点是当地甲商业银行网点的数倍。从8月以后，甲商业银行的宣传导致乙商业银行汇款及储蓄业务存款大量下降。

请问：甲商业银行宣传汇兑业务的行为是否合法？为什么？

解析：不合法，因为《商业银行法》明确规定，商业银行开展业务，应当遵守公平竞争的原则，不得从事不正当竞争。根据《反不正当竞争法》的规定，经营者不得编造、传播虚假信息或者误导性信息，损害竞争对手的商业信誉、商品声誉。本案中甲商业银行在宣传汇兑业务时严重违背了事实，诋毁了乙商业银行的商业信誉，属于不正当竞争行为。

第二节　商业银行组织机构规则

《商业银行法》作为组织法，具体规定了商业银行组织体的设立、治理结构、变更、接管和终止等内容。

一、商业银行的设立

商业银行的设立主要包括设立条件、设立程序以及分支机构的设立等内容。

1. 商业银行设立条件

根据《商业银行法》的规定，设立商业银行应当具备下列条件。

（1）有符合《商业银行法》和《公司法》规定的章程。

（2）有符合《商业银行法》规定的注册资本最低限额。根据《商业银行法》的规定，设立全国性商业银行的注册资本最低限额为10亿元人民币，设立城市商业银行的注册资本最低限额为1亿元人民币，设立农村商业银行的注册资本最低限额为5 000万元人民币，并且注册资本应当是实缴资本。当然，国务院银行业监督管理机构根据审慎监管的要求可以调整注册资本最低限额，但不得少于上述规定的限额。

（3）有具备任职专业知识和业务工作经验的董事、高级管理人员。

（4）有健全的组织机构和管理制度。

（5）有符合要求的营业场所、安全防范措施和与业务有关的其他设施。

此外，设立商业银行还应当符合其他审慎性条件。

2. 商业银行设立程序

设立商业银行，除应当具备上述法定条件外，还必须经过以下三个基本步骤。

（1）申请。设立商业银行的发起人提出申请，提交申请书、可行性研究报告以及国务院银行业监督管理机构规定提交的其他文件与资料。

（2）审批。经国务院银行业监督管理机构对申请人的正式申请表及开业申请所提交的文件、资料审查后，认为符合设立商业银行的条件的，批准其设立商业银行，由国务院银行业监督管理机构颁发经营许可证。未经国务院银行业监督管理机构批准，任何单位和个人不得从事吸收公众存款等商业银行业务，任何单位不得在名称中使用"银行"字样。

（3）登记并签发营业执照。商业银行也是企业，申请人应当凭经营许可证向市场监督管理部门办理登记。经市场监督管理部门核准登记后，签发企业法人营业执照。从营业执照签发之日起，商业银行正式取得法人主体资格，可以开始经营活动。

3. 商业银行分支机构的设立

商业银行根据业务需要可以在我国境内外设立分支机构。商业银行对其分支机构实行全行统一核算、统一调度资金、分级管理的财务制度。商业银行分支机构不具有法人资格，在总行授权范围内依法开展业务，其民事责任由总行承担。在我国境内的分支机构，不按行政区划设立，而且应当按照规定拨付与其经营规模相适应的营运资金额。拨付各分支机构营运资金额的总和，不得超过总行资本金总额的60%。

设立商业银行分支机构，必须经国务院银行业监督管理机构审查批准。经批准设立的商业银行分支机构，由国务院银行业监督管理机构颁发经营许可证，并凭该许可证向市场监督管理部门办理登记，领取营业执照。商业银行及其分支机构自取得营业执照之日起无正当理由超过6个月未开业的，或者开业后自行停业连续6个月以上的，由国务院银行业监督管理机构吊销其经营许可证，并予以公告。

📝 **案例分析**

某市商业银行决定在该市甲区设立甲区分行，在研究决定甲区分行的办公地点、主要管理人员及营运资金后，依法向国务院银行业监督管理机构报送了申请书等材料。国务院银行业监督管理机构批准后，颁发了经营许可证，该商业银行凭该许可证向市场监督管理部门办理登记并领取了营业执照。然而领取营业执照后，甲区分行一直没有开业经营，主要原因是甲区分行行长李某携该分行巨额营运资金潜逃。经查，李某一年前就已欠下巨额债务，于是挪用甲区分行营运资金抵债。后来，国务院银行业监督管理机构以甲区分行设立过程中存在严重违法事项，且超过6个月未开业为由吊销了甲区分行的经营许可证。

请问：（1）依《商业银行法》规定，设立商业银行分支机构需提供哪些材料？

（2）甲区分行的设立过程中是否存在违法行为？为什么？

（3）国务院银行业监督管理机构吊销甲区分行经营许可证是否符合法律规定？为什么？

解析：（1）根据《商业银行法》规定，设立商业银行分支机构，申请人应当向国务院银行业监督管理机构提交下列文件：申请书（申请书载明拟设立的分支机构的名称、营运资金额、业务范围、总行及分支机构所在地等），申请人最近二年的财务会计报告，拟任职的高级管理人员的资格证明，经营方针和计划，营业场所、安全防范措施和与业务有关的其他设施的资料及国务院银行业监督管理机构规定的其他文件、资料。

（2）甲区分行设立过程存在违法事项，即市商业银行没有依法审慎审查甲区分行行长李某的任职资格。根据《商业银行法》规定，个人所负数额较大的债务到期未清偿的，不得担任商业银行的董事、高级管理人员。而李某背负巨额债务，显然不能担任商业银行的高级管理人员。

（3）合法。根据《商业银行法》规定，商业银行及其分支机构自取得营业执照之日起无正当理由超过6个月未开业的，或者开业后自行停业连续6个月以上的，由国务院银行业监督管理机构吊销其经营许可证，并予以公告。

二、商业银行的治理结构

商业银行的治理结构，是指适应商业银行的产权结构，以投资者和经营者相分离、分立和整合为基础，连接并规范股东会、董事会、监事会相互之间权益、责任关系的制度安排。我国商业银行的组织形式为有限责任公司和股份有限公司两类，组织机构由股东（大）会、董事会、监事会组成。

为完善商业银行公司治理，促进商业银行稳健经营和健康发展，保护存款人和其他利益相关者的合法权益，国务院银行业监督管理机构制定出台了《银行保险机构公司治理准则》，明确规定了商业银行股东与股东会、董事与董事会、监事与监事会、高级管理层、利益相关者与社会责任、激励约束机制、信息披露、风险管理与内部控制等方面的内容。

⚖️ **实案广角**

中国银行的公司治理架构

图3.1是中国银行官方网站显示的公司治理架构，体现了中国银行已经建立起由股东大会、董事会、监事会和高级管理层构建的现代股份制公司治理架构。

股东会

董事会 ── 监事会

董事会秘书部　高级管理层（执行委员会）　监事会办公室

董事会
- 战略发展委员会
- 企业文化与消费者权益保护委员会
- 审计委员会
- 风险政策委员会
- 人事和薪酬委员会
- 关联交易控制委员会
- 美国风险与管理委员会
- 审计部

高级管理层（执行委员会）
- 资产负债管理委员会
- 风险管理与内部控制委员会
- 集中采购管理委员会
- 证券投资管理委员会
- 资产管理业务委员会
- 消费者权益保护工作委员会
- 绿色金融委员会
- 金融数字化委员会
- 科技金融委员会
- 跨境金融委员会

监事会
- 履职尽职监督委员会
- 财务与内部控制监督委员会
- 反洗钱工作委员会
- 资产处置委员会
- 信用风险管理与决策委员会
- 关联交易管理办公室

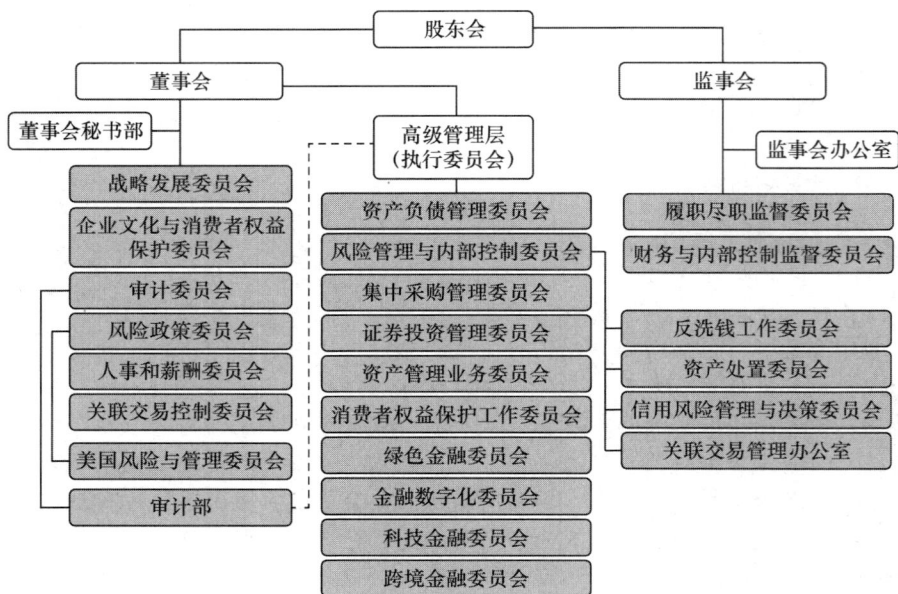

图 3.1　中国银行的公司治理架构

三、商业银行的变更

商业银行的变更，是指商业银行的一些重大事项发生的变动。我国商业银行有下列变更事项之一的，应当经国务院银行业监督管理机构批准。

（1）变更名称。名称是商业银行在经营活动中相互区别开来的固定称谓或标志。商业银行名称体现了银行形象，是银行商誉的重要组成部分。因此，商业银行名称改变时必须经过监管机构的审批，不得随意更换。

（2）变更注册资本。我国商业银行的资本采用的是严格法定资本制，必须遵守资本法定、资本维持、资本不变三原则。商业银行不论增资还是减资，必须经代表 2/3 以上表决权的股东通过，再报监管机构审批同意。

（3）变更总行或者分支行所在地。总行或者分支行所在地是商业银行业务经营场所地，是商业银行在空间上的定位。商业银行应接受所在地监管机构的监督管辖，不得随意变更，若想更换，必须获得监管机构的审批。

（4）调整业务范围。我国是实行分业经营管理的国家，商业银行必须在法定业务范围内从事经营活动，不得越权经营、交叉经营。因而，商业银行新设、变更、终止业务，都必须经监管机构审批同意。

（5）变更持有资本总额或者股份总额 5%以上的股东。股东通过行使表决权影响商业银行的经营管理和未来发展，而且在股权越来越分散时，能够持有资本总额或者股份总额 5%以上的股东对商业银行的管理已具有举足轻重的影响。因而，一旦这些股东发生改变，监管机构应当对变更股东的资金来源、财务状况、资本补充能力和诚信状况进行审查。

（6）修改章程。章程被称为商业银行的宪章，其修改必须经代表 2/3 以上表决权的股东通过，再报监管机构审批。

（7）国务院银行业监督管理机构规定的其他变更事项。

此外，更换商业银行董事、高级管理人员时，应当报经国务院银行业监督管理机构审查其任职资格。

四、商业银行的接管

商业银行的接管，是指当一家商业银行满足法定条件时，国务院银行业监督管理机构可以依法接收该商业银行原管理层的权力，并享有法律赋予的其他权力，全面负责该商业银行的运营管理，以帮助该商业银行恢复正常，从而确保整个银行业的安全。商业银行的接管在本质上是一种行政行为，表现为一种金融行政管理关系。

1. 商业银行接管的目的、条件和法律后果

（1）接管的目的。<u>对商业银行进行接管，目的是保护存款人的利益，恢复银行正常的经营能力</u>。国务院银行业监督管理机构通过接管，介入这些危机商业银行的管理运营，采取各种治理措施，尽力使这些商业银行度过危机，恢复正常，以保护存款人的利益。

（2）接管的条件。商业银行已经或者可能发生信用危机，严重影响存款人的利益时，国务院银行业监督管理机构可以对该银行实行接管。商业银行信用危机实际上就是指商业银行债权债务关系的稳定性遭受严重破坏，使其濒临破产的边缘。

（3）接管的法律后果。由于国务院银行业监督管理机构实施接管权时，只是全面介入被接管商业银行的日常运营管理，被接管商业银行的名称、金融业务、从业资格、法人资格等都没有发生法律上的变化，被接管商业银行仍旧继续开门营业，<u>因而被接管的商业银行的债权债务关系不因接管而变化</u>。

2. 商业银行接管的程序

商业银行接管的程序主要包括以下步骤。

（1）接管程序的启动。若商业银行已经符合被接管条件，而且国务院银行业监督管理机构认为有必要以接管方式救助该商业银行，则其可以决定启动接管程序。

（2）公告接管决定。国务院银行业监督管理机构决定接管某家商业银行后，会以书面形式正式公告接管决定。接管决定应当载明被接管的商业银行名称、接管理由、接管组织和接管期限等事项。

（3）实施接管措施。自接管开始之日起，接管组织行使商业银行的经营管理权，有权采取一切促使被接管商业银行恢复正常的经营管理措施，如对被接管银行采取整顿措施等。

（4）终止接管。接管终止的情形有以下三种。①接管决定规定的期限届满，或者国务院银行业监督管理机构决定的接管延期届满。具体的接管期限由国务院银行业监督管理机构决定，但最长不能超过 2 年。②接管期限届满前，该商业银行已恢复正常经营能力。③接管期限届满前，该商业银行被合并或者被依法宣告破产。

📋 **案例分析**

甲商业银行因经营管理不善，造成巨额亏损，无法满足存款人的提款需求。国务院银行业监督管理机构得知后，决定对甲商业银行予以接管，在发布的接管公告中，除了列明甲商业银行名称、接管理由、接管组织外，还特别指出接管期限为 3 年，并保证 3 年期满若甲商业银行仍旧无法恢复正常，国务院银行业监督管理机构将替甲商业银行清偿所有债务，以保障存款人的利益。

请问：上述接管中哪些是违法的？为什么？

解析：其一，"接管期限为 3 年"是违法的。因为法定接管期限最长不得超过 2 年。其二，"国务院银行业监督管理机构将替甲商业银行清偿所有债务"也是违法的。因为被接管的商业银行的债权债务关系不因接管而变化，国务院银行业监督管理机构不因接管而承担被接管商业银行的债务。

五、商业银行的终止

商业银行的终止是指商业银行法人主体资格的丧失，即其民事权利能力和民事行为能力的丧失。因此，商业银行的终止意味着其经营活动的停止，实质是商业银行退出市场。根据《商业银行法》的规定，商业银行的终止事由有以下三种情形。

法规展台
存款保险条例

1．解散

商业银行解散是指由于出现法定事由或者公司章程规定的情况，商业银行停止对外的经营活动，清算未了结的债权债务，使其法人资格灭失的法律行为。商业银行往往因分立、合并或者出现公司章程规定的解散事由而解散。如商业银行被吸收合并、商业银行的经营期限已届满等。

商业银行解散应当向国务院银行业监督管理机构提出申请，并附解散的理由和支付存款的本金和利息等债务清偿计划，经国务院银行业监督管理机构批准后解散。商业银行解散的，应当依法成立清算组进行清算，按照清偿计划及时偿还存款本金和利息等债务。国务院银行业监督管理机构监管清算过程。

2．撤销

商业银行撤销是指商业银行由于违反了法律、行政法规的有关规定，被行政机关依法撤销。如商业银行出租、出借经营许可证，或者提供虚假的或者隐瞒重要事实的财务会计报告、报表和统计报表，情节严重或者逾期不改正的，国务院银行业监督管理机构有权依法吊销该商业银行的经营许可证。

商业银行被撤销的，国务院银行业监督管理机构应当依法及时组织成立清算组，进行清算，按照清偿计划及时偿还存款本金和利息等债务。

3．破产

商业银行破产是指商业银行不能支付到期债务，经国务院银行业监督管理机构同意，由人民法院依法宣告其破产。

商业银行被宣告破产的，由人民法院组织国务院银行业监督管理机构等有关部门和有关人员成立清算组，进行清算。商业银行破产清算时，在支付清算费用、所欠职工工资和劳动保险费用后，应当优先支付个人储蓄存款的本金和利息。

第三节　商业银行业务经营规则

《商业银行法》作为行为法，规定了商业银行从事存款业务、贷款业务和其他业务所必须遵守的基本规则。国务院银行业监督管理机构也发布了很多有关商业银行业务管理的规章和规范性文件，商业银行开展具体业务时必须遵守、执行这些规定。

一、存款业务规则

存款是商业银行接受客户存入资金，并承诺客户随时或按约定时间支取本金和利息的一种负债业务。在商业银行所有负债业务中，存款是最核心、最基本的业务，是商业银行产生的基础。

（一）存款的性质与立法

存款在其性质上是一种合同关系，通过存款，存款人成为债权人，依法享有存款本息的请求权；商业银行成为债务人，依法承担随时或按期支付存款本息的义务。存款合同是一种要式合同，其必须采用书面形式，表现为存单、存折、进账单等。存款合同也是实践性合同，除存款人与商业银行达成协议外，存款人还必须交付资金给商业银行，才能成立存款合同。此外，存款合同还是附和合同和无名合同，前者表明存款合同往往由商业银行单方拟定，存款人不能协商，只能接受或不接受；后者表明存款合同不是《民法典》中所单独列明的一类合同。

我国没有对存款管理进行统一立法，有关存款管理的规则主要散见在《商业银行法》《储蓄管理条例》《人民币单位存款管理办法》《最高人民法院关于审理存单纠纷案件的若干规定》等法律法规规章以及司法解释中。根据现有规定，商业银行办理所有类型的存款业务都应当遵守特许经营原则：应当经过监管机构审批；应当按照中国人民银行规定的存款利率的上、下限，确定存款利率，并予以公告；应当按照中国人民银行的规定，向中国人民银行交存存款准备金，留足备付金；应当保证存款本金和利息的支付，不得拖延、拒绝支付存款本金和利息；应当以正当、合法的方式吸收存款；应当遵守实名存款制度。

📖 视野拓展

个人存款账户实名制规定

为了保证个人存款账户的真实性，维护存款人的合法权益，国务院于 2000 年颁布了《个人存款账户实名制规定》。那么，实名依据的身份证件主要有哪些？金融机构及其工作人员为个人开立存款账户时负有哪些职责？履行哪些义务？推荐扫描二维码阅读《个人存款账户实名制规定》。

（二）储蓄存款

储蓄存款是指个人将属于其所有的人民币或者外币存入商业银行等储蓄机构，储蓄机构开具存折或存单等作为凭证，个人凭此支取存款本息的活动。

1. 储蓄存款业务的基本原则

商业银行办理储蓄存款业务，应当遵循"存款自愿、取款自由、存款有息、为存款人保密"的原则。其中存款自愿原则强调个人是否参与存款，办理何类型存款，存款的期限有多长，选择哪家商业银行办理等，这些都是储户个人真实自愿选择的，不受任何单位和他人强迫。取款自由原则强调储户何时取款，提取多少，作何用途等，一般情况下，商业银行不得妨碍、阻挠，而应当及时、无条件地保证付款，不得拖延或强收不合理费用。存款有息原则强调商业银行应当按照中国人民银行规定的储蓄利率，付给储户存款利息，体现对储户资金收益权的保护。为存款人保密原则强调商业银行在办理存款业务中获取的所有关于存款人的信息，如存款人的姓名、地址、工作单位、存款种类、数额、密码等，都要严格保守，不得泄露。

2. 储蓄存款利率和计息

商业银行必须挂牌公告储蓄存款利率，不得擅自变动。未到期的定期储蓄存款，全部提前支取的，按支取日挂牌公告的活期储蓄存款利率计付利息；部分提前支取的，提前支取的部分按支取日挂牌公告的活期储蓄存款利率计付利息，其余部分到期时按存单开户日挂牌公告的定期储蓄存款利率计付利息。逾期支取的定期储蓄存款，其超过原定存期的部分，除约定自动转存的外，按支取日挂牌公告的活期储蓄存款利率计付利息。定期储蓄存款在存期内遇有利率调整，按存单开户日挂牌公告的相应的定期储蓄存款利率计付利息。活期储蓄存款在存入期间遇有利率调整，按结息日挂牌公告的活期储蓄存款利率计付利息。全部支取活期储蓄存款，按清户日挂牌公告的活期储蓄存款利率计付利息。

3．提前支取和挂失

未到期的定期储蓄存款，储户提前支取的，必须持存单和存款人的身份证明办理；代储户支取的，代支取人还必须持其身份证明。储户遗失存单、存折或者预留印鉴的印章的，必须立即持本人身份证明，并提供储户的姓名、开户时间、储蓄种类、金额、账号及住址等有关情况，向其开户的储蓄机构书面申请挂失。在特殊情况下，储户可以用口头或者函电形式申请挂失，但必须在 5 天内补办书面申请挂失手续。储蓄机构受理挂失后，必须立即停止支付该储蓄存款；受理挂失前该储蓄存款已被他人支取的，储蓄机构不负赔偿责任。

4．查询、冻结和扣划

对个人储蓄存款，商业银行有权拒绝任何单位或者个人查询、冻结、扣划，但法律另有规定的除外。这表明，只有全国人民代表大会及其常委会通过的法律可以规定查询、冻结、扣划个人储蓄存款的有权主体，行政法规、地方性法规、政府规章均不得赋予任何主体有查询、冻结、扣划个人储蓄存款的权力。就现行法律规定来看，可以查询个人储蓄存款的主体有中国人民银行、金融监管局、证监会、审计机关、市场监管局、人民法院、海关、税务机关、人民检察院、公安机关、国家安全机构、军队保卫部门、监狱、走私犯罪的侦查机关、监察机关（包括军队监察机关）等；有权冻结个人储蓄存款的主体有人民法院、海关、税务机关、人民检察院、公安机关、国家安全机构、军队保卫部门、监狱、走私犯罪的侦查机关、监察机关（包括军队监察机关）、证监会；有权扣划个人储蓄存款的主体只有人民法院、海关、税务机关。

📋 案例分析

甲公司与员工张某发生劳动纠纷。甲公司想要查询张某在 A 银行的账户近两年的交易明细，A 银行认为甲公司是本行的大客户，便将张某的交易明细全部提供给了甲公司。

请问：A 银行的做法是否合法？为什么？

解析：不合法。因为《民法典》规定："自然人的个人信息受法律保护。"《商业银行法》规定："商业银行办理个人储蓄存款业务，应当遵循存款自愿、取款自由、存款有息、为存款人保密的原则。对个人储蓄存款，商业银行有权拒绝任何单位或者个人查询、冻结、扣划，但法律另有规定的除外。"所以，商业银行只有在得到储户同意或法律规定的有权查询机构的要求下，才能提供储户交易信息。故本案中 A 银行向甲公司提供张某账户交易信息的行为是违法的。

（三）单位存款

单位存款是指企业、事业、机关、部队和社会团体等单位在商业银行办理的人民币存款，即商业银行的"对公存款"。单位存款应坚持财政性存款由中国人民银行专营；强制交存，限制支出；监督使用等原则。

《商业银行法》规定，对单位存款，商业银行有权拒绝任何单位或者个人查询，但法律、行政法规另有规定的除外；有权拒绝任何单位或者个人冻结、扣划，但法律另有规定的除外。这一规定与个人储蓄存款基本相同，只是在查询方面，行政法规可以赋予某些主体有查询单位存款的权力。就现行法律、行政法规来看，单位存款查询主体增加了市场监督管理机关，其他与储蓄存款一样。

商业银行协助有权主体对单位存款查询、冻结、扣划时，应注意以下几个要点：①商业银行有权要求查询人必须出示本人工作证或执行公务证和《协助查询存款通知书》，禁止查询人借走原件，但可以允许查询人抄录、复制或照相。②冻结单位存款的期限最长为 6 个月，期满后可以续冻。有权机关应在冻结期满前办理续冻手续，逾期未办理续冻手续的，视为自动解除冻结措施。③若被冻结单位银行账户的存款不足冻结数额时，商业银行应在冻结期限内冻结该单位银行账户可以冻结的存款，直至达到需要冻结的数额。④被冻结的款项在冻结期限内如需解冻，应由作出冻结决定的有权机关决定，商业银行不得自行解冻。⑤商业银行协助扣划时，应当将扣划的存款直接划入有权机关指定的账户。有权机关要求提取现金的，商业银行不予协助。⑥两个以上有权机关对同一单位的同一笔存款采取冻结或扣划措施时，商业银行应当协助最先送达协助冻结、扣划存款通知书的有权机关办理冻结、扣划手续。两个以上有权机关对商业银行协助冻结、扣划的具体措施有争议的，商业银行应当按照有关争议机关协商后的意见办理。

📖 视野拓展

甲人民法院某年 2 月 1 日到乙商业银行要求冻结 A 公司存款 10 万元，冻结期限 6 个月。冻结的效力应自当年 2 月 1 日冻结手续办结之时开始。因 A 公司账户仅有存款 4 万元，乙商业银行给予冻结 4 万元。在乙商业银行给予办结冻结手续后至当年 8 月 1 日冻结期限内，A 公司账户又进款 8 万元，那么乙商业银行应对其中的 6 万元给予冻结，冻结总数为 10 万元，达到有权机关要求冻结的数额。当年 8 月 1 日前，甲人民法院没有办理续冻手续，则 8 月 2 日，乙商业银行应视甲人民法院自动解冻 A 公司的冻结存款。

二、贷款业务规则

贷款在静态上是指商业银行以还本付息为条件而出借的货币资金，在动态上则是指商业银行所从事的，以还本付息为条件出借货币资金使用权的营业活动。贷款业务是商业银行最主要的资产业务。贷款在其性质上也是一种合同关系，通过贷款，商业银行成为债权人，享有按期收回贷款本息的请求权；而借款人成为债务人，负有按期归还贷款本息的义务。

1. 贷款的分类

贷款按期限长短可以划分为短期贷款、中期贷款和长期贷款。短期贷款是指贷款期限在 1 年以内（含 1 年）的贷款；中期贷款是指贷款期限在 1 年以上（不含 1 年）5 年以下（含 5 年）的贷款；长期贷款是指贷款期限在 5 年（不含 5 年）以上的贷款。

贷款按有无担保可以分为信用贷款和担保贷款。信用贷款是指没有担保，仅依据借款人的信用状况发放的贷款。担保贷款是指由借款人或第三方依法提供担保而发放的贷款。担保贷款包括保证贷款、抵押贷款和质押贷款。保证贷款、抵押贷款和质押贷款是指按《民法典》规定的保证方式、抵押方式或质押方式发放的贷款。

2. 贷款业务的基本规则

《商业银行法》对商业银行开展贷款业务的基本规则作了较为详细的规定，具体内容如下。

（1）商业银行要根据国民经济和社会发展的需要，在国家产业政策指导下开展贷款业务。这一基本规则基于商业银行对国民经济具有巨大的调节作用和商业银行对自身安全盈利的追求。商业银行通过贷款，实现资金在不同企业、不同行业之间的分配，提高企业劳动生产力，促进产业结构优化，满足国民经济和社会发展的需要。同时在国家产业政策指导下开展贷款，可以预测贷款项目的良好盈利水平和发展前景，确保信贷资产的安全和效益。值得一提的是，国民经济和社会发展的需要以及国家产业政策都只对商业银行开展贷款业务起着指导性作用，而不具有直接指令性和强制性。

（2）商业银行贷款，应当对借款人的借款用途、偿还能力、还款方式等情况进行严格审查，应当实行审贷分离、分级审批制度。这一基本规则是我国贷款管理经验的总结。商业银行发放贷款，应该严格执行贷前调查、贷中审查、贷后检查的"三查"制度，确保信贷资产的质量。同时应当建立贷款管理岗位责任制度，实行调查人员、审批人员、清收人员严格分开，并且同一商业银行系统间应当合理确定各级分支行的审批贷款的权限，形成审贷分离、分级审批、相互约束的机制。

（3）商业银行贷款，借款人应当提供担保。商业银行应当对保证人的偿还能力，抵押物、质物的权属和价值以及实现抵押权、质权的可行性进行严格审查。经商业银行审查、评估，确认借款人资信良好，确能偿还贷款的可以不提供担保。这一基本规则明确了我国商业银行发放贷款应坚持担保贷款为主、信用贷款为辅的原则，从而尽可能实现贷款的安全回收。

（4）商业银行贷款，应当与借款人订立书面合同，合同应当约定贷款种类、借款用途、金额、利率、还款期限、还款方式、违约责任和双方认为需要约定的其他事项。这一规则强调我国贷款合同是要式合同，只能用书面形式，禁止采用口头或其他形式。同时贷款合同可以明确商业银行与借款人之间的权利义务，保护贷款合同双方当事人的合法权益，这是商业银行贷款业务的必经程序，也是贷款管理工作的重要内容。

（5）商业银行应当按照中国人民银行规定的贷款利率的上下限，确定贷款利率。利率政策是中国人民银行货币政策的主要组成部分，中国人民银行制定的各种利率为法定利率，其他任何单位和个人均无权变动。自 2013 年 7 月 20 日起，我国全面放开金融机构贷款利率管制，即取消金融机构贷款利率 0.7 倍的下限，由金融机构根据商业原则自主确定贷款利率水平。

（6）任何单位和个人不得强令商业银行发放贷款或者提供担保。商业银行有权拒绝任何单位和个人强令要求其发放贷款或者提供担保。这一规则保障了商业银行自主经营贷款的权利。商业银行是以营利为目的的企业法人，实行自主经营、自担风险、自负盈亏、自我约束的经营机制。贷款自主经营权是商业银行企业属性的体现，商业银行有权依照安全和效益原则自主运营贷款，任何单位和个人不得干涉、限制和剥夺。

（7）商业银行贷款应当遵守资产负债比例管理的规定。即资本充足率不得低于 8%；流动性资产余额与流动性负债余额的比例不得低于 25%；对同一借款人的贷款余额与商业银行资本余额的比例不得超过 10%；国务院银行业监督管理机构对资产负债比例管理的其他规定。

（8）商业银行不得向关系人发放信用贷款，向关系人发放担保贷款的条件不得优于其他借款人同类贷款的条件。这里的关系人是指商业银行的董事、监事、管理人员、信贷业务人员及其近亲属，还包括前项所列人员投资或担任高级管理职务的公司、企业和其他经济组织。

（9）借款人应当按期归还贷款的本金和利息。借款人到期不归还担保贷款的，商业银行依法享有要求保证人归还贷款本金和利息或者就该担保物优先受偿的权利。商业银行因行使抵押权、质权而取得的不动产或者股权，应当自取得之日起两年内处分。借款人到期不归还信用贷款的，应当按照合同约定承担责任。

案例分析

张某是一家商业银行的行长。某年 2 月至 8 月期间，张某多次为其妻子、弟弟所投资的乙企业发放信用贷款，累计达 5 000 万元。同年 6 月，张某还批准向丙房地产开发公司发放了 2 亿元抵押贷款。据查，该行当月资本余额为 18 亿元人民币。

请问：张某的行为是否合法？为什么？

解析：不合法，因为商业银行不得向关系人发放信用贷款。本案中，张某妻子、弟弟投资的乙企业就是张某所在商业银行的关系人，该行不得对乙企业发放信用贷款。根据《商业银行法》关于资产负债比例管理的规定，对同一借款人的贷款余额与商业银行资本余额的比例不得超过 10%。该商业银行向丙房地产开发公司发放 2 亿元人民币贷款已超过其资本余额的 10%。

三、银行卡业务规则

银行卡，是指由商业银行向社会发行的具有消费信用、转账结算、存取现金等全部或部分功能的信用支付工具。银行卡包括信用卡和借记卡，信用卡具备银行授信额度和透支功能，而借记卡则不具备这一功能。银行卡业务现在已经成为我国商业银行最富有活力、普及面最广的业务。

（一）银行卡发卡行为

发卡商业银行应履行客户身份识别义务，确保申请人开户资料真实、完整、合规，并要充分利用联网系统核查公民身份信息，验证客户身份信息。个人代理他人办卡的，发卡商业银行必须同时核对代理人和被代理人的真实身份。无正当理由不允许个人代理多人办卡。

其中对于信用卡的发卡，发卡商业银行应通过查询中国人民银行征信系统、中国银联银行卡风险信息共享系统、资信调查等方式分析申请人的资信状况，合理确定授信额度。对申领首张信用卡的客户，发卡商业银行要对客户亲访亲签，不得采取全程自助发卡方式。发卡商业银行不得将信用卡发卡营销业务外包，不得擅自对信用卡透支利率、计息方式、免息期计算方式等进行调整。禁止单位代办信用卡，法律法规另有规定的除外。

（二）银行卡当事人之间的权利与义务

银行卡当事人包括发卡商业银行和持卡人。

1. 发卡商业银行的权利与义务

发卡商业银行享有的权利主要有以下几种：①发卡银行有权审查申请人的资信状况、索取申请人的个人资料，并有权决定是否向申请人发卡及确定信用卡持卡人的透支额度。②发卡银行对持卡人透支有追偿权。对持卡人不在规定期限内归还透支款项的，发卡银行有权申请法律保护并依法追究持卡人或有关当事人的法律责任。③发卡银行对不遵守其章程规定的持卡人，有权取消其持卡人资格，并可授权有关单位收回其银行卡。④发卡银行对储值卡和IC卡内的电子钱包可不予挂失。

发卡商业银行承担的义务主要有以下几种：①发卡银行应当向银行卡申请人提供有关银行卡的使用说明资料，包括章程、使用说明及收费标准。②发卡银行应当设立针对银行卡服务的公平、有效的投诉制度，并公开投诉程序和投诉电话。发卡银行对持卡人关于账务情况的查询和改正要求应当在30天内给予答复。③发卡银行应当向持卡人提供对账服务，按月向持卡人提供账户结单。在下列情况下发卡银行可不向持卡人提供账户结单，即已向持卡人提供存折或其他交易记录；自上一份月结单后，没有进行任何交易，账户没有任何未偿还余额；已与持卡人另行商定。④发卡银行应当向持卡人提供银行卡挂失服务，应当设立24小时挂失服务电话，提供电话和书面两种挂失方式。⑤发卡银行应当在有关卡的章程或使用说明中向持卡人说明密码的重要性及丢失的责任。⑥发卡银行对持卡人的资信资料负有保密的责任。

2. 持卡人的权利与义务

持卡人享有的权利主要有以下几种：①持卡人享有发卡银行对其银行卡所承诺的各项服务的权利，有权监督服务质量并对不符合服务质量的行为进行投诉；②申请人、持卡人有权知悉其选用的银行卡的功能、使用方法、收费项目、收费标准、适用利率及有关的计算公式；③持卡人有权在规定时间内向发卡银行索取对账单，并有权要求对不符账务内容进行查询或改正；④借记卡的挂失手续办妥后，持卡人不再承担相应卡账户资金变动的责任，司法机关、仲裁机关另有判决的除外；⑤持卡人有权索取信用卡领用合约，并应妥善保管。

持卡人的义务主要有以下几种：①申请人应当向发卡银行提供真实的申请资料并按照发

卡银行的规定向其提供符合条件的担保；②持卡人应当遵守发卡银行的章程及《领用合约》的有关条款；③持卡人或保证人通信地址、职业等发生变化时，应当及时书面通知发卡银行；④持卡人不得以和商户发生纠纷为由拒绝支付所欠银行款项。

案例分析

"克隆"银行卡案件中银行应承担的责任

2010 年 4 月 1 日，犯罪嫌疑人在某商业银行网点自动取款机（ATM）插卡口和键盘上方安装复制银行卡号与窃取密码的设备。之后，当受害人在自动取款机取款时银行卡信息及密码就会被窃取，犯罪嫌疑人则利用窃取到的银行卡信息复制银行卡盗取存款，前后共有 7 位受害人钱款被盗，金额累计 22.8 万元。不久，该盗窃案被当地公安局侦破。7 位受害人在与该商业银行就存款丢失赔偿事项协调无果后，向人民法院起诉，要求该商业银行支付所丢失的相应存款及利息。人民法院受理后认为，储户与该商业银行之间成立的储蓄存款关系为债权债务关系，是契约合同民事法律关系。犯罪嫌疑人窃取储户存款侵害的是该商业银行的财产所有权，是该商业银行与犯罪嫌疑人之间的侵权刑事法律关系，两者不属于同一法律关系，所以该商业银行有承担支付 7 位受害人丢失存款的义务。经承办法官的辨法析理和悉心调解，被告向受害人支付了全部款项。原告对调解结果相当满意，自愿撤回了起诉。

解析： 本案 7 位储户自办理银行卡之日起就与该商业银行建立了债权债务关系，所存钱款的所有权转移到该商业银行。储户银行卡内的资金，其实是存在该商业银行里的而非存在卡里的（银行卡只是存款凭证），银行卡内资金失窃，是罪犯窃取了该商业银行的钱，侵害了该商业银行的财产权，而非直接侵害了储户的财产权，所以不能产生改变或终止该商业银行与储户之间合法有效的储蓄合同关系的法律后果，也不能产生免除该商业银行向储户履行支付义务的法律后果。罪犯在自动取款机插卡口和键盘上方安装复制银行卡号与窃取密码的设备，该商业银行没有及时发现并采取措施，最后被不法分子通过"克隆"银行卡在自动取款机上成功取款，说明该商业银行没有给储户提供安全的存取款条件与环境，属于该商业银行的过错。7 位储户的存款失窃，并非个人疏忽，他们在自动取款机上正常取款，没有任何过失。因此，应由该商业银行向罪犯追索损失，而储户所受的损失应由该商业银行承担。

四、理财业务规则

商业银行的理财业务提供理财顾问服务和综合理财服务，为客户提供财务分析、财务规划、投资顾问等服务，并接受投资者委托，按照与投资者事先约定的投资策略、风险承担和收益分配方式，对受托的投资者财产进行投资和管理。和商业银行理财业务相关的法规有《商业银行个人理财业务管理暂行办法》《商业银行个人理财业务风险管理指引》《商业银行理财产品销售管理办法》《商业银行理财业务监督管理办法》《理财公司理财产品销售管理暂行办法》等。

1. 理财产品的类型

理财产品是指商业银行按照约定条件和实际投资收益情况向投资者支付收益、不保证本金支付和收益水平的非保本理财产品。根据不同标准，我国商业银行理财产品可以作如下划分。

（1）公募理财产品和私募理财产品，这是根据募集方式进行的分类。公募理财产品是指商业银行面向不特定社会公众公开发行的理财产品。公开发行的认定标准按照《中华人民共和国证券法》执行。私募理财产品是指商业银行面向合格投资者非公开发行的理财产品。私募理财产品的投资范围由合同约定，可以投资于债权类资产和权益类资产等。

（2）固定收益类理财产品、权益类理财产品、商品及金融衍生品类理财产品和混合类理财产品，这是根据投资性质进行的分类。固定收益类理财产品投资于存款、债券等债权类资产的比例不低于80%；权益类理财产品投资于权益类资产的比例不低于80%；商品及金融衍生品类理财产品投资于商品及金融衍生品的比例不低于80%；混合类理财产品投资于债权类资产、权益类资产、商品及金融衍生品类资产且任一资产的投资比例未达到前三类理财产品标准。

（3）封闭式理财产品和开放式理财产品，这是根据运作方式进行的分类。封闭式理财产品是指有确定到期日，且自产品成立日至终止日期间，投资者不得进行认购或者赎回的理财产品。开放式理财产品是指自产品成立日至终止日期间，理财产品份额总额不固定，投资者可以按照协议约定，在开放日和相应场所进行认购或者赎回的理财产品。

2. 理财产品宣传销售文本的制作规则

商业银行理财产品的宣传销售文本包括宣传材料和销售文件两类。宣传材料指商业银行为宣传推介理财产品向客户分发或者公布，使客户可以获得的书面、电子或其他介质的信息。销售文件则包括理财产品销售协议书、理财产品说明书、风险揭示书、客户权益须知等内容。

理财产品宣传销售文本应当全面、客观反映理财产品的重要特性和与产品有关的重要事实，语言表述应当真实、准确和清晰，不得有下列情形：①虚假记载、误导性陈述或者重大遗漏；②违规承诺收益或者承担损失；③夸大或者片面宣传理财产品，违规使用安全、保证、承诺、保险、避险、有保障、高收益、无风险等与产品风险收益特性不匹配的表述；④登载单位或者个人的推荐性文字；⑤在未提供客观证据的情况下，使用"业绩优良""名列前茅""位居前列""最有价值""首只""最大""最好""最强""唯一"等夸大过往业绩的表述；⑥其他易使客户忽视风险的情形。

理财产品销售文件应当载明投资范围、投资资产种类和各投资资产种类的投资比例，并确保在理财产品存续期间按照销售文件约定比例合理浮动。市场发生重大变化导致投资比例暂时超出浮动区间且可能对客户预期收益产生重大影响的，应当及时向客户进行信息披露。商业银行根据市场情况，应当按照有关规定进行信息披露后调整投资范围、投资品种或投资比例；客户不接受的，应当允许客户按照销售文件的约定提前赎回理财产品。

3. 理财产品销售中的禁止行为

商业银行不得销售无市场分析预测、无风险管控预案、无风险评级、不能独立测算的理财产品，不得销售风险收益严重不对称的含有复杂金融衍生工具的理财产品。商业银行不得无条件向客户承诺高于同期存款利率的保证收益率；高于同期存款利率的保证收益，应当是对客户有附加条件的保证收益。商业银行不得承诺或变相承诺除保证收益以外的任何可获得收益。商业银行不得将存款单独作为理财产品销售，不得将理财产品与存款进行强制性搭配销售。商业银行不得将理财产品作为存款进行宣传销售，不得违反国家利率管理政策变相高息揽储。

商业银行从事理财产品销售活动，不得有下列情形：①通过销售或购买理财产品方式调节监管指标，进行监管套利；②将理财产品与其他产品进行捆绑销售；③采取抽奖、回扣或者赠送实物等方式销售理财产品；④通过理财产品进行利益输送；⑤挪用客户认购、申购、赎回资金；⑥销售人员代替客户签署文件；⑦国务院银行业监督管理机构规定禁止的其他情形。

销售人员从事理财产品销售活动，不得有下列情形：①在销售活动中为自己或他人牟取不正当利益，承诺进行利益输送，通过给予他人财物或利益，或接受他人给予的财物或利益等形式进行商业贿赂；②诋毁其他机构的理财产品或销售人员；③散布虚假信息，扰乱市场秩序；④违规接受客户全权委托，私自代理客户进行理财产品认购、申购、赎回等交易；

⑤违规对客户作出盈亏承诺，或与客户以口头或书面形式约定利益分成或亏损分担；⑥挪用客户交易资金或理财产品；⑦擅自更改客户交易指令；⑧其他可能有损客户合法权益和所在机构声誉的行为。

案例分析

某商业银行于2月10日推出一款新理财产品，该产品需20万元认购，预期年化收益率为4%。其认购流程是：第一阶段，必须在2月11日当天（或之前）存入至少20万元人民币存款直至3月11日。这1个月收益按7天通知存款1.25%的年化收益率来支付，同时还赠送投资者10克的银坠子作为这一活期存款的补偿。第二阶段，自3月12日至3月13日开始认购，投资期限为90天，3月14日起息，预期年化收益率为4%。

请问： 上述这款理财产品的销售是否合法？为什么？

解析： 不合法。因为根据《商业银行理财产品销售管理办法》的规定，商业银行不得将存款单独作为理财产品销售，不得将理财产品与存款进行强制性搭配销售。商业银行不得将理财产品作为存款进行宣传销售，不得违反国家利率管理政策变相高息揽储。案例中的理财产品是强制捆绑存款一起销售的，而且以赠送10克银饰作为1个月通知存款的收益补偿，这实际上是高息揽储。因此，这款理财产品的销售是违法的。

五、商业银行的其他业务规则

《商业银行法》还规定了商业银行在运营其他业务时必须遵守下列规则。

（1）同业拆借业务规则。商业银行进行同业拆借，应当遵守中国人民银行的规定。禁止利用拆入资金发放固定资产贷款或者用于投资。拆出资金限于交足存款准备金，留足备付金和归还中国人民银行到期贷款之后的闲置资金。拆入资金用于弥补票据结算、联行汇差头寸的不足和解决临时性周转资金的需要。

（2）结算业务规则。结算是对债权债务的货币进行清算和了结。结算业务是商业银行的中间业务之一，是连接资金和经济活动的桥梁。商业银行在办理结算时应当恪守信用，履约付款，并且坚持"谁的钱进谁的账"和不垫款原则。商业银行办理票据承兑、汇兑、委托收款等结算业务时，应当按照规定的期限兑现，收付入账，不得压单、压票或者违反规定退票。有关兑现、收付入账期限的规定应当公布。

（3）银行账户管理业务规则。根据《商业银行法》规定，企业可以自主选择一家商业银行的营业场所并开立一个办理日常转账结算和现金收付的基本账户，不得开立两个以上基本账户。任何单位和个人不得以个人名义开立账户存储单位的资金。

（4）营业时间的规定。商业银行的营业时间不固定、不公告，随意停止营业或缩短营业时间，势必给群众带来很大的不便。为此，《商业银行法》明确规定，商业银行的营业时间应当方便客户，并予以公告，银行应当在公告的营业时间内营业，不得擅自停止营业或者缩短营业时间。

（5）业务手续费的规定。商业银行一般在提供银行中间业务时收取手续费，而且手续费必须按照规定标准收取，商业银行既不能擅自提高收费标准，也不能随意增加收费品种，扩大收费范围。为此，《商业银行法》明确规定，商业银行办理业务、提供服务，按照规定收取手续费。收费项目和标准由国务院银行业监督管理机构和中国人民银行根据职责分工，分别会同国务院价格主管部门制定。

第四节　商业银行的监督管理

商业银行的监督管理有狭义和广义之分。狭义的商业银行监管是指银行业监管机构依据国家法律规定对商业银行实施的监督和管理。广义的商业银行监管除了包括狭义的商业银行监管之外，还包括商业银行内部控制和稽核、同业自律性组织的监管、社会中介组织的监管等内容。下文仅阐述狭义上的商业银行监管。

一、银行业监管的目标和原则

2003 年 12 月 27 日第十届全国人大常委会第六次会议通过了《中华人民共和国银行业监督管理法》(以下称《银行业监管法》)，并经 2006 年 10 月修正，该法专门系统规范了我国银行业的监管问题。

（一）银行业监管的目标

银行业监管的目标是对银行业实施监管的总体方向、要求和应达到的目的。明确银行业监管的目标，有利于规范银行业监管行为，提高监管活动的针对性和有效性。我国银行业监管的目标包括以下两个方面。

（1）促进银行业的合法、稳健运行，维护公众对银行业的信心。促进银行业的合法、稳健运行，不仅要求银行业金融机构依法开展经营活动，遵守市场秩序，符合市场规范，而且要求银行业金融机构建立健全各类规章制度，加强风险管理，完善内部控制，保持充足的资本和健全的财务状况，实现稳健运行。同时，银行业监管机构要从维护公众的利益出发，严厉打击和惩处金融违法行为，提高监管活动的透明度，提升监管水平，强化对银行业经营活动的社会监督，确保整个银行体系的稳定。

（2）保护银行业公平竞争，提高银行业竞争能力。我国银行业金融机构总体竞争能力有待进一步提升，因而银行业监管机构在加强监管时，还需要鼓励促进银行业金融机构业务创新，向市场提供更多的金融产品和服务，维护公平竞争的市场秩序，不断提高核心竞争力，促进银行业整体效率的提升。

（二）银行业监管的原则

银行业监管的原则是对银行业监督管理行为的总体规范，在实施具体监管过程中这些原则必须得到遵守和体现。监管原则是提高监管水平、维护银行业金融机构合法权益所需要的。根据《银行业监管法》规定，银行业监管活动应遵守以下几个原则。

1. 依法监管、公开、公正和效率原则

依法监管原则是指银行业监管机构必须在法定职权范围内，依照法律、行政法规的规定行使监督管理权力。监管本质上是一种行政行为，依法监管是行政法的基本原则，可以避免监管权力的滥用。

公开原则是指银行业监管机构必须公开实施监管，依法应当保密的除外。为了保护被监管主体的权益，银行业监管机构必须公开监管立法、政策，公开监管执法行为，公开行政复议的依据、标准、程序等。

公正原则是指银行业监管机构必须对金融市场的参与者一视同仁、平等对待。公正原则从实体上要求依法监管、不偏私，平等对待相对人，不歧视，合理考虑相关因素，不专断等；从程序上要求对涉及自身利害争议的处理应实行回避制度，应听取相对人申辩意见等。

效率原则是指银行业监管机构应以最低的监管成本，获得最高的监管效益。银行业监管机构应当严格遵循监管程序和时限，精简监管队伍，对监管行为进行"成本—效益"分析，有效分配和使用监管资源，降低银行体系的风险损失，实现监管目标和效果的最大化。

2. 独立监管原则

独立监管原则是指银行业监管机构依法独立履行监管职责，不受地方政府、各级政府部门、社会团体和个人的干涉。独立监管原则的确立既结合了我国银行业监管的实际需要和国际通行做法，又考虑到了我国的政治体制和中央与地方的事权划分，确保了银行业监管机构独立行使监管权，从而更好地维护银行业金融机构合法、稳健运行，维护银行业秩序，促进我国金融事业健康发展。

3. 协调监管原则

协调监管原则是指银行业监管机构应当和中国人民银行、证券监管机构、保险监管机构等建立协调合作、互相配合的机制。协调监管原则在分业监管模式下可以确保各监管机构就维护金融稳定、跨行业监管和重大监管事项等问题定期进行协商，从而衔接和协调货币政策以及对银行业、证券业、保险业的监管政策，避免出现监管真空和重复监管的现象，提高监管效率，从而维护整个金融体系的稳定、效率和竞争力。其中，建立监管信息共享机制是协调监管原则的重要组成内容。

4. 跨境监管合作原则

随着银行业国际化和金融市场全球化、一体化的发展，各国越来越重视国际间银行业监管的合作问题，逐步实施有效的跨境监管。跨境监管合作原则可以确保所有跨境银行都能得到其母国和东道国监管当局的有效监管，母国和东道国监管当局应就跨境银行进行合理的监管分工和合作，定期交流、协商银行业监管的目标、原则、标准、内容、方法以及实际监管中发现的问题，以促进跨境银行的稳健发展。

二、国务院银行业监督管理机构及其监管对象

我国最初由中国人民银行监管商业银行，自 2003 年 4 月起转由银监会履行监管职责。银监会的成立使得我国金融监管的"三驾马车"真正齐备，也标志着我国"一行三会"（中国人民银行、证监会、保监会、银监会）分业监管的金融格局的正式确立，对于增强银行、证券、保险三大市场的竞争能力，更大范围地防范金融风险起到了非常重要的作用。为了更好地应对银行业、保险业混业经营的现实，2018 年银监会和保监会合并，2023 年我国在银保监会基础上组建国家金融监督管理总局，形成"一行一局一会"的格局。

1. 国务院银行业监督管理机构概况

国务院银行业监督管理机构根据履行职责的需要设立派出机构，并对派出机构实行统一领导和管理。目前在省、市均设有派出机构，县一级则视监管对象和任务设置必要的办事机构。国务院银行业监督管理机构对设在地方的派出机构实行垂直管理，派出机构在国务院银行业监督管理机构的授权范围内，履行监督管理职责。

国务院银行业监督管理机构监督管理程序公开,制定监督管理责任制度和内部监督制度，并同其他国家或地区的银行业监督管理机构交流监督管理信息，应当就信息保密作出安排。国务院银行业监督管理机构及其派出机构在处置银行业金融机构风险、查处有关金融违法行为等监督管理活动中，地方政府、各级有关部门应当予以配合和协助。国务院银行业监督管理机构的监管活动受国务院审计、监察等机关的监督。

国务院银行业监督管理机构及其派出机构中从事监督管理工作的人员，应当具备与其任职相适应的专业知识和业务工作经验。国务院银行业监督管理机构及其派出机构的工作人员应当忠于职守，依法办事，公正廉洁，不得利用职务便利牟取不正当的利益，不得在金融机构等企业中兼任职务，同时也应当依法保守国家秘密，并有责任为其监督管理的银行业金融机构及当事人保守秘密。

2. 国务院银行业监督管理机构的监管对象

国务院银行业监督管理机构的监管对象包括银行业金融机构和非银行业金融机构两类。其中银行业金融机构是指在我国境内设立的商业银行、城市信用合作社（城市商业银行）、农村信用合作社等吸收公众存款的金融机构以及政策性银行。非银行业金融机构是指在我国境内设立的金融资产管理公司、信托投资公司、财务公司、金融租赁公司、汽车金融公司以及经国务院银行业监督管理机构批准设立的其他金融机构。

三、国务院银行业监督管理机构的监督管理职责

根据《银行业监管法》的规定，国务院银行业监督管理机构在监管中主要有以下职责。

（1）规章、规则制定权。国务院银行业监督管理机构依照法律、行政法规制定并发布对银行业金融机构及其业务活动监督管理的规章、规则。国务院银行业监督管理机构制定和发布的规章、规则，构成了银行业监督管理法律体系的重要内容。

（2）市场准入、退出及其业务的审批权。国务院银行业监督管理机构审批银行业金融机构及其分支机构的设立、变更、终止及其业务范围。其中对银行业金融机构的设立，国务院银行业监督管理机构应当自收到申请文件之日起6个月内作出批准或者不批准的书面决定；对银行业金融机构的变更、终止，以及业务范围和增加业务范围内应该报批的业务品种，国务院银行业监督管理机构应当自收到申请文件之日起3个月内作出批准或者不批准的书面决定。国务院银行业监督管理机构对以上事项决定不批准的，应当说明理由。未经国务院银行业监督管理机构批准，任何单位或者个人不得设立银行业金融机构或者从事银行业金融机构的业务活动。

（3）对银行业金融机构股东资格的审查权。申请设立银行业金融机构，或者银行业金融机构变更持有资本总额或者股份总额达到规定比例以上的股东的，国务院银行业监督管理机构应当对股东的资金来源、财务状况、资本补充能力和诚信状况进行审查，以防止不善经营者或者恶意经营者规避准入管理以投资方式间接进入并控制银行。

（4）对银行业金融机构高级管理人员任职资格的审核权。国务院银行业监督管理机构对银行业金融机构高级管理人员任职资格的审核方式分为核准制和备案制两种。其中，属核准制的由监管主管领导负责签发正式核准文件；属备案制的由主办部门以《备案回复通知书》回复报文机构。在审核对象方面，包括所有被监管机构的董事层、经理层和其他对风险控制起决定作用的人员，以及各级分支机构的负责人。在审核内容方面，国务院银行业监督管理机构主要考察高级管理人员的银行经验、其他业务经验和个人品行及有关专业经验，确定以前的行为是否会暴露出其在业务能力、判断能力及品行方面存在问题。

（5）对银行业金融机构实行现场和非现场的监管权。国务院银行业监督管理机构及其派出机构应当对银行业金融机构的业务活动及其风险状况进行非现场监管，建立银行业金融机构监督管理信息系统，分析、评价银行业金融机构风险，实现有效监测银行业金融机构的各种风险。同时，国务院银行业监督管理机构及其派出机构应当对银行业金融机构的业务活动及其风险状况进行现场检查。

（6）建立银行业金融机构监管评级体系和风险预警机制。国务院银行业监督管理机构根据监管评级的结果，增加对高风险机构的监管措施的强度，对持续稳健经营的机构则采取常

规的监管措施，对问题严重的机构采取特殊的监管措施，以此来合理地分配监管资源，提高监管资源的使用效率和监管的有效性。同时，国务院银行业监督管理机构对银行业金融机构的风险进行早期预警，及时采取预防措施，将风险控制在可以接受的水平之内，实现风险的防范和化解。

（7）建立银行业突发事件的发现、报告制度。国务院银行业监督管理机构及其派出机构发现可能引发系统性银行业风险，严重影响社会稳定的突发事件时，应当立即向其负责人报告；国务院银行业监督管理机构负责人认为需要向国务院报告的，应当立即向国务院报告，并告知中国人民银行、国务院财政部门等有关部门。国务院银行业监督管理机构应当会同中国人民银行、国务院财政部门等有关部门建立银行业突发事件处置制度，制定银行业突发事件处置预案，明确处置机构和人员及其职责、处置措施和处置程序，及时、有效地处置银行业突发事件。

（8）对银行业金融机构数据信息资料的编制、发布权。国务院银行业监督管理机构负责统一编制全国银行业金融机构的统计数据、报表，这是对银行业金融机构实施有效监管的基础，也是国务院银行业监督管理机构履行职责的必要条件。

四、国务院银行业监督管理机构的监督管理措施

根据《银行业监管法》规定，国务院银行业监督管理机构在监管中可以采取以下措施。

1. 要求银行业金融机构报送资料

国务院银行业监督管理机构及其派出机构根据履行职责的需要，有权要求银行业金融机构按照规定报送资产负债表、利润表和其他财务会计、统计报表，经营管理资料以及注册会计师出具的审计报告。这是国务院银行业监督管理机构及其派出机构开展非现场监管的重要措施。

2. 现场检查的具体措施

国务院银行业监督管理机构及其派出机构根据审慎监管的要求，可以采取下列措施进行现场检查：进入银行业金融机构进行检查；询问银行业金融机构的工作人员，要求其对有关检查事项作出说明；查阅、复制银行业金融机构与检查事项有关的文件、资料，对可能被转移、隐匿或者毁损的文件、资料予以封存；检查银行业金融机构运用电子计算机管理业务数据的系统。值得一提的是，进行现场检查必须经银行业监督管理机构负责人批准，且检查人员不得少于两人，并应当出示合法证件和检查通知书，否则银行业金融机构有权拒绝检查。

3. 审慎性监管会谈

国务院银行业监督管理机构及其派出机构根据履行职责的需要，可以与银行业金融机构董事、高级管理人员进行监督管理谈话，要求银行业金融机构董事、高级管理人员就银行业金融机构的业务活动和风险管理的重大事项作出说明。

4. 责令银行业金融机构履行信息披露义务

国务院银行业监督管理机构及其派出机构应当责令银行业金融机构按照规定的原则、内容、方式和程序，真实、准确、及时、完整地向投资者、存款人和相关利益人披露反映其经营管理和财务状况的主要信息，如财务会计报告、风险管理状况、董事和高级管理人员变更以及其他重大事项等信息。

5. 违反审慎经营规则的强制措施

银行业金融机构违反审慎经营规则的，国务院银行业监督管理机构或者其省一级派出机构应当责令其限期改正。逾期未改正的，或者其行为严重危及该银行业金融机构的稳健运行，损害存款人和其他客户合法权益的，经国务院银行业监督管理机构或者其省一级派出机构负

责人批准，可以区别情形，采取下列措施：责令暂停部分业务，停止批准开办新业务；限制分配红利和其他收入；限制资产转让；责令控股股东转让股权或者限制有关股东的权利；责令调整董事、高级管理人员或者限制其权利；停止批准增设分支机构。

银行业金融机构整改后，应当向国务院银行业监督管理机构或者其省一级派出机构提交报告。国务院银行业监督管理机构或者其省一级派出机构经验收，符合有关审慎经营规则的，应当自验收完毕之日起 3 日内解除对银行业金融机构采取的前款规定的有关措施。

6. 接管、重组或撤销

银行业金融机构已经或者可能发生信用危机，严重影响存款人和其他客户合法权益的，国务院银行业监督管理机构可以依法对该银行业金融机构实行接管或者促成机构重组。银行业金融机构有违法经营、经营管理不善等情形，不予撤销将严重危害金融秩序，损害公众利益的，国务院银行业监督管理机构有权予以撤销。

银行业金融机构被接管、重组或者被撤销的，国务院银行业监督管理机构有权要求该银行业金融机构的董事、高级管理人员和其他工作人员，按照要求履行职责。在接管、机构重组或者撤销清算期间，经国务院银行业监督管理机构负责人批准，对直接负责的董事、高级管理人员和其他直接责任人员，可以采取下列措施：直接负责的董事、高级管理人员和其他直接责任人员出境将对国家利益造成重大损失的，通知出境管理机关依法阻止其出境；申请司法机关禁止其转移、转让财产或者对其财产设定其他权利。

7. 查询与申请冻结

经国务院银行业监督管理机构或者其省一级派出机构负责人批准，银行业监督管理机构有权查询涉嫌金融违法的银行业金融机构及其工作人员以及关联行为人的账户；对涉嫌转移或者隐匿违法资金的，经银行业监督管理机构负责人批准，可以申请司法机关予以冻结。

8. 对与涉嫌违法事项有关的单位和个人采取的措施

国务院银行业监督管理机构及其派出机构依法对银行业金融机构进行检查时，经设区的市一级以上银行业监督管理机构负责人批准，可以对与涉嫌违法事项有关的单位和个人采取下列措施：询问有关单位或者个人，要求其对有关情况作出说明；查阅、复制有关财务会计、财产权登记等文件、资料；对可能被转移、隐匿、毁损或者伪造的文件、资料，予以先行登记保存。银行业监督管理机构采取前款规定措施，调查人员不得少于两人，并应当出示合法证件和调查通知书；调查人员少于两人或者未出示合法证件和调查通知书的，有关单位和个人有权拒绝。对依法采取的措施，有关单位和个人应当配合，如实说明有关情况并提供有关文件、资料，不得拒绝、阻碍和隐瞒。

案例分析

甲银行向乙公司发放 10 亿元流动资金贷款。但由于甲银行未能遵守审慎经营规则，没有严格执行"三查"制度，致使其中 9 亿元资金被乙公司直接或间接划转至证券经营机构用于申购新股。国务院银行业监督管理机构发现此事后，约见甲银行负责人进行诫勉谈话，要求该行迅速对乙公司授信业务的情况进行核查，对辖内贷款业务进行全面检查，并对该行作出没收违法所得，处违法所得 3 倍罚款，暂停该行对公贷款业务半年的监管强制措施和对负有重要责任甲银行高管人员实施取消任职资格的处罚。

请问：国务院银行业监督管理机构对甲银行所采取的监管措施是否合法？为什么？

解析：合法。因为当银行业金融机构违反审慎经营规则时，国务院银行业监督管理机构有权采取审慎性监管会谈，责令限期改正，没收违法所得，处违法所得 3 倍罚款，暂停部业务，取消董事、高级管理人员的任职资格等监督管理措施。本案中，国务院银行业监督管理机构对违反审慎经营的甲银行所采取的监管措施都符合法律规定。

导入案例解析

（1）设立城市商业银行的注册资本最低限额为1亿元人民币，而本案中该城市商业银行注册资本为30亿元人民币，因而符合法定要求。

（2）不合法。因为商业银行开办保管箱服务，必须经国务院银行业监督管理机构批准；经营结汇、售汇业务，则必须经中国人民银行批准。且商业银行不得向企业投资。本案中该城市商业银行未经相关监管机构审批，擅自在董事会通过后开办保管箱业务和结汇、售汇业务，这是违法的。同时该银行与甲公司共同设立一家房地产开发公司，这显然也是违法的。

综合练习题

一、名词解释

商业银行　　"三性"原则　　存款　　贷款　　银行卡　　独立监管　　协调监管

二、判断题

1. 根据《商业银行法》规定，我国商业银行"三性"原则是安全性、流动性、效益性。
（　　）

2. 对同一借款人的贷款余额与商业银行资本余额的比例不得超过20%。　　（　　）

3. 商业银行办理储蓄存款业务，应当遵循"存款自愿、取款自由、存款有息、为存款人保密"的原则。
（　　）

4. 被接管的商业银行的债权债务关系由接管组织承继。　　（　　）

5. 国务院银行业监督管理机构有权查询、冻结、扣划涉嫌金融违法的金融机构的账户。
（　　）

三、单项选择题

1. 我国商业银行不能开展的业务有（　　）。
A．办理国内外结算　　　　　　　　B．提供信用证服务及其担保
C．信托业务　　　　　　　　　　　D．买卖政府债券、金融债券

2. （　　）符合《商业银行法》的规定。
A．商业银行发放贷款可以与借款人订立合同
B．商业银行贷款，应当实行审贷分离、分级审批的制度
C．商业银行对关系人不能发放贷款
D．商业银行贷款都是担保贷款

3. 商业银行破产清算时，在支付清算费用、所欠职工工资和劳动保险费用后，应当优先支付（　　）。
A．同业拆入款及利息　　　　　　　B．国家税收
C．单位存款的本金和利息　　　　　D．个人储蓄存款的本金和利息

4. 商业银行拨付各分支机构营运资金额的总和，不得超过总行资本金总额的（　　）。
A．10%　　　　B．50%　　　　C．60%　　　　D．90%

5. 国务院银行业监督管理机构对中国人民银行提出的检查银行业金融机构的建议，应当自收到建议之日起（　　）日内予以回复。

A. 10 B. 30 C. 60 D. 90

四、多项选择题

1. 设立商业银行，应当具备（ ）等条件。
   A. 有符合《商业银行法》和《公司法》规定的章程
   B. 注册资本最低限额为 10 亿元人民币，注册资本应当是实缴资本
   C. 有具备任职专业知识和业务工作经验的董事、高级管理人员
   D. 有健全的组织机构和管理制度
2. 商业银行（ ）等事项应当经国务院银行业监督管理机构批准。
   A. 变更名称
   B. 修改章程
   C. 变更持有资本总额或者股份总额 3%以上的股东
   D. 裁减员工
3. （ ）等情形构成关系人贷款。
   A. 张某是甲商业银行的管理人员，张某的父亲到甲商业银行申请贷款
   B. 王某是乙商业银行的信贷业务人员，王某的哥哥所投资的一人有限责任公司到乙商业银行申请贷款
   C. 李某是丙商业银行的柜台业务人员，李某向丙商业银行申请贷款
   D. 刘某是丁商业银行的董事，刘某的妻子是一家民营企业的普通员工，该民营企业到丁商业银行申请贷款
4. 商业银行在理财产品销售中，不得（ ）。
   A. 销售无市场分析预测、无风险管控预案、无风险评级、不能独立测算的理财产品
   B. 销售风险收益严重不对称的含有复杂金融衍生工具的理财产品
   C. 无条件向客户承诺高于同期存款利率的保证收益率
   D. 将理财产品与存款进行强制性搭配销售
5. 某商业银行违反审慎经营规则，造成资本和资产状况恶化，严重危及稳健运行，损害存款人和其他客户合法权益。对此，银行业监督管理机构对该银行依法可采取（ ）等措施。
   A. 限制分配红利和其他收入 B. 限制工资总额
   C. 责令调整高级管理人员 D. 责令减员增效

五、思考题

1. 如何理解商业银行法的基本原则？
2. 商业银行贷款规则主要包括哪些？
3. 试述商业银行接管法律制度。
4. 简述商业银行终止情形。
5. 简述国务院银行业监督管理机构的监管职责与监管措施。

六、案例分析题

2020 年某城市商业银行总资产达到 100 亿元。2020 年 2 月 20 日，该城市商业银行为了减少柜面工作量和避免存款流失，在营业窗口贴出告示：自 3 月 1 日起，本行个人客户每周只能提款一次，每次只能支取 1 000 元。同时，为了扩张规模，该行于 2020 年 9 月决定拨付 20 亿元资本金设立 5 家分支行，并投资 5 000 万元购买某高档小区的 20 套住宅，坐等升值后转卖赚取差价。

请问：（1）该城市商业银行设立分支行的行为是否符合规定？为什么？
（2）该城市商业银行上述运营行为是否合法？为什么？

第四章　借款合同法律制度

【学习目标】

掌握借款合同的特征，理解借款合同的成立条件；掌握借款合同的效力，掌握借款合同履行中的抗辩权，掌握借款合同代位权与撤销权；了解借款合同的变更、转让，熟悉合同终止的六种情形；掌握借款合同违约责任的构成要件、具体方式与免责事由。

【素养目标】

树立契约精神是合同法律制度的灵魂和生命的观念，领悟契约精神的内涵与社会主义核心价值观的统一性，提升诚实守信、公正守法的意识，培养新时代契约精神，践行社会主义核心价值体系。

导入案例

2023 年 3 月 5 日，A 房地产开发公司（以下简称"A 公司"）与 B 银行签订借款合同。该借款合同约定：借款总额为 2 亿元；借款期限为 2 年 6 个月；借款利率为年利率 4%，2 年 6 个月应付利息在发放借款之日预先一次性从借款本金中扣除；借款期满时一次性全额归还所借款项；借款用于 S 房地产项目开发建设。B 银行依照约定向 A 公司发放借款，并从发放的借款本金中扣除了 2 年 6 个月的借款利息。在借款期间，B 银行从 A 公司提供的相关财务会计资料中发现 A 公司将借款资金挪作他用，遂要求 A 公司予以纠正，但 A 公司以借款资金应当由自己自行支配为由未予纠正。

请问：（1）借款合同约定借款利息预先从借款本金中扣除是否合法？为什么？

（2）A 公司应当如何向 B 银行支付利息？

（3）对于 A 公司未按照约定用途使用借款资金，B 银行可以采取哪些措施维护自身权益？

第一节　借款合同的特征与成立

借款合同，这里主要指金融机构借款合同，又称信贷合同或贷款合同，它是指以金融机构作为贷款人一方，与借款人订立的约定向借款人提供贷款，借款人到期返还借款并支付利息的合同。

> **视野拓展**
>
> 合同的概念、特征和分类

一、借款合同的特征

借款合同具有如下法律特征。

（1）合同主体与标的具有特定性。金融机构借款合同中的贷款人只能是依法成立的政策性银行、商业银行、村镇银行、信用社或其他金融机构。其他法人、组织和个人不能作为贷款人与他人签订此类借款合同。借款合同只能以货币作为标的。非货币的其他财物，不能作为借款合同的标的。

（2）借款合同应采用书面形式。根据《民法典》的规定，借款合同应当采用书面形式，但是自然人之间借款另有约定的除外。《商业银行法》第 37 条规定："商业银行贷款，应当与借款人订立书面合同。"据此，金融机构借款合同应采取书面形式，既有利于合同履行，也便于发生合同纠纷后举证。

（3）借款人一般必须支付一定的利息。金融机构发放贷款，除法律另有规定外，都会按约定收取一定的利息。也就是说，借款人在获得金融机构所提供的贷款的同时，不仅负有按期返还本金的义务，还应按照约定向贷款人支付利息。根据《民法典》第 680 条的规定，借款合同对支付利息没有约定的，视为没有利息。借款合同对支付利息约定不明确，当事人不能达成补充协议的，按照当地或者当事人的交易方式、交易习惯、市场利率等因素确定利息。

（4）借款合同的成立不以交付货币为必要。只要贷款人和借款人双方协商一致，借款合同即告成立，无须实际交付标的物。贷款人交付贷款是借款合同生效之后，贷款人所须承担的合同义务，并不是合同成立的要件，所以借款合同是诺成性合同。

二、借款合同的成立

借款合同的成立一般必须具备如下条件：①存在双方或多方缔约当事人。借款合同是一种双方或多方的法律行为，它要求两个或两个以上利益不同的当事人达成合意，仅一方当事人无法成立合同。②当事人对借款合同的主要条款达成合意。当事人必须对足以确定借款合同性质及当事人基本权利义务关系的条款作出一致的意思表示。这并不意味着当事人必须对借款合同的全部条款都达成合意。③借款合同的成立一般须经过要约和承诺两个基本过程，这两个过程的分析有助于判断当事人是否达成了合意，借款合同是否成立。

（一）要约

1. 要约有效成立的要件

要约又可称为出盘、发盘、发价或报价等，是指一方当事人向对方当事人作出的、希望与之订立借款合同的意思表示。发出要约的人称为要约人，接受要约的人则称为受要约人、相对人或承诺人。

要约有效成立须具备以下四个要件。

（1）就意思表示人而言，应由具有订约能力的特定人作出相应的意思表示。要约人须具有相应的缔约能力，无行为能力人或依法不能独立实施某种行为的限制行为能力人所作出的打算与他人签订合同的意思表示，无法发生要约的法律效力。

（2）就意思表示相对人而言，须是向试图与之订立合同的受要约人发出要约。要约人向谁发出要约也就表明他希望与谁订立合同。一般而言，受要约人应是一个或数个特定人。

（3）就目的而言，须具有订立借款合同的意图。这是判断要约是否有效成立的核心。要约人发出要约主要是为了和他人订立借款合同，所以他在要约中应表明要约一经受要约人承诺，要约人即受该意思表示约束，借款合同即成立，要约人不得再撤销要约。

（4）就实质内容而言，要约的内容须具体确定。所谓"具体"，是指要约的内容必须具备足以使借款合同成立的主要条款，否则承诺人无法全面了解将欲订立借款合同的内容，无法作出意思表示。所谓"确定"，是指要约人须清楚地表示出自己的意图，不能含糊不清、模棱两可，否则承诺人不能知晓要约人的真实含义，无法承诺。

某公司开发一项目需要贷款，该公司经理张某遂到某银行联系贷款事宜，恰遇其同学王某是贷款发放审批者，王某碍于情面对他说："我们会考虑将贷款发放给你公司，毕竟我们是同学嘛，放心。"

请问：王某的意思表示是否构成要约？为什么？

解析：王某的意思表示不构成要约。因为要约的内容必须是具体确定的，即王某的意思表示若要构成要约，应具备将来订立的借款合同的主要条款，但是从王某的意思表示来看，并没有详细说明借款合同的主要条款，如贷款的金额多少、期限多长等。可见，王某并没有明确、清晰地作出自己打算与张某订立借款合同的意思表示，其措辞（如"考虑"）是含糊的、模棱两可的、有可能性的，并非确切的订立借款合同的意思表示。

2. 要约的撤回和撤销

要约的撤回是指要约发出以后，未到达受要约人之前，要约人有权取消要约。要约通常是可以撤回的，但撤回要约的<u>通知应当在要约到达受要约人之前或者与要约同时到达受要约人</u>。

要约的撤销是指要约到达受要约人并生效以后，要约人取消该要约，从而使该要约的效力归于消灭。<u>要约可以撤销，撤销要约的通知应当在受要约人发出承诺通知之前到达受要约人</u>。需注意的是，要约的撤销有一定的限制：①要约规定了承诺期限的，则表明要约人在承诺期限内放弃了撤销权，在该期限内不能撤销该要约；②要约以其他形式明示要约不可撤销的，要约人不能撤销该要约；③受要约人有理由认为要约是不可撤销的，并已经为履行合同做了合理准备工作，要约人也不能撤销要约。

> **思考与讨论**
> 要约撤回和要约撤销的关系。

3. 要约失效

要约失效是指要约丧失了法律效力，不再对要约人和受要约人产生约束力。要约失效的原因主要有以下四种。

（1）要约被拒绝。受要约人接到要约后，通知要约人不同意与之签订合同，则拒绝了要约。

（2）要约被依法撤销。在受要约人作出承诺通知之前，要约人可以根据法律的规定撤销要约。

（3）承诺期限届满，受要约人未作出承诺。受要约人在要约明确规定的期限内或合理期限内未作出承诺的，要约自动失效。

（4）受要约人对要约的内容作出实质性变更。所谓的实质性变更，根据《民法典》第488条的规定，是指有关合同标的、数量、质量、价款或者报酬、履行期限、履行地点和方式、违约责任和解决争议方法等的变更。受要约人对要约的内容作出实质性变更，视为新要约。如果要约人事先声明不得对要约内容作任何改变，则受要约人变更要约的非实质性内容，也会产生导致原要约失效的法律效果。

（二）承诺

承诺是指受要约人所作出的同意接受要约内容的意思表示。承诺一旦作出并发生法律效力，将导致合同成立。

1. 承诺的构成要件

承诺必须符合下列构成要件。

（1）承诺须由受要约人向要约人作出。因为要约是向受要约人发出的，所以只有接受要约的特定人即受要约人才有权作出承诺。承诺应当向要约人作出，对要约人本人及其代理人之外的第三人作出意思表示的，不发生承诺的效力。

（2）承诺应当在要约确定的期限内到达要约人。若要约没有确定承诺期限的，则要约以对话方式作出的，应当即时作出承诺；要约以非对话方式作出的，承诺应当在合理期限内到达要约人。

（3）承诺的内容须与要约的内容一致。在承诺时，受要约人须表明其愿意按照要约的内容与要约人订立合同。但这并不意味着承诺的内容与要约的内容完全一致。承诺可以对要约的非实质性内容作出变更，除要约人及时表示反对或者要约表明承诺不得对要约的内容作出任何变更外，该承诺有效。

（4）承诺的方式须符合要约的要求。受要约人通常应以要约要求的方式将承诺的内容通知要约人。要约没有特别规定承诺方式的，则该承诺为不要式的行为。在我国，承诺原则上应采取通知方式，但根据交易习惯或者要约表明可以通过行为作出承诺的除外。

2. 承诺的生效时间

承诺生效之时，便是合同成立之时，承诺的法律后果即合同成立。因此，承诺生效的时间对确定合同成立的时间具有重要的作用。

根据《民法典》规定，承诺生效时间采用到达主义，即承诺到达要约人时发生法律效力。所谓到达是指承诺的通知到达要约人可支配的范围内，如要约人的营业场所、信箱、代理人处等，而不论要约人是否实际阅读并了解了承诺的内容。如果根据交易习惯或者要约的要求，承诺可以采用行为方式，则受要约人作出承诺的行为时，承诺生效。

3. 承诺迟延和承诺撤回

承诺迟延是指受要约人没有在承诺的期限内作出承诺。根据《民法典》的规定，受要约人超过承诺期限发出承诺，或者在承诺期限内发出承诺，按照通常情形不能及时到达要约人的，为新要约；但是，要约人及时通知受要约人该承诺有效的除外。迟延的承诺原则上不产生效力，但如果要约人及时通知受要约人，承认该迟延承诺的效力，则该承诺有效。

还有一种特殊的迟延情形，即受要约人在承诺的期限内发出承诺，按照通常情形能够按时到达要约人，但因其他原因承诺到达要约人时超过承诺期限。此时，除要约人及时通知受要约人因承诺超过期限不接受该承诺的以外，该承诺有效。

承诺撤回是指在承诺通知发出之后、生效之前，承诺人阻止承诺发生法律效力的一种意思表示。在我国，承诺人可以撤回承诺，但撤回承诺的通知应当在承诺通知到达要约人之前或者与承诺通知同时到达要约人。

> **思考与讨论**
>
> 结合《民法典》的规定，分析金融机构传统书面借款合同与网络借款合同的成立时间的差异。

第二节　借款合同的效力与履行

一、借款合同的效力

借款合同的效力是指依法成立的借款合同所具有的法律约束力。由于借款合同是双务合同，一方当事人的权利，即另一方当事人的义务；一方当事人的义务，即另一方当事人的权利。

1. 贷款人的主要义务

借款合同的贷款人负有以下三项主要义务。

（1）按照约定的日期、数额向借款人提供贷款。这是贷款人最主要的义务。贷款人未按照约定的日期、数额提供贷款，造成借款人损失的，应当赔偿损失。贷款人在提供贷款时，不得预扣利息，即贷款的利息不得预先在本金中扣除。利息预先在本金中扣除的，应当按照实际借款数额返还借款并计算利息。

（2）检查、监督借款使用情况的义务。贷款人应及时检查借款人是否按照合同约定的目的和用途使用贷款，合理、有效地行使监督权。

（3）保密义务。作为贷款人一方的金融机构，对于其在合同订立和履行阶段所掌握的借款人的各种商业秘密，负有保密义务，不得不正当使用或泄露。

2. 借款人的主要义务

借款合同的借款人负有以下五项主要义务。

（1）按照约定的用途使用借款。我国法律要求借款人应按照借款的用途使用借款，不得挪为他用。借款人未按照约定的借款用途使用借款的，贷款人可以停止发放贷款、提前收回贷款或者解除合同。

（2）按照借款合同约定的期限支付利息。借款合同作为有偿合同，其直接的表现是借款人有义务按照约定的期限支付利息。借款人未按照约定的日期、数额收取借款的，仍应当按照约定的日期、数额支付利息。双方当事人对支付利息的期限没有约定或者约定不明确的，可以协议补充，不能达成补充协议的，按照合同有关条款或者交易习惯确定。若仍不能确定的，借款期间不满 1 年的，应当在返还借款时一并支付；借款期间在 1 年以上的，应当在每届满 1 年时支付，剩余期间不满 1 年的，应当在返还借款时一并支付。

（3）按照借款合同约定期限返还借款。借款人应当按照合同约定的期限偿还借款。双方当事人对借款期限没有约定或者约定不明确的，可以协议补充，不能达成补充协议的，按照合同有关条款或者交易习惯确定。仍不能确定的，借款人可以随时返还；贷款人可以催告借款人在合理期限内返还。借款人未按照约定的期限返还借款的，应当按照约定或者国家有关规定支付逾期利息。但借款人可以在还款期限届满之前向贷款人申请展期，贷款人同意并办理了相应手续的，借款人可以依据新确定的期限返还借款。

如果借款人提前偿还借款，除非当事人另有约定，借款人有权按照实际借款的期间计算利息。但是如果提前还款损害了贷款人的利益，贷款人有权拒绝借款人提前还款的要求。

（4）如实告知义务。在订立借款合同时，借款人应当按照贷款人的要求提供与借款有关的业务活动和财务状况的真实情况。

（5）容忍义务。为了配合贷款人的检查、监督，借款人应当按照约定向贷款人定期提供有关财务会计报表或者其他资料。

📖 视野拓展

关于民间借贷的最高利率限额

2015 年最高人民法院出台《关于审理民间借贷案件适用法律若干问题的规定》，为民间借贷利率划定了"两线三区"。"两线"指的是年利率 24% 的司法保护线和年利率 36% 的高利贷红线。"三区"是指：①司法保护区，即借贷双方约定的利率未超过年利率 24%，此时约定的利率合法有效，贷款人有权请求借款人按照约定的利率支付利息。②自然债务区，即借贷双方约定年利率在 24% 至 36% 之间，对贷款人主张该区间部分利息的，不予保护。但是当事人愿意自动履行，司法不再干预，借款人抗辩要求返还或折抵该部分已支付利息的，同样不予保护。③无效区，即借贷双方约定的利率超过年利率36%，超过部分的利息应当被认定无效，借款人有权请求出借人返还已支付的超过年利率36%部分的利息。

对于"两线三区"这一规定引起了较大的争议，认为借贷利率定为24%过高，不符合中国的现实情况。因此，2020年8月18日最高人民法院修正《关于审理民间借贷案件适用法律若干问题的规定》，明确规定：出借人请求借款人按照合同约定利率支付利息的，人民法院应予支持，但是双方约定的利率超过合同成立时一年期贷款市场报价利率4倍的除外。所称"一年期贷款市场报价利率"，是指中国人民银行授权全国银行间同业拆借中心自2019年8月20日起每月发布的一年期贷款市场报价利率。自此，以全国银行间同业拆借中心每月发布的一年期贷款市场报价利率的4倍作为上限代替了2015年司法解释的"两线三区"。

二、借款合同的履行

借款合同在履行中主要涉及的法律问题是抗辩权与合同权利的保全方面的问题。

（一）借款合同履行中的抗辩权

抗辩权是指借款合同的一方当事人在法定条件下对抗另一方当事人的请求权或否认对方权利主张，拒绝履行债务的权利。《民法典》第525条至第528条对双务合同履行中的抗辩权作出了明确的规定，它包括同时履行抗辩权、先履行抗辩权和不安抗辩权。但由于同时履行抗辩权是建立在当事人没有履行时间的先后顺序的基础上的，而借款合同是贷款人先提供资金给借款人，借款人在占用使用资金一段时间后才承担还款义务的，属于异时履行的合同，因此不存在同时履行抗辩权，只存在先履行抗辩权和不安抗辩权。

1. 先履行抗辩权

先履行抗辩权是指借款合同约定有履行的先后顺序的，负有先履行义务的一方当事人未依照合同约定履行债务，后履行义务的一方当事人可以因此拒绝对方当事人履行请求权的一种抗辩权。

适用先履行抗辩权，须符合以下条件：①必须发生在同一借款合同中，双方互为给付义务。②当事人义务的履行必须存在先后顺序。这一履行先后顺序可以是由法律规定的，或当事人约定的，或由交易习惯确定的。③先履行一方必须不履行合同义务或者履行合同义务不适当。④先履行方应先履行的债务必须是可能履行的。如果先履行方的债务已丧失了履行的可能性，那么后履行方通过行使先履行抗辩权的目的也就无法实现，此时可能发生合同的解除，而不存在行使先履行抗辩权的问题。

先履行抗辩权的效力在于阻止先履行方请求权的行使，它不能消灭先履行方的请求权；而当先履行方完全履行了己方的合同义务时，先履行抗辩权就消灭了，当事人必须履行自己的合同义务。后履行方因行使先履行抗辩权致使合同迟延履行的，由此所导致的损失应由先履行方自行承担。

2. 不安抗辩权

不安抗辩权是指当事人互负债务，且履行有先后顺序的，先履行方有确切证据证明后履行方丧失或可能丧失履行债务能力时，有中止履行合同义务的权利。

适用不安抗辩权须符合以下条件：①必须基于同一借款合同而互负债务。对此条的理解与先履行抗辩权一样，在此不作赘述。②当事人履行义务必须存在先后顺序。在不安抗辩权中，仅是先履行方才有权行使，这点恰好与先履行抗辩权相反。③先履行义务的一方当事人必须有确切证据证明对方当事人丧失或可能丧失履行合同义务的能力。如：后履行一方经营状况严重恶化；后履行一方转移财产、抽逃资金，以逃避债务；后履行一方丧失商业信誉；

后履行一方有丧失或者可能丧失履行债务能力的其他情形。④后履行一方未提供适当担保。如果后履行方提供适当担保，则先履行方可以在对方发生不履行情形时行使担保权来弥补自己已遭受或可能遭受的损失，而没必要行使不安抗辩权。

不安抗辩权具有以下两种法律效力：①暂时中止履行合同债务。不安抗辩权在性质上是一种延期抗辩权，所以它仅是使合同义务暂时中止履行或延期履行，而并非终止或消灭合同义务的权利。如果后履行一方提供了适当担保或作了对待履行，不安抗辩权就消灭了，当事人就应当恢复履行自己的债务。②解除合同。在先履行方行使不安抗辩权后，对方仍未在合理期限内恢复履行能力且提供适当担保的，视为以自己的行为表明不履行主要债务，先履行方有权解除合同，消灭对方的请求权。

📖 视野拓展

行使不安抗辩权当事人的附随义务

为了兼顾合同双方当事人利益，《民法典》在赋予先履行方不安抗辩权的同时，又要求其承担两项义务：①通知义务。当事人行使不安抗辩权时应当及时通知对方，因为不安抗辩权的行使只取决于权利人一方的意思，而无须征得对方的同意。为了避免对方因为不知道先履行一方中止履行的情形而遭受不必要的损失，法律要求先履行方在行使不安抗辩权时应及时通知对方当事人，这样也便于对方在获知后采取对应措施，或及时履行合同或提供充分担保，从而消灭不安抗辩权。②举证义务。为了防止不安抗辩权的滥用，行使不安抗辩权的一方应当举证证明对方存在不能履行债务或者不能履行债务可能的情形。没有确切证据证明的，不安抗辩权主张不能成立，先履行方的行为构成违约。

（二）借款合同权利的保全

借款合同权利的保全是债权人为防止债务人的财产不当减少而危害其债权，对借款合同的关系以外的第三人所采取的法律措施或手段。由于借款合同的相对性，该合同关系原则上不对第三人发生效力。但为保障债权人的权利实现，在某些情况下，借款合同也对第三人发生法律效力。借款合同的保全制度就是其中的典型情形。它主要包括代位权与撤销权两项。

1. 借款合同中的代位权

借款合同中的代位权，是指当债务人怠于行使自己的债权或者与该债权有关的从权利而危及债权人债权的实现时，债权人为了保全其债权可以向人民法院请求以自己的名义代替债务人直接向第三人主张权利的权利。

债权人行使代位权须满足以下四个要件。

（1）债务人对第三人享有权利。代位权涉及第三人，其标的是债务人对于第三人享有的权利，如果债务人不享有对第三人的权利，则代位权就没有行使的标的。债权人代位权是为保障债务人的责任财产的增加而设立的，因而其标的须为已有效存在的债务人对第三人享有的财产权，将来存在的权利、非财产权、具有专属性的权利、不得让与的权利，均不能作为代位权的标的。《民法典》第535条将可代位行使的权利限定为债务人到期的债权或者与该债权有关的从权利。

（2）债务人怠于行使其债权或者与该债权有关的从权利。怠于行使是指债务人可以行使、应行使而不积极行使。可以行使是指债务人客观上可以对第三人行使权利。若债务人自己在客观上已无法行使该债权，则债权人的代位行使更无从谈起。应行使是指债务人若不及时行使该权利，则将可能导致消灭或减损该权利的价值。代位权的客体，即债务人怠于行使的权利。不能是专属于债务人自身的权利。专属于债务人自身的权利，例如基于抚养关系等所产生的抚养费、赡养费、扶养费请求权只能由债务人自己行使，债权人不能代位行使。

（3）债务人履行债务迟延。债务人履行债务迟延是指履行债务的期限届满时，债务人仍未履行债务。若债务人的债务履行期未届至，或者虽到履行期但履行期限未届满，则债务人是否能履行债务尚不确定，债权能否顺利被清偿还难以预料，债权人当然不能任意代位行使债务人的权利。

（4）债权人有保全债权的必要。如果债务人虽有怠于行使权利的行为但不会给债权的实现带来危险，则没有必要行使代位权。所以，当债务人怠于行使权利将危及债权，使债权人的债权有不能实现的危险时，债权人才有为保全债权而行使代位权之必要。

根据《民法典》的规定，人民法院认定代位权成立的，由债务人的相对人向债权人履行义务，债权人接受履行后，债权人与债务人、债务人与相对人之间相应的权利义务终止。据此，债权人行使代位权会产生如下效力：①对债务人的效力，即债务人与相对人之间相应的权利义务终止。②对相对人的效力，即债权人在行使代位权时，相对人不仅可以向债权人主张其自身所享有的抗辩，也可以对债权人主张其对债务人的抗辩。③对债权人的效力，即赋予行使代位权的债权人直接优先受偿的权利。同时"相应的"三个字表明，如果债务人的相对人向债权人履行义务，使债权人的债权全部获得了清偿，债务人和债权人之间的权利义务消灭。如果债务人的相对人向债权人履行义务只是使债权人的债权获得部分清偿，则未获得清偿部分，债权人仍然有权向债务人主张。

视野拓展

代位权的行使

债权人代位权的行使主体是债权人自身，即应由债权人以自己的名义行使代位权。凡是债务人的债权人，只要符合债权人代位权的适用条件，均有权行使代位权。代位权行使的结果对所有的债权人都适用，如果某一债权人已行使代位权，其他债权人不得再就债务人的同一权利行使代位权。债权人代位权行使的范围，仅以行使代位权的债权人的到期债权为限。债权人行使代位权可能会产生律师代理费、差旅费、诉讼费等必要费用，这些费用应当由债务人承担。债权人代位权的行使方式，应依诉讼的方式为之，而不能采用债权人直接行使的方式。

债权人出于保存目的行使代位权。根据《民法典》的规定，债权人的债权到期前，债务人的债权或与该债权有关的从权利存在诉讼时效期间即将届满或者未及时申报破产债权等情形，影响债权人的债权实现的，债权人可以代位向债务人的相对人请求向债务人履行、向破产管理人申报或者作出其他必要的行为。据此，允许债权人在债权到期前主张代位权有两种情形：一是债权人可以代位债务人作出中断诉讼时效的行为，针对的是债权人的债权到期前，债务人的债权或者与债权有关的从权利存在诉讼时效期间即将届满的情况。二是债权人可以代位向破产管理人申报破产债权。针对的是债务人的相对人破产，债务人不积极申报破产债权，影响债权人债权将来实现的，债权人可以代位向债务人的相对人的破产管理人申报破产债权。

2. 借款合同中的撤销权

借款合同中的撤销权是指当债务人实施减少其财产的行为从而危及债权人债权的实现时，债权人可以请求人民法院撤销该行为以维持债务人的责任财产的权利。

撤销权成立要件，因有偿处分财产与无偿处分财产而有所差别。

债务人无偿处分财产时，根据《民法典》的规定，债务人以放弃其债权、放弃债权担保、无偿转让财产等方式无偿处分财产权益，或者恶意延长其到期债权的履行期限，影响债权人的债权实现的，债权人可以请求人民法院撤销债务人的行为。因而，债务人无偿处分财产时债权人行使撤销权需要具备两个要件：一是债务人有无偿处分财产的行为；二是债务人的行为影响债权人债权的实现。其中无偿处分财产的行为主要包括以下几种情形。

（1）债务人放弃债权。而且不论债务人放弃的债权到期与否，债权人都有权请求。

（2）债务人放弃债权担保。因债务人放弃债权担保可能使债务人对次债务人的债权失去保障，导致在次债务人无法履行债务时，债务人的行为会影响债权人债权的实现。

（3）债务人无偿转让财产。主要是指将财产赠与他人。

（4）以其他方式无偿处分财产权益。即只要债务人无偿处分财产，影响债权人债权的实现，债权人均可以行使撤销权。如债务人通过假离婚方式不分配财产或者少分财产。

（5）债务人恶意延长其到期债权的履行期限。虽然该行为不会减少债务人责任财产，但是会影响其偿还能力。"恶意"是指债务人明知延长到期债权履行期限的行为会影响债权人债权的实现仍然实施。如果债务人的债权履行期限届满后，债务人的相对人暂无力履行债务而与债务人就履行期限问题重新协商，债务人付出适当的代价以换取履行期限延长的，则不属于撤销权行使的对象。

债务人有偿处分财产时，根据《民法典》的规定，债务人以明显不合理的低价转让财产、以明显不合理的高价受让他人财产或者为他人的债务提供担保，影响债权人的债权实现，债务人的相对人知道或者应当知道该情形的，债权人可以请求人民法院撤销债务人的行为。

与债务人的无偿行为相比，债务人的行为是有偿的情形下，撤销权的成立要件更为严格。债务人有偿处分财产时债权人行使撤销权需要具备三个要件：一是债务人实施了有偿不当处分财产的行为；二是债务人的行为影响债权人债权的实现；三是债务人的相对人主观上是恶意的。

债务人实施了有偿不当处分财产的行为主要是指债务人以明显不合理的低价转让财产、以明显不合理的高价受让他人财产或者为他人的债务提供担保。何谓"明显不合理的低价""明显不合理的高价"需要结合具体的案件情况，在个案中作出判断。"为他人的债务提供担保"，既包括为他人的债务担任保证人，也包括他人的债务，以自己的财产设定抵押、质押等。以上行为都会对债权人的债权实现造成重大影响，故赋予债权人撤销权。

影响债权人债权的实现，与债权人无权处分财产情形下行使撤销权的判断标准相同。需要结合债权人的债权情况、债务人的责任财产情况在个案中予以判断。债务人的相对人主观上是恶意的。这一要件与债务人无偿行为中撤销权的成立要件不同。"恶意"是指债务人的相对人知道或者应当知道在相对人付出了对价的前提下，如果仅以价格不合理撤销该合同的话，会严重损害交易安全。故将债务人的相对人主观上是恶意的作为撤销权的成立条件。

根据《民法典》的规定，债务人影响债权人的债权实现的行为被撤销的，自始没有法律约束力。据此，债权人行使撤销权会产生如下效力：①对债务人的效力，即债务人的行为一经被撤销，视为自始无效，并产生无效行为的后果。已经履行的行为发生返还财产、赔偿损失等责任，没有履行的则不再履行。②对相对人的效力，即债务人的行为被撤销，使得相对人受领债务人的财产的行为丧失了合法根据，故相对人对此负有返还不当得利的义务。通常应返还原物，若原物不能返还的，应当折价赔偿；相对人已向债务人支付对价的，可以要求债务人返还。债务人与其相对人之间的合同关系被撤销后，如果符合缔约过失责任的构成要件，则相对人有权请求债务人承担缔约过失责任。③对债权人的效力，即行使撤销权的债权人可以请求债务人的相对人将所得利益返还给债务人，归入债务人的责任财产之中。可见债权人行使撤销权的法律效果不同于债权人行使代位权，采纳的是"入库规则"，行使撤销权的债权人没有从受领的给付物中优先受偿的权利。

撤销权的行使

在我国，债权人的撤销权行使，须由债权人以自己的名义通过诉讼方式为之。债权人行使撤销权的范围应以债权人的债权额为限，因为撤销权行使的目的是保全债权。撤销权的行使同时受到诉讼时效与除斥期间的限制。为了避免债权人、债务人、受益人、转得人之间的法律关系长期处于不确定的状态，法律要求债权人必须在一定期间内行使撤销权，否则，除斥期间届满后，债权人的撤销权即归于消灭。《民法典》规定，撤销权自债权人知道或者应当知道撤销事由之日起1年内行使。自债务人的行为发生之日起5年内没有行使撤销权的，该撤销权消灭。

第三节　借款合同的变更、转让及其终止

一、借款合同的变更

借款合同的变更有广义和狭义之分。广义的借款合同的变更主要是指借款合同主体的变更与借款合同内容的变更。借款合同主体的变更即借款合同内容并不发生改变，仅是一方当事人将借款合同的全部或部分权利义务转让给第三人，又称借款合同的转让。借款合同内容的变更是指当事人不变，只是借款合同的内容发生变化，也就是狭义的借款合同变更。这里仅阐述狭义的借款合同变更。

1. 借款合同变更的条件

借款合同变更应具备如下四个条件：①原已存在有效的借款合同关系。无效的借款合同自其成立时起就不具有法律效力，并不发生变更问题。②借款合同内容发生变化。借款合同内容的变更主要包括借款金额的变更、利率的变更、履行条件的变更、所附条件和期限的变更以及其他内容的变更。③借款合同的变更应以当事人的约定、法律的规定或法院、仲裁机构的裁决为依据。④当事人应遵守法定形式，对借款合同的变更法律明确要求采取书面形式，须遵守此种要求。

2. 借款合同变更的效力

（1）借款合同的变更原则上仅对将来发生效力。借款合同变更原则上仅对借款合同未履行的部分发生效力，对已履行的部分没有溯及力，已经履行的债务不因借款合同的变更而失去效力，但法律另有规定或当事人另有约定的除外。

（2）借款合同变更对权利义务的影响。借款合同的变更，以原借款合同关系的存在为前提，变更部分不超出原借款合同关系之外。原借款合同债权所有的利益与瑕疵仍继续存在，只是在增加债务人负担的情况下，未经保证人书面同意，保证不发生效力；若未经物上担保人同意，物的担保不及于扩张的债权价值额。

（3）借款合同的变更不影响当事人要求赔偿损失的权利。根据我国法律规定，借款合同变更或解除，不影响当事人要求赔偿损失的权利。

二、借款合同的转让

借款合同转让，即借款合同的主体变更，是指在借款合同的内容与客体保持不变的情形下，借款合同的主体发生变更。它实际上是借款合同权利义务的转让，借款合同当事人一方依法将合同权利义务全部或部分地转让给第三人，使第三人成为借款合同的新债权人或债务

人。它包括债权的让与、债务的承担和债权债务的概括移转。

（一）债权的让与

债权让与即借款合同权利主体发生变更，是指借款合同中，债权人的债权由第三人承受，即第三人加入债的关系而成为新的债权人。债权人与第三人订立的关于转让债权的协议称为债权让与合同。让与债权的一方当事人称为让与人，受让债权的一方当事人称为受让人。

1. 债权让与的方式

债权让与可分为全部让与和部分让与两种方式。债权的全部让与是指债权人将其借款合同债权全部转让给第三人，转让生效后，受让人成为借款合同债权人。债权的部分让与是指债权人将债权的一部分转让给第三人，转让生效后，原债权人与受让第三人共同成为借款合同债权人。

2. 债权让与的条件

债权让与须具备以下条件才能生效：①存在有效的借款合同债权。②当事人之间就债权让与达成合意。③所让与的债权应具有可让与性。根据法律规定或当事人约定，某些债权不具有可让与性，此时债权人不得转让该债权。④当事人应通知债务人。<u>债权人转让权利的，应当通知债务人；未经通知，该转让对债务人不发生效力</u>。

3. 债权让与的效力

债权让与的效力是指债权让与在让与人、受让人及债务人之间所发生的法律效果，可分为内部效力与对外效力两个方面。

债权让与的内部效力是指债权让与在让与人与受让人间发生的法律效果。这一效力主要体现在以下几个方面。

（1）借款合同主权利及非专属于债权人的从权利转让于受让人。除法律另有规定或者当事人另有约定外，自债权让与合同成立之时债权转移于受让人，受让人即成为新的债权人。而且主债权发生转移时，从权利随之一并转移于受让人。但专属于原债权人自身享有的从权利并不当然地转移于受让人。

（2）债权的让与人负有使受让人能够行使债权的义务。让与人应交付所有足以证明借款合同中债权合法有效的文件、向受让人告知主张债权所必要的资料；有担保权的，让与人应将担保文书一并交付给受让人；占有担保物的，应将相关占有部分或全部移转给受让人。因债权的转让而产生、增加的履行需要的费用由让与人承担。

（3）让与人对让与的债权负瑕疵担保责任。让与人对其所让与的债权应负瑕疵担保责任，使受让人所受让的债权不被第三人追索。但是，除让与合同另有约定外，让与人不对债务人的履行能力负担保责任。在让与合同成立时，受让人知道债权有瑕疵而受让的，让与人不负瑕疵担保责任。

债权让与的对外效力是指债权让与对债务人、第三人发生的法律效果。债权让与应采用通知的形式，通知可以是口头、书面或其他方式。债务人收到债权让与的通知，有异议的，可以向对方提出，并要求向原债权人即让与人清偿债务；债务人未提出异议的，债权让与对其即发生法律效力。这一法律效力主要体现在以下几个方面。

（1）债务人应向受让人履行债务。债权让与对债务人生效后，如果是债权的全部让与，债务人应向受让人清偿债务，而不再向让与人清偿债务。债务人仍向让与人清偿的，除构成向第三人履行外，其清偿无效，不能对抗受让人，但可以依不当得利向受清偿的让与人要求返还。

（2）债务人对原债权人的抗辩权可以向受让人行使。受让人的地位不能优于让与人，其权利不能大于让与人原有的权利，因而凡是债务人可以对抗原债权人即让与人的抗辩权，同样也可以用来对抗受让人。

（3）债务人可以主张以其债权与让与的债权抵销。根据《民法典》的规定，债务人接到债权转让通知时，债务人对让与人享有债权，并且债务人的债权先于转让的债权到期或者同时到期的，债务人可以向受让人主张抵销。此外，债务人的债权与转让的债权是基于同一个合同产生的，债务人也可以向新的债权人主张抵销。

（二）债务的承担

债务承担指的是债务主体的变更，即在不改变借款合同内容的前提下，原债务人的债务转移于新债务人承担。债务承担可因法律的直接规定而发生，也可因法律行为而发生。最为常见的是依当事人之间的合意而发生的债务承担。因此，一般所说的债务承担仅指依当事人之间的合意，将债务人的债务移转于承担人即新债务人承担。当事人间关于移转债务的合意即为债务承担合同。

1. 债务承担的类型与要件

债务承担包括免责的债务承担与并存的债务承担。免责的债务承担指由第三人即承担人代替债务人承担其全部债务，成为合同的新债务人，而原债务人脱离借款合同关系。并存的债务承担，指第三人加入债的关系与债务人共同承担债务，原债务人并不脱离借款合同关系，仍为债务人。严格来说，这并非债的主体变更，而是债务人数量的增加。因债务人数量的增加于债权人而言有利而无害，故并存的债务承担无须债权人同意，通知即可。《民法典》第552条规定，第三人与债务人约定加入债务并通知债权人，或者第三人向债权人表示愿意加入债务，债权人未在合理期限内明确拒绝的，债权人可以请求第三人在其愿意承担的债务范围内和债务人承担连带债务。该规定填补了我国长期以来只规定免责的债务承担的立法空白。狭义的债务承担仅指免责的债务承担。

债务承担应满足以下三个要件。

（1）存在有效的债务。债务承担合同所转移的应是有效的债务，若债务并不存在或无效或已消灭，则债务承担合同无效。

（2）存在以债务承担为目的的有效合同。例如当事人间订立的合同不是以移转债务为目的或者虽以由第三人承担债务为目的，但合同存在无效的事由的，均不能发生债务承担的后果。债务承担合同可由债权人与第三人订立，也可由债务人与第三人订立。由债务人与第三人订立债务承担合同的，须经债权人同意方能有效。第三人与债务人、债权人达成三方合意订立债务承担合同也符合立法规定，因为此时当事人的意思表示已经达成一致，故自该合意生效时即发生债务的转移。此外，根据《民法典》第551条第2款的规定，债务人或者第三人可以催告债权人在合理期限内予以同意，债权人未作表示的，视为不同意。这一规定有利于债务人、第三人根据自身情况确立催告期限，避免债务转移长期效力不定的危险，既兼顾了债务人、第三人，又保护了债权人的合法利益。

（3）所移转的债务应具有可移转性。如借款合同中贷款人与借款人约定不得移转债务，则该债务就不具有可移转性。

2. 债务承担的效力

债务承担的效力主要有三种：①债务全部移转的，承担人取代原债务人的地位而为新债务人。原债务人脱离债的关系，不再负担债务。债务人的债务部分转移给第三人的，第三人加入借款合同关系，与原债务人共同承担债务。②新债务人可援用原债务人基于借款合同权利义务关系所享有的抗辩权。债务人转移义务的，新债务人可以主张原债务人对债权人的抗辩。但原债务人对债权人享有同种类债权可主张抵销的，新债务人不得以此主张抵销。

③非专属于原债务人的从债务一并移转于承担人承担。债务人转移义务的，新债务人应当承担与主债务有关的从债务，但该从债务专属于原债务人自身的除外。但是担保债务并不能随主债务的移转而移转，第三人为原债务人提供担保的，在债务承担时除担保人书面同意继续担保外，债务移转时，担保随之消灭。

（三）债权债务的概括移转

债权债务的概括移转指原借款合同当事人一方将其合同权利义务一并移转给第三人，由第三人概括地继受这些权利义务。债权债务的概括移转，可以是基于当事人之间的法律行为而产生的，被称为意定概括移转；也可以是基于法律的规定而产生的，被称为法定概括移转。债权债务的概括移转，可以是借款合同权利义务全部由出让人移转至承受人，即全部移转；也可以是借款合同权利义务的一部分由出让人移转至承受人，即部分移转。

1. 债权债务的概括移转的类型

债权债务的概括移转主要有以下两种类型。

（1）合同承受。它是指借款合同一方当事人将其借款合同上的权利和义务全部地移转给第三人，由承受人在移转范围内承受自己在借款合同上的地位，享受借款合同权利并承担借款合同义务。合同承受须有借款合同一方当事人和第三人合意，并取得对方当事人的同意。

（2）企业的合并与分立。企业合并指两个或两个以上的企业合并为一个企业，包括吸收合并和新设合并两种。企业分立是指一个企业分立为两个或两个以上的企业。当事人订立合同后合并的，由合并后的法人或者其他组织行使合同权利，履行合同义务。当事人订立合同后分立的，除债权人和债务人另有约定的以外，由分立的法人或者其他组织对合同的权利和义务享有连带债权，承担连带债务。

2. 债权债务的概括移转效力

根据《民法典》的规定，涉及合同权利转让的部分可准用债权让与的有关规定，涉及合同义务移转的部分则可准用债务承担的有关规定。债权让与和债务承担产生的法律效力也同样适用于债权债务的概括移转。但债权债务的概括移转不等于债权让与和债务承担的简单相加。在债权让与和债务承担中，由于第三人并非原借款合同的当事人，因而与原债权人或原债务人利益不可分离的权利或义务并不随之移转于受让人或承担人。但在债权债务概括移转情形下，由于承受人完全取代了原当事人的法律地位，借款合同内容也全部移转于新当事人，因此依附于原当事人的一切权利和义务，如解除权和撤销权等，都移转于承受人。

案例分析

李某与某银行签订一份借款合同，由李某向该银行借款5万元，借期为1年。借款到期后，该行多次向李某催收，李某以该款是替朋友张某所借为由拒不偿还，张某也表示李某所借5万元由其偿还。该行在多次催收未果的情况下，与李某、张某达成一份协议，约定：李某在该行5万元贷款本息由张某向银行承担，张某应在协议签订之日起10日内履行还本付息责任。三方都在协议上签字盖章。后来张某又以该笔贷款不是他所借为由，拒不履行协议。

请问： 张某能否拒绝还款？为什么？

解析： 不能。因为本案是免责的债务承担，即第三人代替债务人承担其全部债务，成为合同的新债务人，而原债务人则脱离借款合同关系。银行、李某和张某三方在真实、自愿基础上达成了债务承担协议，由张某代替李某向银行承担还本付息的义务，因而张某不得拒绝，否则即构成违约。

三、借款合同的终止

借款合同的终止是指因发生法律规定或当事人约定的情况，借款合同所设定的权利义务在客观上已不再存在，当事人之间的权利义务关系消灭的情况。借款合同终止的原因主要包括借款合同的解除和其他原因。

（一）借款合同的解除

1. 借款合同解除的类型

借款合同解除是指在借款合同有效成立以后，当具备解除条件时，因当事人一方或双方的意思表示，使借款合同自始或仅向将来消灭的行为。在我国现行的民事立法中，解除是导致借款合同关系终止的原因之一。

借款合同解除可以分为以下两种类型：①单方解除和协议解除。单方解除是指解除权人行使解除权将借款合同解除的行为。它不必经过对方当事人的同意，只要解除权人将解除合同的意思表示直接通知对方，或经过人民法院或仲裁机构向对方主张，即可发生借款合同解除的效果。协议解除是指当事人双方通过协商合意解除借款合同的行为。其解除行为并不是对解除权的行使。②法定解除和约定解除。法定解除是指法律直接规定借款合同的解除条件，解除权人在条件具备时行使该权利解除借款合同的行为。约定解除是指当事人在借款合同中约定为一方或双方保留解除权的解除。可以在当事人订立借款合同时约定保留解除权的合意即解约条款，也可以在以后另订立保留解除权的合同。

2. 借款合同法定解除的条件

《民法典》规定的法定解除条件大致有四大类型：①不可抗力致使不能实现合同目的；②实际违约；③预期违约；④以持续履行的债务为内容的不定期合同的任意解除权。就第一种类型而言，不可抗力致使不能实现借款合同目的，该借款合同已无法履行，根据《民法典》的规定，允许当事人通过行使解除权的方式解除借款合同。此时，当事人双方应当互通情况，互相配合，采取积极的措施，尽量避免或减轻损失。就第四种类型而言，《民法典》第563条第2款的规定："以持续履行的债务为内容的不定期合同，当事人可以随时解除合同，但是应当在合理期限之前通知对方。"该规定的目的是在以持续履行债务的不定期合同中，避免当事人无限期地受到合同约束。实际违约与预期违约将在本章第四节中详细介绍，这里不再赘述。

3. 借款合同解除的效力

借款合同解除的效力体现在以下三个方面。

（1）借款合同解除与溯及力。通常而言，借款合同解除具有溯及力。借款合同解除有溯及力是指解除使借款合同关系溯及既往地终止，借款合同如同自始未成立。

（2）借款合同解除与恢复原状。恢复原状是借款合同解除有溯及力所具有的直接效力，是双方当事人基于借款合同所产生的债务全部免除的必然结果。恢复原状义务只发生于借款合同部分或全部履行的情况。

（3）借款合同解除与赔偿损失。合同解除后，尚未履行的，终止履行；已经履行的，根据履行情况和合同性质，当事人可以要求恢复原状、采取其他补救措施，并有权要求赔偿损失。

（二）借款合同终止的其他原因

1. 清偿

清偿是指债务人按照借款合同约定向债权人履行义务，实现借款合同目的的行为。清偿与履行的意义相同，因为从债务人方面来说，清偿也就是其按照借款合同约定的条件全面、正确地履行自己的义务，而借款合同履行的结果就是清偿债务，实现债权。但二者的侧重点不同，履行是从借款合同的动态方面而言的，而清偿是从借款合同的消灭方面而言的。

视野拓展

清偿抵充

在清偿中常会发生清偿抵充的情况。清偿抵充是指债务人对同一债权人负担数宗同种类债务，而债务人的履行不足以清偿全部债务时，决定该履行抵充某宗或某几宗债务的现象。因为在数宗债务中，可能附利息，也可能不附利息；可能附担保，也可能不附担保；可能附期限，也可能不附期限。这时债务人的履行消灭哪一宗债务，对于债权人和债务人以及担保人来说都会有不同的法律后果。《民法典》第560条规定："债务人对同一债权人负担的数项债务种类相同，债务人的给付不足以清偿全部债务的，除当事人另有约定外，由债务人在清偿时指定其履行的债务。债务人未作指定的，应当优先履行已经到期的债务；数项债务均到期的，优先履行对债权人缺乏担保或者担保最少的债务；均无担保或者担保相等的，优先履行债务人负担较重的债务；负担相同的，按照债务到期的先后顺序履行；到期时间相同的，按照债务比例履行。"第561条规定："债务人在履行主债务外还应当支付利息和实现债权的有关费用，其给付不足以清偿全部债务的，除当事人另有约定外，应当按照下列顺序履行：（一）实现债权的有关费用；（二）利息；（三）主债务。"这两条明确规定了我国清偿抵充顺序。

2. 免除

免除又可称为债务免除，是指债权人抛弃债权，从而使债务全部或部分消灭的意思表示。至免除成立后，债务人自不再负担被免除的债务，债权人的债权也就不再存在，债即消灭，因此免除债务也为债消灭的原因之一。

根据《民法典》第575条的规定，债权人免除债务人部分或者全部债务的，债权债务部分或者全部终止，但是债务人在合理期限内拒绝的除外。可见，债权人免除债务人债务的，虽无须债务人明确同意，即可发生免除效力，但若债务人在合理期限内拒绝的，免除效力自始不发生。

债务免除的成立必须具备以下条件：①免除的意思表示应向债务人发出，而债权人向第三人为免除债务的意思表示，不发生免除的法律效力，但向债务人的代理人所为的免除债务的意思表示发生免除的效力。②债权人必须有处分能力，对于法律禁止抛弃的债权，债权人不能发出免除债务的意思。③债务人未在合理期限内表示拒绝。若债务人认为免除对其不利时，债务人可以在合理期限内表示拒绝，债务不消灭，债务人可以要求继续履行，债权人拒绝的，债务人可以提存标的物。④不应损害第三人利益，免除债务会损害第三人利益时不能免除。

免除的效力是使债消灭。债权人免除债务人全部债务的，债务人的全部债务消灭，有债权证书的，债务人可以请求返还债权证书；债权人免除债务人的部分债务的，债务人的部分债务消灭。主债务因免除而消灭的，从债务也随之消灭。保证债务的免除不影响被担保债务的存在，被担保债务的免除则使保证债务消灭。

3. 抵销

抵销是指当事人双方互负同种类的给付债务，将两项债务相互冲抵，使其债务在对等额内消灭。抵销债务，也就是抵销债权。用于抵销的债权，为主动债权或能动债权，亦即抵销权人的债权；被抵销的对方当事人的债权，为被动债权或反对债权，亦即被抵销人的债权。

抵销可分为法定抵销与合意抵销。法定抵销是指在具备法律所规定的条件时，依当事人一方的意思表示所为的抵销。我们通常所说的抵销即指法定抵销。《民法典》第568条规定，当事人互负债务，该债务的标的物种类、品质相同的，任何一方可以将自己的债务与对方的债务抵销，但依照法律规定、依据当事人的约定或者按照债务性质不得抵销的除外。当事人主张抵销的，应当通知对方。通知自到达对方时生效。抵销不得附条件或者期限。此即为我国法定抵销的明确规定。合意抵销是指根据当事人双方意思表示一致所为的抵销，又称为契约上抵销。《民法典》第569条规定，当事人互负债务，标的物种类、品质不相同的，经双方协商一致，也可以抵销。此规定指的就是合意抵销。合意抵销对于标的物的种类、品质没有特别要求，对于双方所负债务履行期限是否届满也无要求，只要不违背法律的强制性规定和禁止性规定，原则上都可以合意抵销。

抵销会发生如下效力：第一，双方当事人所负债务全部或者部分消灭。双方债务数额相等的，双方的债权债务全部消灭；双方的债务数额不等的，数额少的一方的债务全部消灭，另一方的债务于与对方债务相等的数额内消灭，其余额部分仍然存在，债务人对此部分债务余额仍负有清偿责任。第二，因抵销双方债务的消灭为绝对消灭。除法律另有规定外，任何人不得主张撤销抵销。若对已经抵销的债务再清偿的，则发生不当得利。第三，抵销具有溯及效力。尽管我国法律中并没有明确规定抵销的溯及力，但通常认为抵销具有溯及力。具体而言，债务自得为抵销时就消灭，不再发生利息债务；得为抵销时起，不再发生迟延责任；在得为抵销的情形发生后，就一方当事人所发生的损害赔偿及违约金责任，因抵销的溯及力而归于消灭。

4. 混同

混同是指债权与债务同归于一人，使借款合同的关系消灭的事实。法律上的混同，有广义与狭义之分。广义的混同，包括权利与权利的混同、义务与义务的混同、权利与义务的混同。这里所说的混同仅为狭义上的混同，即权利与义务的混同。

混同的原因大致可分为两种：一是概括承受，即债权债务概括移转于债权人或者债务人。例如，企业合并，合并前的两个企业之间互有借款合同债权债务的，合并后债权债务同归于一个企业，从而导致债的消灭。债权债务的概括承受是发生混同的主要原因。二是特定承受，指因债权让与或债务承担而承受权利义务。例如，债务人从债权人处受让债权，债权债务就因同归于一人而发生混同。

债权和债务同归于一人的，合同的权利义务终止，但涉及第三人利益的除外。因此，混同的效力是导致借款合同的关系绝对消灭，并且主债消灭，从债也随之消灭，如利息债权、违约金债权、担保债权等同归消灭。但在涉及第三人利益的情形下，虽发生混同，债也不消灭。例如，债权为他人质权的标的时，为保护质权人的利益，债权不因混同而消灭。

5. 提存

提存是指债务人于债务已届履行期时，将无法给付的标的物提交给提存机关，以消灭合同债务的制度。

提存必须具备以下条件：①提存人具有行为能力。提存人是债务人或债务人的代理人，由于提存是法律行为，因而提存人必须具备相应的行为能力。②提存的借款合同之债合法有效且已届履行期。无效债权不能履行，当然也不能提存；而借款合同债务虽然有效，但未届履行期时，债务人也不能提存，否则就属于提前履行，构成违约。③标的物适于提存。标的物不适于提存或者提存费用过高的，债务人依法可以拍卖或者变卖标的物，提存所得的价款。④有法定的提存原因。即当债权人无正当理由拒绝受领、债权人下落不明、债权人死亡未确定继承人、遗产管理人或者丧失民事行为能力未确定监护人或存在法律规定的其他情形时，债务难以履行的，债务人可以依法办理提存。

提存因涉及三方当事人及三方面的法律关系，所以在不同的当事人之间产生不同的效力。

①就债务人与债权人之间的效力而言，债务人在将标的物提存后，无论债权人受领与否，依法均发生债消灭的效力，债务人不再负清偿责任；提存物的所有权转归债权人，标的物毁损、灭失的风险由债权人承担；提存期间，标的物的孳息归债权人所有。②就提存人与提存机关之间的效力而言，提存机关有保管提存标的物的权利和义务。提存机关应采取适当的方法妥善保管提存标的物。提存人可以凭人民法院的判决、裁定或者提存之债已经清偿的公证证明，取回提存物。债权人未履行对债务人的到期债务，或者债权人向提存部门书面表示放弃领取提存物权利的，提存人可以取回提存物，但应负担提存费用，提存人在支付提存费用前，提存机关有权留置价值相当的提存标的。③就提存机关与提存受领人之间的效力而言，债权人可随时领取提存物，但债权人对债务人负有到期债务的，在债权人未履行债务或提供担保前，

视野拓展

对《民法典》中有关提存的解析

提存机关根据债务人的要求应拒绝其领取提存物。债权人领取提存物的权利自提存之日起 5 年内不行使而消灭，提存物扣除提存费用后归国家所有，但发生提存人可以取回提存物的情况时除外。提存机关未按法定或者当事人约定条件给付提存标的物，给当事人造成损失的，提存机关应负赔偿责任。此外，标的物在提存后，其意外灭失的风险责任由债权人承担，因而在提存后因不可归责于提存机关的原因致使提存标的物毁损灭失的，提存机关不负责任。但如果由于提存机关的故意或者重大过失所致，债权人有权请求提存机关进行赔偿。

第四节　借款合同的违约责任

实案广角

借款合同纠纷民事判决书实例

借款合同的违约责任又称为违反借款合同的民事责任，是指借款合同当事人不履行借款合同义务或者履行借款合同义务不符合约定时所应承担的民事责任。

一、借款合同违约责任的法律特征和构成要件

1．法律特征

借款合同违约责任具有以下三个法律特征。

（1）违约责任是一种财产责任，是民事责任的一种形式。违约责任具有经济内容，借款合同一方当事人不履行或者不完全履行合同义务时，将受到以经济利益为内容的违约责任的处罚。违约责任包括支付违约金、赔偿损失、强制履行以及解除合同等形式。

（2）违约责任是借款合同当事人不履行债务时产生的民事责任。这是违约责任不同于其他民事责任（如侵权责任）的重要特征。合同责任的发生是以合同有效成立为条件的，而侵权责任的发生不以加害人与受害人之间存在合同关系为条件。

（3）违约责任具有任意性。合同当事人可以在法律允许范围内，对一方的违约责任作出事先安排，如可事先约定违约金的数额或幅度，可事先确定损失赔偿的数额和计算方法等。

2．构成要件

我国借款合同采用的是严格责任原则。严格责任原则下，无论当事人是否存在过错，当事人一旦存在违约行为，即应承担违约责任，除非有免责的事由。据此，借款合同违约责任的构成要件主要有两个：其一为违约行为；其二为无免责事由。

违约行为是指借款合同当事人不履行或者不适当履行借款合同义务的客观事实。违约行

为的发生以借款合同关系有效存在为前提。违约行为是构成违约责任的最为重要的条件，无违约行为即无违约责任。

仅有违约行为这一积极要件还不足以构成违约责任，违约责任的构成还需要具备另一消极要件，即不存在法定和约定的免责事由。《民法典》规定，因不可抗力不能履行合同的，根据不可抗力的影响，部分或全部免除责任，但法律另有规定的除外。因不可抗力不能履行合同的，应当及时通知对方，以减轻可能给对方造成的损失，并应当在合理期限内提供证明。当事人迟延履行后发生不可抗力的，不能免除责任。这里的"不可抗力"就是最主要的法定的免责事由。除法定的免责事由外，当事人还可以约定免责事由，约定的免责事由应是合法的，不违反社会公共利益的。

二、借款合同违约责任的形态

根据违约行为发生的时间不同，违约责任形态可分为预期违约和实际违约。

（一）预期违约

预期违约又称为先期违约、事先违约、预期毁约，是指在借款合同规定的履行期到来之前，当事人一方以明示或者默示的方式表示其将不履行合同，由此在当事人之间发生一定的权利义务关系的一项合同法律制度。

1. 预期违约的种类及其构成要件

预期违约分为明示毁约和默示毁约两种，二者的构成要件各不相同。

（1）明示毁约指当事人一方明确表示将不履行借款合同的主要义务。其构成要件包括以下四个方面：①毁约方必须在借款合同履行期到来以前，作出拒绝履行义务的表示。②毁约方必须向对方作出不履行借款合同的明确表示。毁约方所作的意思表示可以是口头的，也可以是书面的，但必须明确包括不履行借款合同义务的清晰、确定的意图，而不能仅仅是表示履行的困难和不太愿意履行等。③毁约方必须表示的内容是不履行借款合同的主要义务。毁约方既可以直接拒绝履行借款合同义务，也可以以其他借口拒绝履行借款合同义务。④明示毁约必须无正当理由。如果提出毁约有正当理由，就不能构成明示毁约。正当理由可以包括：借款合同关系根本未成立；借款合同本身具有无效因素；因不可抗力致使借款合同不能履行等。

（2）默示毁约指当事人一方有足够的证据表明对方将不履行或不能履行借款合同的主要义务，而对方当事人又未提供必要的担保。默示毁约的构成要件包括三个方面：①一方预见另一方在履行期到来时，将不履行或不能履行借款合同的主要义务。一方根据另一方的行为或资产情况作出合理判断，《民法典》提供了几个考虑因素，如经营状况严重恶化，转移财产、抽逃资金以逃避债务，丧失商业信誉等。②一方有确切的证据对自己的预见加以证明。仅是预见不足以表明对方违约，主张对方毁约的一方当事人必须提供确切有效的证据来证明自己判断的恰当性、合理性与可靠性。③被认为存在预期违约可能的一方不能在合理期间内提供充分的担保。一方认为另一方将不履行或不能履行借款合同的，必须通知对方并要求该方提供履行担保，只有当对方在合理期间内未提供担保时，一方当事人才可要求对方承担默示毁约的责任。

2. 预期违约责任的承担

既然预期违约行为是一种严重的违约行为，那么实施这种行为的债务人就应承担由此产生的违约责任，即非违约方可以在履行期届满前直接要求毁约方实际履行或承担违约责任，也可以在履行期届满后再要求毁约方实际履行或承担违约责任。

（二）实际违约

在借款合同中，实际违约主要包括以下几种违约责任形态。

（1）拒绝履行，亦可称为履行拒绝、给付拒绝，是指履行期届满时，债务人无正当理由却表示不履行借款合同义务的行为。拒绝履行的构成须包括以下几个要件：①以合法有效的借款合同存在为前提。②必须有拒绝履行的意思表示。该意思表示可以采用明示或默示的方式。③债务人在履行期到来后才作出拒绝履行的意思表示。如果债务人拒绝履行的意思表示是在履行期到来前作出的，则属于预期违约的范畴。④拒绝履行必须无正当理由。

（2）迟延履行，是指债务人无正当理由，在借款合同规定的履行期届满时，仍未履行借款合同义务；借款合同中未约定履行期限的，在债权人提出履行催告后仍未履行债务的行为。其构成要件包括以下几方面：①以合法有效的借款合同存在为前提。②履行必须是可能的。③债务人违反了履行期限的规定。判断是否迟延的最重要的标准是看债务人履行债务是否超过了履行期限，超过履行期限的才构成迟延履行。④履行期届满，债务人没有履行债务。如果债务人仅履行了部分债务，可能构成部分履行、部分履行迟延。⑤债务人迟延履行必须无正当理由。

（3）不完全履行，又可称为不完全给付或不适当履行，是指债务人虽然以完全给付的意思给付，但给付不符合借款合同本旨。构成不完全履行应符合如下几个要件：①必须有给付行为。不完全履行是部分给付，否则，构成履行不能或履行迟延。②履行的内容不符合借款合同约定或法律规定。③不完全履行的原因可归责于债务人。不完全履行包括数量不当、履行地点不当和履行方法不当等不完全履行。

（4）受领迟延，是指债权人对于债务人的履行应当受领而不为或不能受领。其构成要件如下：①须有合法有效的借款合同存在。②债务人的履行需要债权人的协助。如果债务人的履行不需要债权人的协助，则债务人完全可以自行履行义务而消灭债务，不发生受领迟延的问题。③债务已届履行期。④须债务人已经实际履行或提出履行。⑤债权人不为或不能受领。债权人不为受领表现为拒绝受领或债权人需要协助时未提供协助。债权人不能受领是指因可归责于债权人自身的原因而客观上无法受领。⑥债权人的迟延受领无正当理由。

> **思考与讨论**
>
> 预期违约和实际违约都是合同生效后的违约行为，都应当承担违约责任，但是两者并非完全相同，存在一定的区别。请分析预期违约和实际违约的不同之处。

三、借款合同违约责任的具体方式

借款合同违约责任的具体方式指违约方因违反借款合同而承担各种具体形式的违约责任。它主要包括实际履行、违约金、赔偿损失等形式。

（一）实际履行

实际履行又可称为继续履行、强制实际履行、特定履行，是指当事人一方不履行借款合同义务或者履行借款合同义务不符合约定时，另一方当事人可要求其在借款合同履行期届满后按照原借款合同的约定继续完成借款合同义务。

1. 实际履行的种类

实际履行包括金钱债务违约的实际履行与非金钱债务违约的实际履行。非金钱债务如提供货物、提供劳务、完成工作等，不同于金钱债务，其债务标的往往更具有特定性和不可替代性，所以非金钱债务的履行更加强调实际履行原则。

借款合同的实际履行属于金钱债务违约的实际履行。金钱债务又称货币债务。当事人未履行金钱债务的违约行为，即未支付价款或报酬的行为，包括完全未支付价款或报酬、不完全支付价款或报酬或者迟延支付价款或报酬等。当事人一方未支付价款、报酬、租金、利息，或者其他金钱债务的，对方可以要求其支付。由于金钱是具有可代替性的种类物，不存在履行不能的问题，无论当事人违约责任的形态如何，非违约方都有要求违约方支付相应款项的权利。

2. 实际履行与其他责任形式的关系

实际履行可以与违约金、赔偿损失、定金罚则并用，但不能与解除合同并用。解除合同导致借款合同关系不复存在，债务人也不再负履行义务，因此解除合同与实际履行是完全对立的补救方法，两者不能并用。

（二）违约金

违约金是指不履行或者不完全履行借款合同义务的违约方按照借款合同约定，支付给非违约方一定数量的金钱。

1. 违约金的种类

可以根据不同的标准，对违约金进行分类。

（1）依据产生的原因不同，违约金可以分为约定违约金和法定违约金。合同双方当事人在借款合同中约定的违约金属于约定违约金。当事人可以约定一方违约时应当根据违约情况向对方支付一定数额的违约金，也可以约定因违约产生的损失赔偿额的计算方法。直接由法律规定的违约金，属于法定违约金。《民法典》仅承认约定违约金，而没有规定法定违约金。

（2）根据性质不同，违约金可以分为惩罚性违约金和赔偿性违约金。惩罚性违约金是指由借款合同约定或法律规定由违约方支付一笔金钱，作为对违约行为的惩罚。赔偿性违约金是合同双方预先估计损失赔偿总额，违约方在承担违约金责任后，不再承担实际履行或赔偿损失等违约责任。

2. 对违约金责任的限制

对违约金的约定是合同自由的体现，但合同自由并不是绝对的，为了维护双方利益的平衡，法律运用诚实信用的原则和公平原则，对违约金责任做了必要的限制，即约定的违约金低于造成的损失的，当事人可以请求人民法院或者仲裁机构予以增加；约定的违约金过分高于造成的损失的，当事人可以请求人民法院或者仲裁机构予以适当减少。

3. 违约金与其他责任形式的关系

通常情况下，违约金与实际履行可以并用。当事人就迟延履行约定违约金的，违约方除支付违约金外，还应当履行债务。实际履行原则旨在实现当事人订立合同的目的，当事人不可以承担违约金来拒绝实际履行。

承担违约金责任与解除合同不存在冲突，当一方已有违约行为时，即使合同被解除，也应承担违约金责任。

（三）赔偿损失

赔偿损失是指合同当事人由于不履行借款合同义务或者履行借款合同义务不符合约定，给对方造成损失时，由违约方以支付一定金钱的方式弥补对方所遭受损失的一种违约责任形式。这是最重要的并为世界各国所一致认可的一种违约救济方法。

1. 确定赔偿的原则

确定赔偿需要遵循以下原则。

（1）完全赔偿原则。它是指违约方应赔偿非违约方因自己的违约行为而遭受的全部损失。违约方赔偿的范围包括积极损失与消极损失。前者是指非违约方因违约行为而遭受的现实财产的减少，后者是指非违约方因合同履行应当得到而未得到的利益。这是对受害人利益实行全面的、充分的保护的有效措施。

（2）合理预见原则。合理预见原则又称为可预见性原则，是指违约方所承担的赔偿责任范围不得超过其在订立合同时应当预见的损失范围的原则。《民法典》规定，损失赔偿额不得超过违反合同一方订立合同时预见到或者应当预见到的因违反合同可能造成的损失。判断违约方能否预见的标准采用主观和客观相结合的标准，即通常以处于类似情形下的合理人的预见能力为标准，并结合合同当事人具体情况作出综合性的判断。

（3）减轻损害原则。它也可以表述为采取适当措施避免损失扩大原则，是指在一方违约行为发生并造成损害后，受害人必须采取合理措施以防止损害扩大的原则，否则，受害人应对扩大部分的损害承担责任，违约方亦有权请求从损害赔偿金额中扣除本可避免的损害部分。《民法典》对此作出了明确规定，即当事人一方违约后，对方应当采取适当措施防止损失的扩大；没有采取适当措施致使损失扩大的，不得就扩大的损失要求赔偿。

2. 赔偿损失与其他责任形式的关系

赔偿损失与其他责任形式的关系主要体现在以下三个方面。

（1）赔偿损失与实际履行。实际履行是实现合同目的的有效方式，然而在此过程中非违约方可能早已遭受损失，这是实际履行方式所难以救济的，这时赔偿损失则能为非违约方所遭受的损失提供补偿，所以实际履行与赔偿损失可以并用。

（2）赔偿损失与解除合同。解除合同使双方之间的权利义务关系终止，但它并不影响当事人请求对方赔偿其因合同解除而遭受的各种损失，如期待利益的损失、已支付相关费用的损失等，所以解除合同与赔偿损失可以并用。

（3）赔偿损失与违约金。两者可以并用。违约金可视为约定的损失赔偿，如果违约金不足以弥补损失，那么当事人仍可以请求赔偿剩余的损失，这是完全赔偿原则所要求的。但违约金的适用不以损失发生为必要条件。

四、借款合同违约责任的免责事由

借款合同违约责任的免责事由是指法律规定或者借款合同中约定的当事人对其不履行或者不适当履行借款合同的行为免于承担违约责任的条件，通常包括不可抗力、免责条款和债权人过错。

（一）不可抗力

不可抗力是当事人不能预见、不能避免并且不能克服的客观情况。换言之，不可抗力是当事人不可抗拒的外来力量，是不受当事人意志左右、支配的自然现象或社会现象。

1. 不可抗力的特征

不可抗力具有如下几个特征：①不可抗力是当事人不能预见的事件。当事人订立借款合同时不能预见不可抗力事件将会发生。这是构成不可抗力的主观要件。应以合理人的注意标准来衡量当事人的可预见性，只有尽到了合理的注意义务仍不能预见，才符合不可抗力的主观要件。②不可抗力是当事人不能控制的事件。对于不可抗力是否发生、何时发生和产生怎样的后果等，当事人都无法进行人为的控制，它不为当事人的意志所左右。③不可抗力具有客观性、外在性。当事人可以约定不可抗力的范围，但不可抗力本身是当事人意志和行为以外的客观事件，换言之，不可抗力是独立于当事人意志和行为以外的事件。

2. 不可抗力事件的范围

构成不可抗力的事件繁多，法律不可能对不可抗力的范围——列举。当事人可以在借款合同中订立不可抗力条款，将法律对不可抗力的规定具体化。当事人在借款合同中没有约定不可抗力条款的，法院可以根据事实认定是否构成不可抗力。

一般而言，不可抗力事件的范围包括自然灾害和社会事件。自然灾害比较容易判断，如火灾、水灾、旱灾、风灾、地震、风暴、强台风等。社会事件在判断时可以根据不可抗力的特征作出综合考量，常见的如法律的颁布和实施、政策的贯彻和实施、罢工、骚乱等。

3. 不可抗力对责任承担的影响

不可抗力导致借款合同全部不能履行的，当事人可以全部免责；导致借款合同部分不能履行的，当事人就该部分不能履行免责；导致借款合同不能如期履行的，当事人就迟延免责，但当事人迟延履行后发生不可抗力的，则不能免除责任。

主张不可抗力免责的一方当事人负有通知义务和举证责任，从而避免对方当事人因此遭受不必要的损失。对方当事人在接到通知后，应积极采取措施减少或避免损害。

（二）免责条款

免责条款是指借款合同当事人约定的排除或者限制其将来可能发生的违约责任的条款。一方当事人基于他方所应承担的民事责任而享有的权利属于民事权利。民法是私法，强调的是意思自治原则，民事主体可以依法放弃民事权利，免除他人的民事义务、民事责任。因此，当事人在订立借款合同时，可以通过协商约定具体的免责条款。当事人纵然有违约行为，但其行为属于免责条款约定的情形，则无须承担违约责任。

但是，并非任何任意约定的免责条款都受法律保护，法律亦有一定的限制性规定，如《民法典》规定，合同中的免除造成对方人身损害、因故意或者重大过失造成对方财产损失的违约责任的免责条款无效，当事人对此类损害仍应当承担赔偿责任。这是法律人文主义的体现，它加强了对人身权的重视和保障，否定了恶意者对法律责任的逃脱。

（三）债权人过错

债权人过错是指债务人不履行合同或不适当履行合同可归责于债权人的原因。将债权人过错作为免责事由体现了法律对债权人过错的谴责和非难。违约责任虽然实行严格责任，但是债权人过错可以成为违约方全部或者部分免除责任的依据。

导入案例解析

（1）不合法。因为根据《民法典》第 670 条的规定，借款的利息不得预先在本金中扣除。利息预先在本金中扣除的，应当按照实际借款数额返还借款并计算利息。

（2）根据《民法典》第 674 条的规定，借款人应当按照约定的期限支付利息。对支付利息的期限没有约定或者约定不明确，经双方协商无法达成补充协议，以及按照合同相关条款或者交易习惯仍无法确定的，借款期间不满 1 年的，应当在返还借款时一并支付；借款期间 1 年以上的，应当在每届满 1 年时支付，剩余期间不满 1 年的，应当在返还借款时一并支付。因此，本例中，A 公司应分别于 2024 年 3 月 6 日、2025 年 3 月 6 日、2025 年 9 月 6 日向 B 银行支付利息。

（3）根据《民法典》第673条的规定，借款人未按照约定的借款用途使用借款的，贷款人可以停止发放借款、提前收回借款或者解除合同。

综合练习题

一、名词解释

借款合同　要约与承诺　抗辩权　代位权　撤销权　预期违约　违约责任　不可抗力

二、判断题

1．借款合同只能以货币作为标的，是转让货币所有权的合同。　　　（　　　）

2．借款合同的签订通常采用要约承诺的方式，客户在《借款合同书》签字就属于承诺。
　　　　　　　　　　　　　　　　　　　　　　　　　　　　　　（　　　）

3．自然人之间的借款合同对支付利息没有约定或约定不明确的，视为不支付利息。
　　　　　　　　　　　　　　　　　　　　　　　　　　　　　　（　　　）

4．贷款人一旦免除借款人全部借款，贷款人与借款人之间的借款债权债务关系即消灭，借款人不得拒绝。　　　　　　　　　　　　　　　　　　　　　　　　　（　　　）

5．借款人迟延还本付息后发生不可抗力的，则不能免除违约责任。　　（　　　）

三、单项选择题

1．李某想向甲银行申请借款100万元，下列哪一选项是正确的？（　　　）

　　A．李某向甲银行柜员咨询借款流程是要约

　　B．李某向甲银行正式提交《借款申请书》是要约

　　C．甲银行行长得知后口头答应借款给李某是承诺

　　D．甲银行信贷部将李某借款申请提交审贷委员会决议是承诺

2．贷款人行使不安抗辩权时，借款人在合理期限内未恢复履行债务能力并且未提供适当担保的，贷款人可以解除合同，（　　　）对此负通知义务和举证责任。

　　A．贷款人　　　B．借款人　　　　C．原担保人　　　D．人民法院

3．撤销权自债权人知道或者应当知道撤销事由之日起（　　　）年内行使。自债务人的行为发生之日起（　　　）年内没有行使撤销权的，该撤销权消灭。

　　A．1；3　　　　B．1；5　　　　　C．3；5　　　　　D．3；10

4．甲公司向乙银行借款100万元。借款期满后，甲公司无力偿还借款本息，而此时甲公司对丙公司享有到期债权50万元，却怠于行使，于是乙银行拟行使代位权。下列哪一项是合法的？（　　　）

　　A．乙银行应该以甲公司的名义行使对丙公司的债权

　　B．乙银行行使代位权应取得甲公司的同意

　　C．乙银行应自行承担行使代位权所支出的必要费用

　　D．乙银行必须通过诉讼方式行使代位权

5．借款合同当事人一方以明示或者默示的方式表示其将不履行合同义务的，对方可在（　　　）请求其承担违约责任。

　　A．履行期届满后　　　　　　　　B．履行期届满之前

　　C．宽限期届满时　　　　　　　　D．履行期届满时

四、多项选择题

1．金融机构借款合同的法律特征有（　　　）等。

A．是双务合同，借款人和贷款人互相享有权利和承担义务

B．是要式合同，应采用书面形式

C．是有偿合同，必须支付一定的利息

D．是实践合同，合同从贷款人提供借款时成立

2．（ ）说法是错误的。

A．甲公司因 A 银行未按照约定的数额提供借款而造成损失的，只能要求 A 公司承担补足借款金额的责任

B．乙公司未按照约定的借款日期收取借款的，仍应当按照约定的日期支付利息

C．丙公司应当按照约定向贷款银行定期提供有关财务会计报表或者其他资料

D．丁公司提前归还借款的，仍应当按照约定的借款期间计算利息

3．关于贷款人撤销权的说法错误的有（ ）。

A．撤销权的行使由贷款人向人民法院请求

B．借款人低价转让财产，对贷款人造成损害的，贷款人可行使撤销权

C．撤销权的行使范围以借款人的债权为限

D．借款人行为一经撤销，贷款人可以从中直接优先受偿

4．借款合同终止的原因主要包括（ ）。

A．清偿　　　　B．免除　　　　C．混同　　　　D．提存

5．甲、乙因合伙经商向丙借款 3 万元，甲于约定时间携带 3 万元现金前往丙家还款，丙因忘却此事而外出，甲还款未果。甲返回途中，将装有现金的布袋夹放在自行车后座，路经闹市时被人抢夺，不知所终。（ ）说法是错误的。

A．丙仍有权请求甲、乙偿还 3 万元借款

B．丙丧失请求甲、乙偿还 3 万元借款的权利

C．丙无权请求乙偿还 3 万元借款

D．甲、乙有权要求丙承担此款被抢夺的损失

五、思考题

1．简述借款合同的法律特征。

2．简述贷款人和借款人各自的主要义务。

3．分析代位权的构成要件及其在银行贷款实务中的运用。

4．简述撤销权的法律规则。

5．分析借款合同效力终止的情形。

6．简述借款合同违约责任的免责事由。

六、案例分析题

甲公司向乙商业银行借款 100 万元，借款期限为 1 年。借款合同期满后，甲公司经营不善，无力偿还借款本息。丙公司欠甲公司到期货款 10 万元，甲公司不积极向丙公司主张支付货款；同时甲公司还将其一台价值 20 万元的设备赠送给丁公司。为此，乙商业银行以自己的名义请求人民法院判决丙公司偿还 10 万元货款，并撤销甲公司与丁公司的设备赠与合同。

请问：（1）人民法院是否应支持乙商业银行的请求？为什么？

（2）若乙商业银行行使上述权利花费 1 万元的必要费用，应由谁负担？为什么？

第五章 金融担保法律制度

【学习目标】

掌握金融担保的特征，了解金融担保的分类，了解金融担保的功能；掌握保证方式、保证人的资格、保证期间，熟悉共同保证、主债变更对保证责任的影响；掌握抵押物范围、抵押登记、抵押权效力，熟悉抵押权的实现，了解最高额抵押；掌握质权的生效规则、动产质权人的权利义务，熟悉物保与人保并存的处理规则。

【素养目标】

理解在金融担保活动中关注民生，充分发挥金融服务民生、保护债权的重要作用，深入认识社会主义法治对公民财产的保护，自觉践行社会主义核心价值观，促进社会公平和谐发展。

导入案例

甲、乙、丙三人共同成立一合伙企业，出资比例为 2∶3∶5。因业务需要购买大型客车，由于购车款不足向 A 银行贷款 20 万元，以该车作抵押，并办理了抵押登记手续。后因流动资金不足，该合伙企业又以该车质押向 B 借款 1 万元。在合伙企业把客车交付 B 的途中，发生交通事故撞伤了行人张某，需住院费 1 万元。同时客车也受损，B 经合伙企业同意把该车送修，修理费 2 万元，未付修车款，车被修理店留置。

请问：该合伙企业所实施的是一种什么行为？分别采取了哪些担保方式？

第一节 金融担保概述

所谓担保是指根据法律规定或当事人约定，为保障债务人履行债务，使债权人债权顺利实现所采取的法律措施。在金融领域，为了保障金融债权能够得到及时、充分的实现，普遍引入了担保制度。

一、金融担保的特征

金融担保是指为了促进金融合同的履行，实现债权人的债权，通过设立保证、抵押、质押等担保方式，以第三人的信用或特定财产保障债务履行、债权清偿的法律制度。金融担保是一般担保在金融领域的运用，因而具有一般担保的特征，但金融业是特殊行业，这又使得金融担保具有不同于一般担保的特点。

1. 一般担保的特征

根据担保相关法律法规的规定，一般担保具有以下特征。

（1）从属性。即担保债权的成立和存在必须以一定的主债权关系的存在为前提。担保的成立以主债的存在或将来存在为前提。若无主债，担保是不可能发生的；若主债权转移给第三人，担保权也随之转移给第三人；若主债权消灭（如无效、被撤销或清偿等），担保权也随之消灭。

（2）或然性。即担保人最终是否承担担保责任具有不确定性。只有主债务人不履行、不完全履行或不适当履行义务时，债权人在担保有效期内主动请求担保人履行担保义务的，担保人才承担担保责任。

（3）相对独立性。即担保的成立与被担保债权的发生属于两种不同的法律关系。担保法律关系是一种独立的法律关系，有自己的发生原因、有效要件、消灭原因等。

2. 金融担保的独特性

金融担保与一般担保相比，具有以下独特性。

（1）担保当事人的独特性。金融担保法律关系中的一方当事人一般是金融机构。也正因如此，金融担保关系既要受民事法律关系中担保相关法律法规的约束，同时也要受金融相关法律法规的调整。

（2）担保方式的独特性。金融担保的方式中除了一般担保法律关系中的保证、抵押、质押等之外，还包括保函、备用信用证等担保方式。

二、金融担保的分类

金融担保可以从不同角度进行分类，最常见的有以下几种。

（1）根据担保的设定方式不同，担保可以分为约定担保和法定担保。约定担保是指担保的方式、担保的条件、担保的范围和担保权的行使等均由当事人自行约定的担保方式，如保证担保、抵押担保、质押担保等，这是担保的主要形态。法定担保是指由法律直接规定而产生的担保，如留置担保等。

（2）根据担保的标的不同，担保可以分为人的担保和物的担保。人的担保是指债务人以外的第三人以其信用为债务人提供的担保。保证是人的担保的基本形式。物的担保是指债务人或者第三人以特定的财产为自己或他人的债务提供的担保。抵押担保、质押担保、留置担保等均为物的担保，其中使用留置担保的情况较少。

（3）根据担保对象的不同，金融担保可以分为原担保和反担保。原担保又称本担保，是指担保人为主合同提供的担保。债权人通过担保权实现债权之后，担保人直接向债务人行使追偿权。这类担保是一般民事担保中的常见担保方式，同时也是金融担保中最普遍的担保方式。反担保是债务人对为自己向债权人提供担保的第三人提供的担保。反担保是第三人保护自己合法权益的必要手段，对于解决当前存在的"担保难"的问题有一定的现实意义。第三人为债务人向债权人提供担保时，可以要求债务人提供反担保。反担保的法律规定也适用于金融担保领域。

第二节　保　证

保证是指由债务人以外的第三人向债权人承诺，当债务人不履行债务时，由其代为履行或承担责任的担保方式。

一、保证人

（1）保证人的资格。保证人是指与债权人约定，为主合同债务提供担保，当债务人不能履行债务时，由其按照约定履行债务或者承担责任的一方当事人。保证的目的是防止债务人不履行债务，保证人的民事法律责任是代债务人履行债务。保证作为人的担保，又是以人的信誉和财产来提供担保的，所以保证人的资格情况、担保财产的性质对于其履行保证责任都具有重大意义。具有代为清偿债务能力的法人、其他组织或者公民，可以担任保证人。

（2）保证人的限制性规定。《民法典》对保证人的资格进行了限制性的规定：①机关法人不得为保证人，但是经国务院批准为使用外国政府或者国际经济组织贷款进行转贷的除外；②以公益为目的的非营利性法人、非法人组织不得为保证人。

任何单位和个人不得强令银行等金融机构或者企业为他人提供保证；银行等金融机构或者企业对强令其为他人提供保证的行为，有权拒绝。

二、保证合同

1. 保证合同的形式

保证人与债权人可以就单个主合同分别订立保证合同，也可以协议在最高债权额限度内就一定期间连续发生的债权订立一个保证合同。

《民法典》规定，保证合同可以是单独订立的书面合同，也可以是主债权债务合同中的保证条款。第三人单方以书面形式向债权人作出保证，债权人接收且未提出异议的，保证合同成立。由此可见，保证合同的形式主要包括三种：①单独订立的书面保证合同，即主合同和从合同分开签订；②主债权债务合同中的保证条款；③第三人单方以书面形式向债权人出具担保书，债权人接收且未提出异议。

2. 保证合同的内容

保证合同一般包括以下内容：①被保证的主债权种类、数额；②债务人履行债务的期限；③保证的方式；④保证担保的范围；⑤保证的期间；⑥双方认为需要约定的其他事项。若保证合同不完全具备上述内容的，可以补正。

这里应注意的是，由于主合同关系是复杂多样的，保证合同本身也千差万别，因此，不能要求每个保证合同都必须具备上述内容。保证合同只要不违法，权利义务明确，保证人能够据以承担保证责任，就是有效合同。

三、保证方式和共同保证

（一）保证方式

保证方式是指保证人承担保证责任的方式。依据保证人承担责任的方式不同，保证可以分为一般保证和连带责任保证两类。

1. 一般保证

当事人在保证合同中约定，债务人不能履行债务时，由保证人承担保证责任的，为一般保证。一般保证是保证的普遍形式，其最大的特点是体现了保证的补充性，即债务人不能履行债务时，保证人才补充性地承担保证责任。由于一般保证具有补充性，因此，一般保证的保证人享有一项重要的权利，即先诉抗辩权。一般保证的保证人在主合同纠纷未经审判或者仲裁，并就债务人财产依法强制执行仍不能履行债务前，有权拒绝向债权人承担保证责任。这意味着一般保证中"债务人不能履行债务"是客观上不能，而非主观上不能。

一般保证的保证人行使先诉抗辩权受到一定的限制。有下列情形之一的，一般保证的保证人不得行使先诉抗辩权：①债务人下落不明，且无财产可供执行；②人民法院已经受理债务人破产案件；③债权人有证据证明债务人的财产不足以履行全部债务或者丧失履行债务能力；④保证人书面表示放弃先诉抗辩权的。

2. 连带责任保证

当事人在保证合同中约定保证人与债务人对债务承担连带责任的，为连带责任保证。连带责任保证的债务人不履行到期债务或者发生当事人约定的情形时，债权人可以请求债务人履行债务，也可以请求保证人在其保证范围内承担保证责任。即保证人和债务人的地位相同，二者负连带责任，债权人可先向保证人请求其履行保证义务，而不论债务人的财产是否能够清偿。因而，连带责任保证的保证人不享有先诉抗辩权。这也是连带责任保证与一般保证最重要的区别。

通常来讲，当事人签订保证合同时，应当明确约定保证方式，以此来确定在发生纠纷时，保证人应以什么方式承担民事责任。当事人在保证合同中对保证方式没有约定或者约定不明确的，按照一般保证承担保证责任。

（二）共同保证

共同保证，是指两个以上保证人为同一债务作保证的行为。有时候由于保证债务数额较大，或者一个保证人不具备代为清偿全部主债务的能力，债权人往往要求债务人找两个以上保证人承担保证责任，此时，同一债务就有两个以上的保证人。共同保证涉及的主要问题是保证人内部的权利义务关系，共同保证主要有按份共同保证和连带共同保证两种情况。

《民法典》规定，同一债务有两个以上保证人的，保证人应当按照保证合同约定的保证份额，承担保证责任；没有约定保证份额的，债权人可以请求任何一个保证人在其保证范围内承担保证责任。

📋 **案例分析** 〜〜〜〜〜〜〜〜〜〜〜〜〜〜〜〜〜〜〜〜〜〜〜〜〜〜〜〜

王某向甲商业银行借款 10 万元，约定借期为 1 年，月息 6‰，万某作为保证人，与甲商业银行签订了保证合同。主要内容为"万某自愿为上述借款的归还提供担保，如王某到期不能还清借款，由担保人负责归还，担保人万某"。借款到期后，经银行多次催要未果，由于王某公司经营困难，故银行将万某诉至人民法院，请求人民法院判决万某承担保证责任，而万某提出其为一般保证，享有先诉抗辩权。

请问：万某的主张能否成立？为什么？

解析：万某的主张是成立的。本案中，万某在保证合同中明确注明"如王某到期不能还清借款，由担保人负责归还"，即万某承担的是一般保证的担保责任，其享有先诉抗辩权，即一般保证的保证人在主合同纠纷未经审判或者仲裁，并就债务人财产依法强制执行仍不能履行债务前，对债权人可以拒绝承担保证责任。本案中，债权人甲商业银行在债权得不到满足时直接起诉担保人万某的行为是不合法的。

四、保证责任

（一）保证范围

保证范围即保证担保的范围，是指在保证关系中保证人所承担的保证责任的范围。《民法典》规定，保证的范围包括主债权及其利息、违约金、损害赔偿金和实现债权的费用。当事人另有约定的，按照其约定。

（二）保证期间

保证期间是确定保证人承担保证责任的期间，债权人在保证期间内未依法行使权利的，保证责任消灭。保证期间不因任何事由而发生中断、中止、延长的法律后果。

债权人与保证人可以约定保证期间，但是约定的保证期间早于主债务履行期限或者与主债务履行期限同时届满的，视为没有约定；没有约定或者约定不明确的，保证期间为主债务履行期限届满之日起 6 个月；保证合同约定保证人承担保证责任直至主债务本息还清时为止等类似内容的，视为约定不明，保证期间为主债务履行期限届满之日起 6 个月。债权人与债务人对主债务履行期限没有约定或者约定不明确的，保证期间自债权人请求债务人履行债务的宽限期届满之日起计算。

一般保证的债权人未在保证期间对债务人提起诉讼或者申请仲裁的，保证人不再承担保证责任。连带责任保证的债权人未在保证期间请求保证人承担保证责任的，保证人不再承担保证责任。

一般保证的债权人在保证期间届满前对债务人提起诉讼或者申请仲裁的，从保证人拒绝承担保证责任的权利消灭之日起，开始计算保证债务的诉讼时效。连带责任保证的债权人在保证期间届满前请求保证人承担保证责任的，从债权人请求保证人承担保证责任之日起，开始计算保证债务的诉讼时效。

案例分析

A 公司于 1 月 26 日向某银行贷款 1 000 万元，借款期限为 1 年，由 B 公司提供连带责任保证，未约定保证期间。贷款于次年 1 月 25 日到期后，银行催告 A 公司还款。A 公司提出因一些应收账款没有收回，希望延期 6 个月还款。银行表示同意，双方又签订了一份延期协议，将还款期限延至 7 月 25 日。贷款展期届满后，A 公司仍没有还款。银行遂将 A 公司和 B 公司起诉至人民法院，要求 A 公司承担还本付息的责任，B 公司承担连带还款责任。

请问：B 公司是否应承担连带还款责任？为什么？

解析：B 公司应承担连带还款责任。《民法典》规定，债权人与保证人可以约定保证期间，但是约定的保证期间早于主债务履行期限或者与主债务履行期限同时届满的，视为没有约定；没有约定或者约定不明确的，保证期间为主债务履行期限届满之日起 6 个月。本案中，保证人与债权人未约定保证期间，在主债合同约定的履行期展期届满之后，债权人在债权得不到满足的情况下立即起诉，要求债务人和保证人承担责任，没有超过法定的 6 个月的期限，所以作为保证人的 B 公司应当承担连带还款责任。

（三）主债变更对保证责任的影响

1. 主债权转让对保证责任的影响

债权人转让全部或者部分债权，未通知保证人的，该转让对保证人不发生效力。保证人与债权人约定禁止债权转让，债权人未经保证人书面同意转让债权的，保证人对受让人不再承担保证责任。

2. 主债务转让对保证责任的影响

由于保证人往往基于债务人的信誉和对债务人清偿能力的信赖，甚至与债务人还有一定的特殊关系或感情而愿意担任保证人，若债务人变更了，其保证建立的基础也就不存在了，因而保证人理应免除保证责任。

债权人未经保证人书面同意，允许债务人转移全部或者部分债务，保证人对未经其同意转移的债务不再承担保证责任，但是债权人和保证人另有约定的除外。

第三人加入债务的，保证人的保证责任不受影响。

3. 主合同内容变更对保证责任的影响

债权人和债务人未经保证人书面同意，协商变更主债权债务合同内容，减轻债务的，保证人仍对变更后的债务承担保证责任；加重债务的，保证人对加重的部分不承担保证责任。债权人和债务人变更主债权债务合同的履行期限，未经保证人书面同意的，保证期间不受影响。

五、保证人的追偿权和抗辩权

保证人的追偿权是指保证人履行了保证责任后，享有向债务人进行追偿的权利。保证人承担了债务人应履行的债务，但毕竟保证人所承担的债务不是保证人自身的债务，因此，在保证人履行了保证责任后，享有对债务人的追偿权。

《民法典》规定，一般保证的保证人在主债务履行期限届满后，向债权人提供债务人可供执行财产的真实情况，债权人放弃或者怠于行使权利致使该财产不能被执行的，保证人在其提供可供执行财产的价值范围内不再承担保证责任。保证人承担保证责任后，除当事人另有约定外，有权在其承担保证责任的范围内向债务人追偿，享有债权人对债务人的权利，但是不得损害债权人的利益。保证人可以主张债务人对债权人的抗辩。债务人放弃抗辩的，保证人仍有权向债权人主张抗辩。债务人对债权人享有抵销权或者撤销权的，保证人可以在相应范围内拒绝承担保证责任。

视野拓展
保证人不承担责任的情形

第三节　抵　　押

抵押是指为担保债务的履行，债务人或者第三人不转移对财产的占有，将该财产抵押给债权人，债务人不履行到期债务或者发生当事人约定的实现抵押权的情形，债权人有权就该财产优先受偿。债务人或者第三人为抵押人，债权人为抵押权人，提供担保的财产为抵押物。

一、抵押物的范围

关于抵押物的范围，《民法典》对哪些财产可以抵押，哪些财产禁止抵押均作出了明确规定。

《民法典》规定，债务人或者第三人有权处分的下列财产可以抵押：①建筑物和其他土地附着物；②建设用地使用权；③海域使用权；④生产设备、原材料、半成品、产品；⑤正在建造的建筑物、船舶、航空器；⑥交通运输工具；⑦法律、行政法规未禁止抵押的其他财产。抵押人可以将上述所列财产一并抵押。以建筑物抵押的，该建筑物占用范围内的建设用地使用权一并抵押。以建设用地使用权抵押的，该土地上的建筑物一并抵押。乡镇、村企业的建设用地使用权不得单独抵押。以乡镇、村企业的厂房等建筑物抵押的，其占用范围内的建设用地使用权一并抵押。

《民法典》规定，下列财产不得抵押：①土地所有权；②宅基地、自留地、自留山等集体所有土地的使用权，但是法律规定可以抵押的除外；③学校、幼儿园、医疗机构等为公益目的成立的非营利性法人的教育设施、医疗卫生设施和其他社会公益设施；④所有权、使用权不明或者有争议的财产；⑤依法被查封、扣押、监管的财产；⑥法律、行政法规规定不得抵押的其他财产。

二、抵押合同

抵押合同是债权人与抵押人之间订立的确定双方权利义务关系的书面协议。在形式方面，抵押合同应当以书面形式订立，否则抵押合同不成立。在内容方面，抵押合同应当具体、明确，主要包括以下内容：①被担保债权的种类和数额；②债务人履行债务的期限；③抵押财产的名称、数量等情况；④担保的范围。

抵押权人在债务履行期限届满前，与抵押人约定债务人不履行到期债务时抵押财产归债权人所有的，只能依法就抵押财产优先受偿。

抵押人和抵押权人都在抵押合同书上签字或者盖章，抵押合同便成立并生效，除非法律另有规定或者合同另有约定的除外。抵押合同生效后，抵押人和抵押权人都必须根据约定履行其约定义务，否则即构成违约。

案例分析

刘某向朋友徐某借款 80 万元用于做生意，双方约定，利息按月利率 6‰ 计算，借期为 1 年。为保险起见，徐某要求刘某提供抵押担保，于是刘某就将自住的市价 80 万元房屋的房产证拿给徐某，并签订了房屋抵押合同，约定"一旦刘某到期不能还钱，房屋的所有权将归徐某所有"。后来，刘某因市场不景气而生意赔本，在约定的还款期限到期后无力偿还借款，徐某见状要求刘某腾出房屋，但刘某不愿配合，双方不欢而散。徐某又拿着房产证和抵押合同到房屋所在地的房产部门要求更名，然而房产部门根据法律规定拒绝了徐某的要求。徐某无奈将刘某起诉至人民法院，要求人民法院根据抵押合同约定，判决该房屋所有权归自己所有。

请问：原告徐某的诉讼请求是否合法？为什么？

解析：原告徐某要求"人民法院根据抵押合同约定，判决该房屋所有权归自己所有"的诉讼请求是不合法的。《民法典》规定，抵押权人在债务履行期限届满前，与抵押人约定债务人不履行到期债务时抵押财产归债权人所有的，只能依法就抵押财产优先受偿。本案中，刘某和徐某即使在抵押合同中约定"一旦刘某到期不能还钱，房屋的所有权将归徐某所有"，但按照《民法典》规定，只能依法就该抵押房屋优先受偿，所以应驳回原告徐某的诉讼请求。

三、抵押登记

抵押登记是抵押权获得社会公信力的必要途径，对于保护债权人合法权益，防止经济纠纷，维护交易安全具有重要意义。

抵押登记可分为法定登记和自愿登记两类。抵押登记对于抵押权的效力分为两种情形。

1. 不动产抵押

不动产抵押权的生效采取登记要件主义，即不动产抵押权的设立一定要登记，属法定登记。抵押登记是不动产抵押权的生效要件。具体而言，以建筑物和其他土地附着物、建设用地使用权、海域使用权、正在建造的建筑物等办理抵押的，应当办理抵押登记。抵押权自登记时设立。

2. 动产抵押

动产抵押权的生效采取意思主义，以动产抵押的，抵押权自抵押合同生效时设立；未经登记，不得对抗善意第三人。以动产抵押的，不得对抗正常经营活动中已经支付合理价款并取得抵押财产的买受人。

根据《最高人民法院关于适用〈中华人民共和国民法典〉有关担保制度的解释》的规定，动产抵押合同订立后未办理抵押登记，动产抵押权的效力按照下列情形分别处理：①抵押人转让抵押财产，受让人占有抵押财产后，抵押权人向受让人请求行使抵押权的，人民法院不予支持，但是抵押权人能够举证证明受让人知道或者应当知道已经订立抵押合同的除外；②抵押人将抵押财产出租给他人并移转占有，抵押权人行使抵押权的，租赁关系不受影响，但是抵押权人能够举证证明承租人知道或者应当知道已经订立抵押合同的除外；③抵押人的其他债权人向人民法院申请保全或者执行抵押财产，人民法院已经作出财产保全裁定或者采取执行措施，抵押权人主张对抵押财产优先受偿的，人民法院不予支持；④抵押人破产，抵押权人主张对抵押财产优先受偿的，人民法院不予支持。

四、抵押权的效力

抵押权的效力是指抵押权人就抵押物在担保债权的范围内优先受偿的效力及对其他财产、权利等的限制和影响力。当事人在抵押合同中约定抵押担保范围的，按照合同约定办理。若当事人对此没有约定，则抵押担保的范围包括主债权、利息、违约金、损害赔偿金和实现抵押权的费用。

1. 抵押物的效力

抵押物的效力主要包括以下几个方面。

（1）从物。依据从物随主物的原则，若抵押权设立前为抵押物的从物的，抵押权的效力及于抵押物的从物，除非抵押人和抵押权人另有约定。若从物产生于抵押权依法设立后，抵押权人主张抵押权的效力及于从物的，人民法院不予支持，但是在抵押权实现时可以一并处分。

（2）孳息。由于在抵押关系中，抵押物仍归抵押人占有，抵押人有权利用抵押物获取收益，收取孳息，所以抵押权效力原则上不及于孳息。但为强化抵押权效力，《民法典》明确规定，债务人不履行到期债务或者发生当事人约定的实现抵押权的情形，致使抵押财产被人民法院依法扣押的，自扣押之日起，抵押权人有权收取该抵押财产的天然孳息或者法定孳息，但是抵押权人未通知应当清偿法定孳息义务人的除外。前面所述的孳息应当先充抵收取孳息的费用。

（3）添附物。添附是指一物与他物结合而成为不可分之一体的情况。根据添附方式的不同，添附物可以分为附合物、混合物和加工物。《最高人民法院关于适用〈中华人民共和国民法典〉有关担保制度的解释》明确规定：①抵押权依法设立后，抵押财产被添附，添附物归第三人所有，抵押权人主张抵押权效力及于补偿金的，人民法院应予支持；②抵押权依法设立后，抵押财产被添附，抵押人对添附物享有所有权，抵押权人主张抵押权的效力及于添附物的，人民法院应予支持，但是添附导致抵押财产价值增加的，抵押权的效力不及于增加的价值部分；③抵押权依法设立后，抵押人与第三人因添附成为添附物的共有人，抵押权人主张抵押权的效力及于抵押人对共有物享有的份额的，人民法院应予支持。

（4）代位物。代位物是指抵押物因灭失、损毁或国家征用等原因而获得的诸如保险金、赔偿金、补偿金等抵押物的代替物。对于抵押物的代位物，抵押权人有权优先受偿，即抵押权的效力及于抵押物的代位物。抵押权依法设立后，抵押财产毁损、灭失或者被征收等，抵押权人有权请求按照原抵押权的顺位就保险金、赔偿金或者补偿金等优先受偿。

2. 对租赁权的效力

在抵押期间，抵押人可以对抵押物享有占有、使用、收益和处分等四种权利。因此，抵押物的抵押和租赁可以同时进行。《民法典》规定，抵押权设立前，抵押财产已经出租并转移占有的，原租赁关系不受该抵押权的影响。这是"买卖不破租赁"规则在抵押中的体现，承租人主张"抵押不破租赁"需要满足两个条件：一是在抵押权设立前，租赁合同已有效签署；二是租赁物已转移占有。

具体体现为：一是抵押权的设立不影响原租赁关系的存续，承租人仍可基于租赁合同继续占有使用租赁物。二是抵押权实现时，只要租赁合同还在合同有效期内，租赁合同对抵押物受让人继续有效，受让人取得的是有租赁负担的抵押物。抵押人在设立抵押时应当将已经设立的租赁权事实告知抵押权人，因抵押人未尽告知义务而导致抵押物价值贬损的损失，抵押权人可以向抵押人主张。

3. 对抵押物转让的效力

抵押期间，抵押人可以转让抵押财产。当事人另有约定的，按照其约定。抵押财产转让的，抵押权不受影响。

抵押人转让抵押财产的，应当及时通知抵押权人。抵押权人能够证明抵押财产转让可能损害抵押权的，可以请求抵押人将转让所得的价款向抵押权人提前清偿债务或者提存。转让的价款超过债权数额的部分归抵押人所有，不足部分由债务人清偿。

五、抵押权的实现

抵押权的实现是指抵押权人在特定条件下对抵押物行使优先受偿权的行为，这是抵押权人最主要的权利。

1. 抵押权实现的规定

《民法典》规定，债务人不履行到期债务或者发生当事人约定的实现抵押权的情形，抵押权人可以与抵押人协议以抵押财产折价或者以拍卖、变卖该抵押财产所得的价款优先受偿。协议损害其他债权人利益的，其他债权人可以请求人民法院撤销该协议。

抵押权人与抵押人未就抵押权实现方式达成协议的，抵押权人可以请求人民法院拍卖、变卖抵押财产。以集体所有土地的使用权依法抵押的，实现抵押权后，未经法定程序，不得改变土地所有权的性质和土地用途。

2. 抵押权实现的方式

根据《民法典》规定，抵押权实现的方式有以下两种。

（1）抵押关系当事人双方协商，以抵押物折价或拍卖、变卖该抵押物所得价款优先受偿。

（2）以诉讼的方式实现抵押权，即抵押关系当事人未达成协议的，抵押权人向人民法院提起诉讼，通过人民法院的判决和执行程序实现抵押权。

其中：①折价是指经抵押权人与抵押人协议，按照抵押物自身的品质、参考市场价格，把抵押物所有权由抵押人转移给抵押权人，从而实现抵押权的一种方式。简而言之，以抵押物折价即以协议的形式取得抵押物所有权。②拍卖是指通过拍卖机构按照拍卖程序进行拍卖，将所拍得价款清偿担保债权的方式。拍卖因可使抵押物的价格公开、公平，既最大限度地保障了债权的实现，又保护了抵押人的利益，所以各国立法都把拍卖作为实现抵押权的最基本方式。③变卖是指以拍卖以外的方式将抵押物出卖，以所得价款清偿担保债权的方式。应该注意的是，在司法实践中一般以拍卖为原则，变卖仅以例外的形式存在。

抵押财产折价或者变卖的，应当参照市场价格。抵押物折价或者拍卖、变卖所得的价款，当事人没有约定的，按下列顺序清偿：①实现抵押权的费用；②主债权的利息；③主债权。抵押财产折价或者拍卖、变卖后，其价款超过债权数额的部分归抵押人所有，不足部分由债务人清偿。

3. 抵押权实现的顺序

抵押权实现的顺序，是指就同一抵押物设定数项抵押权时，各个抵押权人实现优先受偿的先后次序。同一财产向两个以上债权人抵押的，拍卖、变卖抵押财产所得的价款依照下列规定清偿：①抵押权已经登记的，按照登记的时间先后顺序清偿；②抵押权已经登记的先于未登记的受偿；③抵押权未登记的，按照债权比例清偿。

其他可以登记的担保物权，清偿顺序参照适用前述规定。

同一财产既设立抵押权又设立质权的，拍卖、变卖该财产所得的价款按照登记、交付的时间先后顺序确定清偿顺序。

4. 抵押权实现的期间

为了促进抵押权人行使抵押权，避免抵押财产的归属长期处于不确定状态，抵押权人应当在主债权诉讼时效期间行使抵押权；未行使的，人民法院不予保护。

六、最高额抵押

最高额抵押是指抵押人与抵押权人协议，在最高债权额度内，以抵押物对一定期间内连续发生的债权做担保的情况。《民法典》规定，为担保债务的履行，债务人或者第三人对一定期间内将要连续发生的债权提供担保财产的，债务人不履行到期债务或者发生当事人约定的实现抵押权的情形，抵押权人有权在最高债权额限度内就该担保财产优先受偿。

最高额抵押与一般抵押相比具有一定的优越性，其具有以下特征：①抵押担保的是将来的债权，现在尚未发生；②抵押担保的债权额不确定，但设有最高额限制，最高额限制并非债权的实际最高额；③实际发生的债权是连续的、不确定的，即债权人不规定对方实际发生债权的次数和数额；④债权人只可以对抵押财产行使最高限额内的优先受偿权；⑤最高额抵押只需一次登记即可设置。

由于最高额抵押不是单独针对某一特定债权，而是从属于主合同关系的，因而当部分债权转让时，对最高额抵押并不产生影响。在最高额抵押担保的债权确定前，部分债权转让的，最高额抵押权不得转让，除非当事人另有约定。同时根据意思自治原则，最高额抵押担保的债权确定前，抵押权人与抵押人可以通过协议变更债权确定的期间、债权范围以及最高债权额，但变更的内容不得对其他抵押权人产生不利影响。

📋 **案例分析** ～～～～～～～～～～～～～～～～～～～～～～～～～～～～～

A 欲向银行贷款，B 以自己所有的价值 1 000 万元的房产为 A 提供抵押担保，并限定抵押最高额为 800 万元，期限为 1 年。因此在抵押期内，A 可向银行采取不同方式、不同时间的多次借款，B 在 800 万元范围内为 A 进行抵押担保，但最终以 A 的实际贷款额进行抵押担保。

请问：本案中 B 为 A 提供的抵押担保属于何种性质的担保方式？

解析：本案中 B 为 A 提供的抵押担保属于最高额抵押担保方式。因为最高额抵押是指抵押人与抵押权人协议，在最高债权额限度内，以抵押物对一定期间内连续发生的债权做担保。本案中，B 以其价值 1 000 万元的抵押物对 A 向银行的 800 万元限额之内的贷款提供 1 年之内的连续担保，符合最高额抵押的特征。

～～～

第四节　质　　押

质押是指债务人或第三人将其动产或权利移交债权人占有，将该动产或权利作为债权的担保，债务人不履行到期债务或者发生当事人约定的实现质权的情形，债权人有权就该动产或权利优先受偿的担保制度。根据质权对象不同，可分为动产质押和权利质押。

一、动产质押

动产质押指为担保债务的履行，债务人或者第三人将其动产出质给债权人占有，债务人不履行到期债务或者发生当事人约定的实现质权的情形，债权人有权就该动产优先受偿。其中，债务人或者第三人为出质人，债权人为质权人，移交的动产为质物。因动产质押法律关系所产生的权利为质权。

（一）动产质押的设立及生效规则

设立动产质押，当事人应当采取书面形式订立质押合同。动产质押合同一般包括下列条款：①被担保债权的种类和数额；②债务人履行债务的期限；③质押财产的名称、数量等情况；④担保的范围；⑤质押财产交付的时间、方式。

质权人在债务履行期限届满前，与出质人约定债务人不履行到期债务时质押财产归债权人所有的，只能依法就质押财产优先受偿。

动产质押合同为要式合同，双方在合同书上签字或者盖章，即成立并生效，法律另有规定或合同另有约定的除外。动产质押合同生效后的效力体现在债权人有权请求出质人依照约定交付质押物，否则将构成违约。债务人或者第三人未按质押合同约定的时间移交质物，因此给质权人造成损失的，出质人应当根据其过错承担赔偿责任。但质押合同的生效并不意味着质权的设立，因为质权自出质人交付质押财产时才能设立生效，即动产质权的生效采取交付要件主义。若出质人代质权人占有质物的，质权不生效；质权人将质物返还给出质人后，以其质权对抗第三人的，人民法院也不予支持。质押合同中对质押的财产约定不明，或者约定的出质财产与实际移交的财产不一致的，以实际交付占有的财产为准。

案例分析

赵某家有一祖传钻石戒指，价值数十万元。因做生意缺少资金，赵某向钱某借款 10 万元，约定好 1 年后归还，以赵某的钻石戒指作为质物。后赵某去钱某处取钱时，以忘带钻石戒指为理由未把戒指交给钱某，但双方现场订立了质押合同。几天后，赵某又向孙某借款 1 万元，仍以戒指为质物订立书面合同，并将戒指交给了孙某。1 年后，因赵某不能向钱某还款，钱某要求赵某以其戒指作价还债，赵某称戒指现在在孙某手里，为此发生纠纷。

请问： 赵某和钱某之间的质权是否成立？为什么？

解析： 赵某和钱某之间的质权不能成立。因为动产质权的生效采取交付要件主义，质权自出质人交付质押财产时才能设立生效。本案中赵某和钱某虽然签订了质押合同，但并没有将质物戒指交付给钱某，所以他们之间的质权不能成立。

（二）动产质权的范围

质押担保的范围包括主债权及利息、违约金、损害赔偿金、质物保管费用和实现质权的费用，但质押合同另有约定的，按照约定。

（三）动产质权人的权利和义务

动产质权人的权利义务与出质人的权利义务是相对应的，因而掌握质权人的权利和义务，就可以掌握出质人的权利和义务。

1. 动产质权人的权利

在质押期间，动产质权人享有以下权利。

（1）依法占有质物的权利。质权以质物的占有转移为成立条件，质权人当然享有对质物占有的权利。因不可归责于质权人的事由而丧失对质物的占有，质权人可以向不当占有人请求停止侵害、恢复原状、返还质物。

（2）依法收取孳息的权利。质权人有权收取质押财产的孳息，合同另有约定的除外。但孳息应当先充抵收取孳息的费用。因此，孳息所有权仍然归出质人所有，质权人只有收取的权利而不具有所有的权利。

（3）依法保障质权的权利。因不能归责于质权人的事由可能使质押财产毁损或者价值明显减少，足以危害质权人权利的，质权人有权要求出质人提供相应的担保；出质人不提供的，质权人可以拍卖、变卖质押财产，并与出质人通过协议将拍卖、变卖所得的价款提前清偿债务或者提存。质权因质物灭失而消灭，因灭失所得的赔偿金，应当作为出质财产。

（4）依法转质押的权利。转质权是指质权人在质权存续期间，为担保自己的债务，经出质人同意，以其所占有的质物为第三人设定质权的权利。转质权担保的债权范围应当在原质权所担保的债权范围之内，超过的部分不具有优先受偿的效力。转质权的效力优于原质权。

（5）质权放弃权。质权作为质权人的一项财产权，质权人可以行使该权利，也可以放弃质权。当债务人以自己的财产出质，若质权人放弃该质权的，其他担保人在质权人丧失优先受偿权益的范围内免除担保责任，但其他担保人承诺仍然提供担保的除外。

2. 动产质权人的义务

（1）妥善保管质物的义务。质权人负有妥善保管质押财产的义务；因保管不善致使质押财产毁损、灭失的，应当承担赔偿责任。质权人的行为可能使质押财产毁损、灭失的，出质人可以要求质权人将质押财产提存，或者要求提前清偿债务并返还质押财产。

（2）不得擅自处分质物的义务。质权人在质权存续期间，未经出质人同意，擅自使用、出租、处分质物，因此给出质人造成损失的，由质权人承担赔偿责任。此外，质权人在质权存续期间，未经出质人同意转质，造成质押财产毁损、灭失的，应当承担赔偿责任。

（3）及时履行质权的义务。债务履行期届满，出质人可以请求质权人及时行使权利。质权人不行使权利的，出质人可以请求人民法院拍卖、变卖质押财产。出质人请求质权人及时行使质权，因质权人怠于行使权利造成出质人损害的，由质权人承担赔偿责任。

（4）返还质物的义务。债务履行期届满债务人履行债务的，或者出质人提前清偿所担保的债权的，质权人应当返还质物。在质权所担保的债权因受清偿而消灭，从而质权消灭时，质权人就丧失了继续占有质物的依据，应当将质物返还出质人。

（四）动产质权的实现

当债务人不履行到期债务或者发生当事人约定的实现质权的情形，质权人可以与出质人协议以质押财产折价，或者依法就拍卖、变卖质押财产所得的价款优先受偿。质押财产折价或者变卖的，应当参照市场价格。质押财产折价或者拍卖、变卖后，其价款超过债权数额的部分归出质人所有，不足部分由债务人清偿。若质押财产是第三人所有的，在质权人实现质权后，该第三人有权向债务人追偿。

二、权利质押

权利质押是指以所有权之外的财产权为标的物而设定的质押。当债务人不履行债务时，债权人有权从质押的财产权利中优先受偿。

实案广角
流质条款的效力

1. 可以出质的权利

债务人或者第三人有权处分的下列权利可以出质：①汇票、本票、支票；②债券、存款单；③仓单、提单；④可以转让的基金份额、股权；⑤可以转让的注册商标专用权、专利权、著作权等知识产权中的财产权；⑥现有的以及将有的应收账款；⑦法律、行政法规规定可以出质的其他财产权利。

2. 质权生效规则

权利质权的设立生效因不同权利而有所差异，具体如下：①以汇票、本票、支票、债券、存款单、仓单、提单出质的，质权自权利凭证交付质权人时设立。没有权利凭证的，质权人自办理出质登记时设立。法律另有规定的，依照其规定。②以基金份额、股权出质的，质权自办理出质登记时设立。③以注册商标专用权、专利权、著作权等知识产权中的财产权出质的，质权自办理出质登记时设立。④以应收账款出质的，质权自办理出质登记时设立。

案例分析

某年 6 月 4 日，甲银行与乙公司签订《股权质押借款协议书》，约定："乙公司将其享有的对丙公司的全部股权质押给甲银行，质押金额为人民币 500 万元；甲银行提供借款 200 万元，借款月利率 0.5%，借款期限为 6 月 8 日至 12 月 8 日。"合同签订后，双方未办理相关登记手续。截至次年 1 月 25 日，乙公司共有 200 万元借款本息尚未归还。

请问：本案中，甲银行是否享有质权？为什么？

解析：甲银行不享有质权。因为在权利质押中，以基金份额、股权出质的，质权自办理出质登记时设立。甲银行与乙公司只签订了质押合同，未办理质押登记，故质权不生效。

3. 权利质权转让和实现的规则

权利质权转让和实现的规则与动产质权基本一样，但也有其独特之处，具体体现在以下几个方面。

（1）汇票、本票、支票、债券、存款单、仓单、提单的兑现日期或者提货日期先于主债权到期的，质权人可以兑现或者提货，并与出质人协议将兑现的价款或者提取的货物提前清偿债务或者提存。

（2）基金份额、股权、应收账款出质后，不得转让，但经出质人与质权人协商同意的除外。出质人转让基金份额、股权、应收账款所得的价款，应当向质权人提前清偿债务或者提存。

（3）知识产权中的财产权出质后，出质人不得转让或者许可他人使用，但经出质人与质权人协商同意的除外。出质人转让或者许可他人使用出质的知识产权中的财产权所得的价款，应当向质权人提前清偿债务或者提存。

三、物保与人保并存的处理规则

被担保的债权既有物的担保又有人的担保的，债务人不履行到期债务或者发生当事人约定的实现担保物权的情形，债权人应当按照约定实现债权；没有约定或者约定不明确，债务人自己提供物的担保的，债权人应当先就该物的担保实现债权；第三人提供物的担保的，债权人可以就物的担保实现债权，也可以要求保证人承担保证责任。提供担保的第三人承担担保责任后，有权向债务人追偿。

A 公司与某银行签订一份借款合同，约定由银行向 A 公司提供 100 万元的人民币贷款，用于购买设备，借款期限为 1 年，由 B 公司担任保证人。同时，银行为了确保到期能够收回借款的本息，又要求 A 公司设定抵押。于是 A 公司又找来 C 公司，请求 C 公司为其作抵押担保。C 公司表示同意，遂与银行又签订了抵押合同，约定将其厂房抵押给银行，且办理了抵押登记手续。相关当事人对保证担保和抵押担保的范围均未做约定。1 年后，借款期限届满，银行多次催 A 公司还款，但 A 公司因所购买的设备生产效益很差，无力偿还贷款。

请问：银行是否可以任意选择 B 公司或 C 公司承担担保责任？为什么？

解析：银行可以任意选择。因为同一债权上既存在着物的担保又设有人的担保，而且物的担保是由第三人提供的，则债权人可以就物的担保实现债权，也可以要求保证人承担保证责任。本案中，由于抵押担保是由 C 公司提供的，而非债务人 A 公司提供的，因而作为债权人的银行可以选择 B 公司或 C 公司承担担保责任，无须遵守物保优于人保的原则。

导入案例解析

该合伙企业实施的是一种借贷行为，分别采取了抵押（以客车为抵押物向银行贷款）、质押（以客车为质物向 B 借款）等担保方式，在本案中还涉及留置这种担保方式（客车受损送修，未付修理费而被修理店留置）。

综合练习题

一、名词解释

金融担保　一般保证　连带责任保证　抵押　质押

二、判断题

1．当事人对保证方式没有约定或约定不明确的，按连带责任承担保证责任。（　　　）

2．一般保证的保证人在主合同纠纷未经审判或者仲裁，并就债务人财产依法强制执行仍不能履行债务前，对债权人可以拒绝承担保证责任。（　　　）

3．以公益为目的的法人、非法人组织不得为保证人。（　　　）

4．抵押期间，抵押人可以转让抵押财产。当事人另有约定的，按照其约定。（　　　）

5．在动产质押中，质押合同的生效即意味着质权的设立。（　　　）

三、单项选择题

1．（　　　）不是担保特征。

　　A．从属性　　　B．或然性　　　　C．确定性　　　　D．相对独立性

2．某借款人向银行申请抵押贷款时，法律禁止用来设定抵押的财产是（　　　）。

　　A．汽车　　　B．土地所有权　　　C．房屋　　　　D．生产设备

3．甲向银行借款 200 万元，并将自己所有的一套房屋抵押给银行，双方签订了抵押合同，并依法办理了抵押登记，该抵押权生效的时间为（　　　）。

　　A．抵押合同签订之日　　　　　　B．抵押物交付之日

　　C．抵押登记之日　　　　　　　　D．当事人协商同意之日

4．保证人与债权人未约定保证期间的，保证期间为主债务履行期届满之日起（　　　）。

A．1个月 　　B．3个月 　　　　C．6个月 　　　　　D．9个月

5．张三向商业银行贷款100万元，约定期限1年。双方于4月1日签订质押合同，以张三的一辆汽车质押。4月5日，张三将汽车开到银行。质权何时生效？（ 　　）

A．4月1日 　B．4月5日 　　　C．质权未生效 　　D．都不正确

四、多项选择题

1．一般保证的保证人不得行使先诉抗辩权的情形有（ 　　）。

A．债务人下落不明，且无财产可供执行

B．人民法院已经受理债务人破产案件

C．债权人有证据证明债务人的财产不足以履行全部债务或者丧失履行债务能力

D．保证人书面表示放弃先诉抗辩权的

2．保证范围主要包括（ 　　）。

A．主债权 　　B．利息 　　　　C．违约金 　　　　D．损害赔偿金

3．下列哪些财产不可以抵押？（ 　　）

A．所有权、使用权不明或者有争议的财产

B．依法被查封、扣押、监管的财产

C．海域使用权

D．正在建造的建筑物、船舶、航空器

4．保证合同应当包括（ 　　）等内容。

A．被保证的主债权种类、数额 　　B．债务人履行债务的期限

C．保证的方式、范围 　　　　　　D．保证的期间

5．关于质押，说法正确的有（ 　　）。

A．根据质权对象不同，质押分为动产质押和权利质押

B．动产质押和权利质押，当事人都应订立书面质押合同

C．可以出质的权利包括现有的以及将有的应收账款

D．依法占有质物是动产出质人的权利

五、思考题

1．简述金融担保的特征。

2．简述一般保证和连带责任保证的区别。

3．简述抵押权实现的顺序。

4．简述最高额抵押的特征。

5．简述物保与人保并存的处理规则。

六、案例分析题

甲公司向乙公司购买价值50万元的彩电。合同约定，甲公司先预付20万元货款，其余30万元货款在提货后3个月内付清，并由丙公司提供连带责任保证担保，但未约定保证范围。提货1个月后，甲公司在征得乙公司同意后，将30万元债务转移给尚欠甲公司30万元货款的丁公司。对此，丙公司完全不知情。至债务清偿期届满时，乙公司要求丁公司偿还30万元货款，而丁公司因违法经营被依法查处，法定代表人不知去向，公司的账户被冻结。于是，乙公司找到丙公司，要求其承担保证责任。丙公司至此才知道甲公司已将其债务转让给丁公司，遂以此为由拒绝承担责任。双方为此发生争议，乙公司诉至人民法院。

请问：（1）丙公司保证担保的范围应如何确定？

（2）甲公司转让债务的行为是否合法？为什么？

（3）丙公司是否应该承担保证责任？为什么？

第六章　票据法律制度

【学习目标】

掌握票据和票据法的特征，理解票据关系、票据法上的非票据关系之间的区别；掌握票据行为的有效要件、票据权利的取得和消灭，了解票据权利的行使与保全；掌握票据抗辩的概念、种类及其限制，区分票据的伪造和变造；掌握汇票出票、背书、承兑、保证四种票据行为，掌握追索权行使的要件和效力；掌握本票的出票款式、支票的资金关系和空头支票。

【素养目标】

牢固树立遵守票据支付规定的思想，做到诚实守信，并充分认识到工匠精神在金融业务处理中的重要作用，践行注重细节、精益求精的工匠精神；理解票据法服务民生，为实体经济保驾护航，防范和化解金融风险的作用。

导入案例

甲公司为支付一批采购的农副产品货款，向王某开出一张金额为5万元的转账支票。王某为偿还欠款，将该支票背书转让给刘某。刘某获得该支票后，将支票金额改为15万元，并将该支票背书转让给张某。张某取得该支票后，到为其开立个人银行结算账户的乙银行办理委托收款手续。乙银行在对该支票审查后，未提出任何异议，为张某办理了委托收款手续。甲公司开户的丙银行作为委托付款人，按照乙银行的审查方式审查该支票后，将票面标明的15万元从甲公司账户转入张某个人银行结算账户。

甲公司在与丙银行对账的过程中，发现前述支票转出的金额与所应当支付的金额不符，即提出异议。丙银行在核对的过程中，发现支票票面金额被变造的事实。

请问：（1）甲公司所受损失可否向丙银行追索？为什么？

（2）本案所述的支票在变造后是否有效？为什么？

（3）如果丙银行在向张某付款前发现该支票被变造的事实而拒绝付款，张某可以向哪些人进行追索？被追索对象应承担的票据金额分别是多少？为什么？

第一节　票据法概述

票据有广义和狭义之分。广义的票据泛指商业上的一切权利凭证，如本票、汇票、支票、提单、保险单等。狭义的票据则专指《票据法》所规定的汇票、本票、支票，具体而言就是出票人依据《票据法》签发的，约定由自己或委托他人在见票时或者在确定的日期，向持票人或收款人无条件支付一定金额的有价证券。本章所讨论的票据，如无特别说明，仅指狭义上的票据。

一、票据的法律特征

一般而言，票据的法律特征主要包括以下几点。

（1）票据是文义证券。票据所创设的一切权利义务，完全以票据上所记载的文义为准，不得进行任意解释或者根据票据以外的任何其他文件确定。即使票据上记载的文义有错，也不得用票据之外的其他证明方法加以变更或补充。

（2）票据是设权证券。所谓设权证券，是指票据权利的发生必须首先做成证券。票据权利是在票据做成的同时才产生的，没有票据，也就没有票据上的权利。

（3）票据是要式证券。票据的制作必须依据《票据法》规定的格式进行；票据上记载的事项，也必须严格遵守《票据法》的规定。如果不按《票据法》的规定制作票据或记载事项，会影响票据的效力甚至会造成票据无效。此外，票据的签发、转让、承兑、付款、追索等行为，也必须严格依照《票据法》规定的程序和方式进行。

（4）票据是无因证券。所谓无因，是指票据如果具备《票据法》上的条件，票据权利就成立，而不需要考虑票据权利发生的原因或基础。只要权利人持有票据，就享有票据权利，就可以行使票据上的权利。至于权利人持有票据或取得票据的原因以及票据权利发生的原因，则在所不问，即使这些原因关系无效、被撤销，对票据关系也不发生影响。

（5）票据是完全有价证券。完全有价证券是指票据权利与票据的占有不可分离，票据权利的产生、转让与交付都必须以票据的存在为必要的票据。由此派生出票据的提示性和缴回性两个性质。票据的提示性，是指票据权利人在向票据债务人行使权利时必须出示票据。如持票人向付款人请求承兑或付款时必须出示票据。票据的缴回性，是指票据权利人在受领了票据金额后，应将原票据缴回给付款的人，以使票据关系消灭或使后手得以向前手行使再追索权。如果持票人不缴回票据，票据债务人有权拒绝支付票据金额，这主要是防止持票人再度恶意转让而导致票据债务人再次付款。

案例分析

甲交给乙一张经付款银行承兑的远期汇票，作为向乙订购水泥的预付款，乙在票据上背书后转让给丙以偿还原先欠丙的装修款，丙在到期日向承兑银行提示付款，恰遇当地人民法院公告该行倒闭破产，因而被退票。丙随即向甲追索，甲以乙所交水泥质量不合格为由予以拒绝，并称10天前已通知银行止付，止付通知及止付理由也同时通知了乙。在此情况下丙再向乙追索，乙以该汇票是甲开立为由推诿不理。为此，丙向人民法院起诉。

请问： 人民法院应如何判决？为什么？

解析： 人民法院应判定甲向丙清偿被拒付的汇票票款、自到期日或提示日起至清偿日止的利息以及丙进行追索所支付的相关必要费用。甲与乙的纠纷则另案处理。原因在于票据具有流通性、无因性、文义性、要式性。因此，只要丙是票据的合法持有人，就有权要求票据债务人支付票款，并且此项权利不受其前手乙的权利缺陷（乙向甲交付的水泥质量不合格）的影响。因此，丙在遭到主债务人（承兑银行）退票后，即有权向其前手甲、乙进行追索。同样由于票据特性，甲不能以抗辩乙的理由抗辩丙。

二、票据法的特征

票据法是调整票据关系以及与票据关系有关的其他社会关系的法律规范的总称。票据关系是票据当事人之间因票据行为而产生的票据权利义务关系。与票据有关的其他社会关系是指为了保证票据关系的依法产生、变更和实现而产生的社会关系，如因票据丧失而产生的请求交还票据的关系等。

票据法有广义和狭义之分。广义的票据法，是指各个法律部门中关于票据规定的总合，即除了以"票据法"命名的专门立法外，还包括《民法典》《刑法》《民事诉讼法》等法律法规中关于票据的一切规范。狭义的票据法，则是指规范票据关系的法律法规规章，如《票据法》《票据管理实施办法》等。一般而言，《票据法》有以下三个特征。

（1）《票据法》是强行法而非任意法。在《票据法》中，票据的种类、票据的格式、票据行为的方式以及有关当事人权利义务的享有和承担等规定，大多属于强制性规范，当事人不能随意加以变更，其自由选择余地比较小。

（2）《票据法》具有技术性而非伦理性。《票据法》的制定更多是基于方便交易、繁荣市场的技术考虑，其内容较少受到伦理道德的影响，其中很多规范需要具有丰富的法律知识才能理解，体现了较强的技术性。

（3）《票据法》具有国际统一性。票据具有极大的流动性，跨国间的票据流通是经常发生的，因而不同国家的立法者都试图使本国票据法与国际的票据规则相接轨，票据法的国际统一是大势所趋。

三、票据法上的法律关系

票据法上的法律关系可以分为票据关系和票据法上的非票据关系，如图 6.1 所示。

票据关系是指当事人之间基于各种票据行为而发生的债权债务关系。对于票据关系而言，首先其

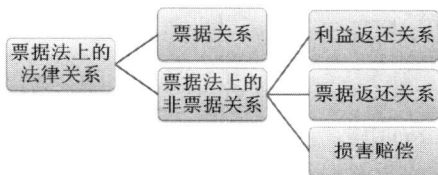

图 6.1　票据法上的法律关系种类

是基于票据行为而产生的，若行为人不实施相应的票据行为，也就不会发生票据关系。其次，票据关系具有独立性，即票据关系中每一个票据行为的效力都是由该行为自身的效力决定的，不受其他相关联的行为效力的影响，因而基于各个票据行为而发生的各票据关系具有独立性。最后，票据关系的主体具有不确定性，即在所有票据关系中，尽管票据权利主体都是确定的，但义务主体却是动态的，具有相对不确定性。

票据法上的非票据关系，是指根据《票据法》的规定而产生的，但不是基于票据行为直接发生的法律关系。票据法上的非票据关系主要包括以下三种。

（1）利益返还关系。即持票人因超过票据权利时效或者因票据记载事项欠缺而丧失票据权利的，仍享有民事权利，可以请求出票人或承兑人返还其与未支付的票据金额相当的利益。这就体现出持票人与出票人或承兑人之间的利益返还关系。

（2）票据返还关系。即采取非法手段或出于恶意而取得票据者不得享有票据权利，丧失票据或已经履行义务的人享有票据返还的请求权，也就是要求不当占有票据者返还票据。

（3）损害赔偿。当票据关系主体没有遵守法定规则时，就要承担因此而造成的损害赔偿责任。如当承兑人或付款人在拒绝承兑或拒绝付款时，没有出具拒绝证明，该承兑人或付款人就要承担由此产生的损害赔偿责任。

📖 视野拓展

票据关系与票据法上的非票据关系的区别

票据关系与票据法上的非票据关系有密切关系，但二者是不同的法律关系，从权利的角度看，二者存在以下区别：①权利产生的原因不同。票据关系中的权利产生于票据行为；票据法上的非票据关系中的权利则直接产生于法律规定。②权利内容不同。票据关系中的权利内容

是票据上记载的票据金额；票据法上的非票据关系中的权利内容是票据行为物或权利财产的返还或交换利益的返还，以及因违反义务而产生的损害赔偿。③权利行使的依据不同。票据关系中的权利以持有票据为依据，而票据法上的非票据关系中的权利则以持有票据以外的原因为依据。

四、票据的基础关系

票据的基础关系又称民法上的非票据关系，一般是指票据关系所赖以产生的民事基础法律关系。票据的基础关系一般分为票据原因关系、票据资金关系和票据预约关系等三种。

票据原因关系是指授受票据的直接当事人之间基于授受票据的理由而产生的法律关系。票据原因关系与票据关系原则上是分离的，即使票据原因不存在或无效、被撤销，票据中记载的内容与票据原因关系的内容不一致或不完全一致，都不影响持票人的票据权利。这正是票据无因性的体现。

票据资金关系是指存在于汇票出票人与付款人之间、支票出票人与银行之间的基础关系。汇票和支票的出票人之所以可以委托付款，付款人之所以愿意承兑或付款，就是因为他们之间有一定的约定。票据资金关系与票据关系原则上也是分离的，例如汇票一经付款人承兑，即使付款人与出票人之间不存在资金关系或者出票人未如期提供资金，也不影响付款人的付款责任。

票据预约关系是指授受票据的当事人之间有了原因关系之后，就签发、使用票据以及对票据所记载的内容进行预先的约定。票据预约不仅存在于出票人与收款人之间，也存在于背书人与被背书人之间。因此，当事人之间先有原因关系，后有票据预约关系，然后根据预约签发票据，才能产生票据关系。票据预约关系与票据关系也是分离的。当事人不履行票据预约是属于《民法典》中的不履行合同的行为，与票据的效力无关。即使票据预约无效、被撤销，也不影响已发行的票据和已进行的票据行为。

第二节　票据行为和票据权利

票据行为有广义和狭义之分。广义的票据行为，是指一切能够引起票据关系产生、变更或终止的法律行为，包括出票、背书、承兑、参加承兑、划线、保付、改写、涂销、付款、保证等。狭义的票据行为，仅指以发生票据上的债务为目的的法律行为，包括出票、背书、保证、承兑、参加承兑、保付等六种。由于《票据法》没有规定参加承兑和保付行为，因而《票据法》规定的狭义票据行为仅为出票、背书、承兑以及保证四种行为。

一、票据行为的特征

与其他法律行为相比，票据行为具有以下特殊性。

（1）要式性。票据行为是典型的要式行为，必须严格遵守《票据法》规定的形式和要求，否则不能产生《票据法》上的效力。其主要体现在：首先，任何一种票据行为都必须由行为人签名或盖章；其次，任何一种票据行为都必须以书面形式做成，而且每一种行为在票据上记载的位置也都是特定的；最后，各种票据行为都有一定的款式，即必须以一定的方式记载一定的内容。

（2）独立性。这是指在同一票据上若有数个票据行为，则每一行为各依其在票据上所载的文义分别独立发生效力，一行为无效不影响其他行为的效力。例如，无民事行为能力人或限制民事行为能力人在票据上签章的，该签章无效，但不影响其他签章的效力。

（3）无因性。票据是无因证券，票据行为只要具备法律规定的形式，即为有效的票据行为，而不问票据原因关系的存在与否或是否合法有效。

（4）文义性。这是指票据行为的内容完全以票据上的文字记载为准，即使票据上的某些记载与实际情况不符，仍应以文字记载为准，也不允许当事人以票据文字以外的事实或证据，来对票据上的文字记载加以变更或补充。

视野拓展
浅析票据行为的无因性

二、票据行为的有效要件

票据行为要件可以分为实质要件和形式要件两类。

（一）票据行为的实质要件

票据行为实质要件，包括行为人的票据能力、行为人的意思表示以及行为的合法性三个方面。

（1）票据能力包括票据权利能力和票据行为能力。所谓票据权利能力，是指可以享有票据权利和承担票据义务的资格或能力。由于《票据法》没有对票据权利能力加以任何限制性规定，因而只要具备民事主体资格，无论是自然人、法人还是非法人组织，都享有票据权利。对于票据行为能力，则是指能够独立以法律行为取得票据权利或承担票据义务的资格或能力。根据《票据法》的规定，只有具有完全民事行为能力的人才具有票据能力，无民事行为能力人或限制民事行为能力人则不具有票据能力；至于法人或其他组织，《票据法》没有规定，依据《民法典》的原理，一般是在票据权利能力范围内享有票据行为能力。

（2）意思表示。票据是文义证券、无因证券，行为人的意思表示是否真实、合法有时不易查知，同时为了促进票据的流通，保护善意第三人，通说赞成票据行为人的意思表示应采用外观主义，即以行为的外观来确定行为的效力。也就是票据行为只要在形式上符合《票据法》规定，就属于有效行为，行为人就要承担票据义务，而不管行为人的意思表示是否真实。

（3）票据行为的合法性意味着应禁止形式不合法和内容不合法。其中形式不合法将在下文中阐述。内容不合法主要涉及基于违反社会公共利益的合同而为的票据行为，如还赌债签发的支票等；违反法律、法规强制性规定的票据行为，如银行超越权限承兑商业汇票等。如果因为票据行为内容违法而导致其无效，可能会损害善意持票人的利益，而从中受益的恰恰是违法之人。因此，国际上通行的做法就是，行为人的票据原因以及目的如何，不会影响票据行为的效力，这体现了票据行为无因性这一基本原则。

（二）票据行为的形式要件

票据具有"文义性""要式性"和"无因性"，因此票据法对票据行为的形式要件作了很严格的规定。根据《票据法》的规定，票据行为的形式要件可以归纳为书面、签章、记载事项以及交付四项。

1．书面

票据行为必须以书面方式为之，否则无效。票据凭证的格式和印制管理办法，由中国人民银行规定。《票据管理实施办法》和《支付结算办法》进一步具体规定了票据行为的书面要求，即包括票据的格式、联次、颜色、规格、防伪技术要求以及印制等均由中国人民银行规定，甚至明确指出支票签发必须使用炭素墨水或墨汁填写。实践中若不用毛笔或炭素墨水笔在票据上记载有关事项，银行将不予受理。

2. 签章

各种票据行为的内容虽然不一致，但签章是所有票据行为共同的强制性要求。在票据上签章的意义在于识别行为人，辨别行为人的真伪，并确定行为人的票据责任。如《票据法》规定，在票据上签章的人，必须按照票据上记载的事项承担票据责任。对于票据签章的形式，自然人在票据上的签章，可以签名、盖章，也可以签名加盖章；法人和其他使用票据的单位在票据上的签章，必须加盖该法人或者该单位的公章加其法定代表人或者其授权的代理人的签章，二者缺一不可。同时，在票据上的签名，应当是该当事人的本名，不能只签姓不签名或者只签名不签姓，也不能使用别名、乳名、笔名等来签名。

3. 记载事项

票据行为的有效成立，还必须根据《票据法》的具体规定，在票据上记载有关事项。根据这些事项的效力不同，可以分成必要记载事项、任意记载事项、记载后不发生《票据法》上效力的事项、记载本身无效的事项、记载后使票据无效的事项等五类。其中必要记载事项可以分为绝对必要记载事项和相对必要记载事项，前者是指必须在票据中记载的事项，若不记载，则票据无效；后者是指某些事项虽然票据法规定应该记载，若不记载，则法律另有补充规定，票据不因此而无效。任意记载事项是指当事人可以自由选择是否记载，但一经记载，即发生票据法上的效力，如出票人和背书人在汇票上记载"不得转让"等。记载后不发生《票据法》上效力的事项是指记载此类事项并非完全无效，而仅仅是不发生《票据法》上的效力而已，不影响《民法典》上的效力。记载本身无效的事项是指既不发生《票据法》上的效力，也不发生其他法律上的效力，其记载本身无效，但票据行为依然有效。记载后使票据无效的事项是指其一经记载，不仅记载本身无效，而且使整个票据无效，如出票人在汇票上记载的是附条件的支付委托等。

4. 交付

票据的交付是指票据行为人将票据实际交给相对人持有的行为。有效的票据行为，除了行为人以书面形式在票据上记载法定事项并签章外，还需要将票据交付给相对人。不同的票据行为，其相对人也不一样，如出票人必须将票据交给收款人，背书人必须将票据交给被背书人等。《票据法》虽然没有明文规定票据行为必须以交付为要件，但在第10条中使用的是"票据的签发"，并在对汇票、本票和支票下定义时也都使用了"签发"一词。这里的"签发"应该理解为"签章"和"发出"，而发出的意思就是交付。

📋 案例分析

甲公司为偿还欠乙公司的货款，向乙公司出具一张支票。该支票是用蓝色圆珠笔填写的，没有填写出票日期、付款人名称、付款地和出票地。此外，该支票上只有甲公司法定代表人刘某的签名，没有加盖甲公司的公章。

请问：上述案例中存在哪些违法之处？

解析：本案违法之处如下：①支票签发必须使用炭素墨水或墨汁填写，不得用蓝色圆珠笔填写；②签发支票时，付款人名称和出票日期是必要记载事项，若未记载，则该支票无效；③法人在支票上的签章，必须加盖与该法人在银行预留签章一致的财务专用章或公章以及法定代表人或其授权的代理人的签章，二者缺一不可。

三、票据行为的代理

票据行为的代理是指票据关系的当事人在不能或不愿亲自实施票据行为时，由他人以被代理人的名义去实施票据行为，由此所产生的法律后果由被代理人承担。票据行为的代理必须具备明示被代理人的名义、记明为被代理人代理的意思、代理人必须在票据上签章、代理人必须具有票据代理权限四个构成要件。其中票据代理权限即代理人和被代理人之间有授权关系，是票据有效代理的关键，因而被视为票据代理的实质要件。《票据法》规定，没有代理权而以代理人名义在票据上签章的，应当由签章人承担票据责任；代理人超越代理权限的，应当就其超越权限的部分承担票据责任。因而若行为人没有代理权而以被代理人的名义在票据上签章的，则该行为属于无权代理，由行为人自己承担《票据法》上相应的责任。若行为人超越代理权限，超越部分也是由行为人自己承担《票据法》上相应的责任。

四、票据权利的种类

票据权利是指持票人向票据债务人请求支付票据金额的权利，包括付款请求权和追索权。票据权利是一种金钱债权，其可能成为两次性权利，即权利人首先应向主债务人行使请求权，当权利人的付款请求权得不到满足时，其可以向从债务人行使追索权。同时票据权利一经产生，就同作为证券的票据本身合二为一。只有取得证券，才能取得票据权利；只有持有票据，才能行使票据权利。

付款请求权是指持票人依法要求票据的主债务人按票据上所记载的金额付款的权利。这是票据法规定的最基本权利，又称为票据的第一次权利。这里的持票人可能是收款人，也可能是最后被背书人，还可能是汇票、本票中付款后的参加付款人。主债务人主要包括汇票的承兑人、本票的出票人、保付支票的付款人等。

追索权是指持票人行使付款请求权受到拒绝或有其他法定原因时，向其前手请求支付票据金额的权利，又称第二次请求权。这里的持票人可能是最后持票人，也可能是被追索人或某一被追索人的背书人。负担偿还义务的人主要包括出票人、背书人、保证人、承兑人和参加承兑人，这些人在票据关系中的地位是连带债务人，持票人可以对其中任何一人、数人或全体行使追索权。

五、票据权利的取得和消灭

票据权利是一种特定、重要的财产权利，其取得和消灭都必须依据法律的规定。

（一）票据权利的取得

票据权利的取得必须以占有票据为必要，并取得票据上的所有权。票据权利的取得主要包括取得条件和取得方式两方面内容。

1. 票据权利的取得条件

根据票据权利取得的一般理论及《票据法》的规定，持票人取得票据权利需具备三个条件。

（1）持票人取得票据必须给付对价。即持票人应当给付票据双方当事人认可的相对应的代价，但因税收、继承、赠与可以依法无偿取得票据的，则不受给付对价的限制，但该持票人所享有的票据权利不得优于其前手。

（2）持票人取得票据的手段必须合法。以欺诈、偷盗或者胁迫等手段取得票据的，不得享有票据权利。当然不合法取得票据的手段不限于上述三种，还包括通过抢夺、拾得等手段取得票据的情形。另外，因从事非法活动如走私、贩毒、赌博、卖淫等取得的票据，都属于用不合法手段取得的票据，均不应享有票据权利。

（3）持票人取得票据时主观上应当具备善意。这里的善意是指持票人取得票据时对从票据外观无法查知的瑕疵，事实上既不知道也不可能知道的一种主观心理状态。

2. 票据权利的取得方式

票据权利的取得方式包括原始取得和继受取得两种。

（1）原始取得，即持票人不是从其前手处受让票据权利的，而是最初取得票据权利的。原始取得包括出票取得和善意取得。前者是指票据的出票人在做成票据，并将票据交付给持票人时，持票人取得票据权利。出票是创设票据权利的票据行为，当出票人签发票据并交给持票人时，持票人就原始地实现了对票据的占有，因而就取得了票据的权利。后者是指票据的受让人善意或无重大过失，从无权利人手中受让票据，从而取得票据权利的方式。善意取得的实质在于确保票据的流通和交易的安全，但由于其结果是真实权利人丧失权利，因而立法必须严格规定善意取得的构成要件。根据《票据法》的立法精神以及《民法典》中关于善意取得制度的规范，票据权利的善意取得必须具备以下几个构成要件：①取得人必须从无处分权人处取得票据；②取得人必须依据票据法规定的权利转让方法取得票据；③取得人在取得票据时必须没有恶意或重大过失；④取得人必须给付了相应的对价。只有如此，才能承认票据的善意取得。

（2）继受取得，即持票人从有权处分票据权利的前手那里，依背书交付或单纯交付的方式，受让票据权利。票据权利的继受取得可以分成《票据法》上的继受取得和非《票据法》上的继受取得。前者主要以背书转让、质押、保证、付款等方式继受取得票据权利，这些是《票据法》所明确规定的；后者主要以继承、赠与、公司合并或分立、清算等继受取得票据权利，这些只能由《民法典》或其他相关法律加以调整，《票据法》上的特别规定并不适用。

（二）票据权利的消灭

票据权利的消灭，指票据权利因一定原因或法定事由的出现而不再存在。根据《票据法》规定，票据权利消灭的情形主要有以下几种。

（1）票据时效期间届满。票据权利在下列期限内不行使而消灭：①持票人对票据的出票人和承兑人的权利，自票据到期日起两年。见票即付的汇票、本票自出票日起两年。②持票人对支票出票人的权利，自出票日起 6 个月。③持票人对前手的追索权，自被拒绝承兑或者被拒绝付款之日起 6 个月。④持票人对前手的再追索权，自清偿日或被提起诉讼之日起 3 个月。

（2）票据保全手续欠缺。持票人不能出示拒绝证书、退票理由书或未按照规定期限提供其他合法证明的，丧失对其前手的追索权。

（3）履行付款义务。在正常情况下，票据的债务人经持票人在到期时的提示而向持票人付款，从而票据关系终止，票据权利绝对消灭。

（4）被追索人清偿票据债务以及追索费用。被追索人依法清偿债务后，其责任解除，即追索人对被追索人以及其后手的票据权利归于消灭。但是，若被追索人不是出票人，而是尚有前手的背书人或保证人的，则为清偿行为而取得票据的背书人或保证人可以行使再追索权。

（5）其他。持票人的票据权利还可以因其他事由而消灭。如因票据毁灭、提存、抵销、混同、免除、法院除权判决等事由导致票据权利消灭。

案例分析

A 向 B 购买了一批价值 1 万元的货物，并签发了一张 1 万元票据交付给 B。C 以赝品冒充真品从 B 手中骗得该票据，而后 C 以该票据偿还欠 D 的 8 000 元借款并告知 D 实情，D 因多得到 2 000 元就接受了。后来 D 将该票据赠与 E，E 用该票据支付欠 F 的 1 万元装修款，F 过世由 H

继承。

　　请问：上述哪些人无票据权利？为什么？

　　解析：C、D、E 三者均无票据权利，其原因就在于 C 采用欺诈方式取得票据，其手段不合法；D 取得票据时主观上是恶意的；E 因为无偿取得票据，其所享有的票据权利不得优于其前手 D，而 D 无票据权利，所以 E 也无票据权利。

六、票据权利的行使与保全

　　票据权利的行使，是指票据权利人向票据债务人提示票据，请求履行票据债务的行为，如提示承兑、提示付款、行使追索权等。所谓票据权利的保全，是指票据权利人为防止票据权利丧失而进行的一切行为，如对汇票承兑人主张权利以中断时效，向汇票承兑人提示付款以保全追索权等。由于票据权利的保全行为大都又是票据权利的行使行为，因此《票据法》常常将二者并称。

　　票据权利的行使和保全的方式，通常包括按期提示票据和做成拒绝证书两种。按期提示票据是指票据权利人向票据债务人出示票据，主张权利。它一方面是票据权利人主张付款权利，即票据权利的行使；另一方面，又是行使追索权所必须具备的要件之一，即票据权利的保全，持票人如未在《票据法》规定的期间内提示付款，则发生丧失追索权的效果。因此，提示票据有行使和保全票据权利的双重作用。做成拒绝证书是指持票人向承兑人或付款人请求承兑或付款而遭到拒绝时，请拒绝之人出具拒绝承兑或拒绝付款的书面证明。依照法定期限取得拒绝证书是持票人行使追索权的前提，因而其是票据权利保全的一种有效形式。

　　根据《票据法》的规定，票据权利行使和保全的处所是票据当事人的营业场所，若无营业场所，则应当在其住所进行。票据权利行使和保全的时间应当在票据当事人的营业时间内进行，如果期限的最后一日为非营业日，则以非营业日之后的第一个营业日为最后日。

第三节　票据抗辩和票据瑕疵

一、票据抗辩

　　票据抗辩，是指票据债务人对于票据权利人提出的请求，提出相应的事实或理由加以拒绝的行为。票据抗辩所依据的事实和理由，称为抗辩原因；票据债务人享有的对票据债权人拒绝履行义务的权利，称为抗辩权。

1. 票据抗辩的种类

　　票据法理论根据不同的抗辩原因，一般将票据抗辩分为物的抗辩和人的抗辩两大类。

　　物的抗辩，是指因票据本身所存在的事由而发生的抗辩。根据抗辩人不同，物的抗辩可分为以下两类。

　　（1）一切票据债务人可以对一切票据债权人行使的抗辩。这类抗辩具体包括：①票据无效的抗辩，如欠缺票据上应记载的绝对事项或记载了《票据法》上规定的不得记载事项；②以票据上的记载不能提出请求的抗辩，如票据上记载的付款日期尚未届至；③票据权利已经消灭的抗辩，如票据已依法付款；④票据失效的抗辩，如法院已对该票据作出除权判决等。

　　（2）只有特定债务人对抗一切债权人的抗辩。这类抗辩具体包括：①欠缺票据行为能力的抗辩，如无民事行为能力人可以自己欠缺票据行为能力为由对抗票据债权人；②无权代理的票据行为的抗辩；③票据是伪造或变造的抗辩；④欠缺票据保全手续的抗辩；⑤票据权利因时效已过而消灭的抗辩。

人的抗辩，是指基于持票人自身或票据债务人与特定持票人之间的关系而产生的抗辩。根据行使抗辩权的债务人不同，人的抗辩可分为以下两类。

（1）一切票据债务人可以对特定的票据债权人行使的抗辩。这类抗辩具体包括：①票据债权人欠缺实质上受领票据金额资格的抗辩，如持票人已被法院宣告破产、被依法清算等；②票据债权人欠缺形式上受领票据金额资格的抗辩，如背书不连续的持票人等；③票据债权人恶意取得票据因而不享有票据权利的抗辩。

（2）特定票据债务人可以向特定票据债权人行使的抗辩，这里的特定票据债权人和特定票据债务人是指双方当事人之间具有直接的关系的人。这类抗辩具体包括：①以欠缺原因关系而主张的抗辩，如原因关系无效或不成立等；②欠缺对价的抗辩，如票据债权人没有给付对价或给付对价不相当等；③欠缺交付行为的抗辩，如出票人在交付票据之前，票据丢失或被盗，则出票人就可以对抗拾得票据的人和盗窃票据的人；④基于当事人之间特别约定的抗辩。

2. 票据抗辩的限制

由于票据法重在保护票据权利人实现票据利益，以维护票据的流通性。因此，各国票据法对票据债务人行使票据抗辩权有严格的限制。通常认为，物的抗辩是基于票据本身的，而人的抗辩主要是基于特定持票人的，因而对于物的抗辩不应当进行限制，而对于人的抗辩则应给予一定的限制。《票据法》规定："票据债务人不得以自己与出票人或者与持票人的前手之间的抗辩事由，对抗持票人。但是，持票人明知存在抗辩事由而取得票据的除外。"这一条款明确了我国票据抗辩限制的主要内容和例外。

票据抗辩限制的内容具体包括以下两个方面。

（1）票据债务人不得以自己与出票人之间的抗辩事由对抗持票人。例如，票据债务人不得以自己与出票人之间存在资金关系或交易关系所生的抗辩事由，对抗持票人。

（2）票据债务人不得以自己与持票人的前手之间的抗辩事由对抗持票人。

票据抗辩限制的例外是指票据债务人仍可以以自己与出票人或持票人前手之间的抗辩事由对抗持票人的情形，即不适用票据抗辩限制的情形。票据抗辩限制的例外，主要包括以下三种情形。

（1）间接恶意抗辩，即持票人明知有以欺诈、偷盗或胁迫等手段取得票据的情形，仍出于恶意取得票据的，不得享有票据权利。

（2）无对价抗辩，即无对价取得票据的持票人不得享有优于其前手的权利。

（3）知情抗辩，即若持票人明知票据债务人与出票人或自己的前手之间存在抗辩事由而仍取得票据的，票据债务人即可基于与出票人或持票人前手之间存在的抗辩事由对抗持票人。

📓 案例分析

甲装饰公司与乙建材厂签订了花岗石板材购销合同，约定由乙建材厂向甲装饰公司提供价值为100万元的花岗石板材，货款以票据形式给付。由于乙建材厂购买丙机械厂的机械设备，货款100万元已到期限但尚未给付，因此乙建材厂就开出一张以甲装饰公司为付款人、以丙机械厂为收款人、票面金额为100万元的商业承兑汇票。丙机械厂收到该商业承兑汇票后持票向甲装饰公司提示承兑，甲装饰公司经审查后在汇票正面签署了"承兑"字样和承兑日期，并加盖了其在开户银行的预留印鉴。后来乙建材厂基本处于停产状态，未能依照购销合同向甲装饰公司提供约定的花岗石板材。当丙机械厂持该商业承兑汇票向甲装饰公司提示付款时，甲装饰公司就以乙建材厂无法履行合同为由拒绝付款。

请问： 甲装饰公司能否拒绝付款？为什么？

解析： 不能拒绝付款。票据债务人不得以自己与出票人或者持票人的前手之间的抗辩事由对抗持票人，但是，持票人明知存在抗辩事由而取得票据的除外。本案中持票人丙机械厂在取得票据时不知道乙建材厂将违约，其主观上是善意的，不适用抗辩限制的除外情形，因而甲装饰公司作为票据债务人不得以自己与出票人乙建材厂之间存在的抗辩事由对抗善意的持票人丙机械厂，而应无条件地付款。

二、票据瑕疵

票据瑕疵主要包括票据伪造和票据变造两类。

视野拓展

瑕疵票据实务知识及处理措施

（一）票据的伪造

票据的伪造，是指以行使票据权利为目的，假借他人或者虚构他人的名义在票据上签章的行为。例如，甲假冒乙的名义签发一张票据，或者甲伪刻背书人乙的印章在票据上背书等。

1. 票据伪造的构成要件

构成票据伪造必须具备以下三个要件。

（1）伪造者所为的行为在形式上符合票据行为的要件。伪造行为本身并非票据行为，但从该行为的外观看就是票据行为。为此，行为人只有伪造了《票据法》所规定的出票、背书、承兑、保证四种行为中的任何一种，才构成票据的伪造。

（2）伪造者假冒他人名义在票据上签章。具体而言，行为人在没有得到他人授权情况下，采取模仿他人的签名或伪刻他人的印章或盗用他人的印章等方式在票据上签章，这是票据伪造的根本所在。

（3）伪造者的目的在于行使票据权利，从而使他人蒙受损失，让自己从中渔利。

2. 票据伪造的法律后果

票据伪造的法律后果主要包括以下几个方面。

（1）被伪造者的责任。由于票据行为成立的有效要件是当事人必须在票据上签章，而被伪造者并没有真正在票据上签章，因而被伪造者不负《票据法》上的责任。这一抗辩事由是绝对的，可以对抗一切持票人。

（2）伪造者的责任。由于伪造者在票据上是以他人的名义伪造签章的，并没有签自己的名称，因而不负票据上的责任，但必须承担刑事责任、行政责任和民事赔偿责任。

（3）其他真正签章人的责任。由于票据行为的独立性，票据伪造行为不影响真正签章人所为的票据行为的效力，在被伪造的票据上确有真正签章的人仍应对票据的文义负责。

（4）持票人的责任。若所持票据上有真实签章人，则持票人只能向真实签章人行使票据权利；若无，则只能依据《民法典》向伪造人主张民事赔偿。

（5）付款人的责任。若付款人没能辨认出票据的真伪而向合法持票人付款的，该付款行为有效，付款人由此遭受的损失也只能寻求《民法典》解决。

（二）票据的变造

票据的变造，是指无变更权的人对票据上除签章以外的有关记载事项进行变更的行为。例如，持票人将金额由 10 万元改为 100 万元，或将记载的付款地由"福建"改为"江西"等。

1. 票据变造的构成条件

构成票据变造必须具备以下几个条件。

（1）必须是没有变更权限的人所为的变更行为。《票据法》规定，任何人都无权变更票据金额、日期和收款人名称，其他事项的变更必须由原记载人加以变更，并且在变更处签章证明。

（2）必须是变更票据签章以外的其他事项。如改变付款地、付款人名称等事项，才属于票据变造。无权变更人若变更的是票据上的签章，则属于票据的伪造。

（3）必须是以行使票据为目的的变更。如果变更记载事项并非为了行使票据权利或者减少自己的票据义务，而是出于其他考虑，如将变更后的票据仅留作纪念或供他人借鉴之用，则不发生票据变造的问题。

2. 票据变造的法律后果

票据上其他记载事项被变造的，在变造之前签章的人，对原记载事项负责；在变造之后签章的人，对变造之后的记载事项负责；不能辨别是在票据被变造之前或者之后签章的，视同在变造之前签章。据此，票据变造的法律后果主要包括以下几个方面。

（1）对于变造人而言，由于变造行为属于严重违法行为，因而变造人必须承担刑事责任和民事责任。如果变造人属于票据行为人，则变造人还必须承担票据上的责任。

（2）对于被变造人（这里应当是指变造之前已经在票据上签章的所有票据行为人）而言，由于他们在票据上的签章是在变造之前的，变造后的内容并非出于他们的本意，因而他们只对变造前的记载事项承担票据责任。

（3）对于变造后在票据上真实签章的人而言，其应该对变更后的记载内容承担票据责任。

（4）对于其他签章的人而言，由于不能辨别其是在变造之前还是在变造之后进行签章的，法律推定其在变造之前签章，从而依照原记载事项承担票据责任。

（5）对于持票人而言，若其向变造之前的签章人主张票据权利，则只能依照原记载事项为之；若其向变造人或变造之后的签章人主张权利，则有可能获得实现票载的全部权利。

（6）对于付款人而言，票据变造的法律后果与票据伪造的后果相同，在此不再赘述。

案例分析

甲公司采购员萧某需要携带2万元金额的支票到某市工业区采购样品。支票由王某负责填写，由甲公司财务主管加盖了财务章及财务人员印鉴，收款人一栏授权萧某填写。这一切有支票存根为证。萧某持票到某市工业区某私营企业购买了2万元各类工业样品。该私营企业负责人李某是萧某的朋友，见支票上字迹为萧某所为，于是以资金周转困难为由，要求萧某帮忙将支票上的金额改为22万元用于暂时周转。萧某应允，在改动过程中使用了李某提供的"涂改剂"，故支票外观不露痕迹。而后，李某为支付工程款将支票背书给了某建筑工程公司。此事败露后，甲公司起诉某建筑工程公司及李某，要求返还多占用的票款。

请问：（1）本案中萧某的行为在票据法上属于什么性质的行为？为什么？

（2）本案应如何处理？为什么？

解析：（1）萧某的行为属于票据变造。因为票据变造是指无变更权的人对票据上除签章以外的有关记载事项进行变更的行为，萧某与李某串通篡改票据金额是典型的票据变造行为。

（2）首先，根据《票据法》规定，在变造之前签章的人，对原记载事项负责，在变造之后签章的人，对变造之后的记载事项负责。故甲公司对某建筑工程公司只应承担支付2万元的票据责任，建筑工程公司应返还其余票款给甲公司。其次，李某承担建筑工程公司对其追索20万元的义务。最后，应建议金融主管机关依法追究萧某和李某的行政责任，如果其行为已构成犯罪，应依法律程序追究其刑事责任。

第四节 汇 票

汇票是指出票人签发的，委托付款人在见票时或者在指定日期无条件支付确定的金额给收款人或者持票人的票据。

一、汇票的特征

汇票具有以下特征。

（1）汇票是票据的一种。正因如此，汇票代表了一定的财产权利，是金钱债权证券；同时汇票是完全有价证券，取得汇票就取得了汇票上的权利。

（2）汇票是委付汇票。汇票的出票人仅为签发票据的人，而不是票据的付款人，其必须另行委托他人来支付票据金额。从这个意义上来讲，汇票属于委托付款证券，有别于自付证券。

（3）汇票是无条件支付命令。汇票的支付不能受到限制，也不能附带任何条件，这是确保汇票具有较高信用、方便流通的前提。

（4）汇票的到期日具有多样性。汇票的到期日即汇票的付款日。考虑到汇票的信用功能，各国票据法大多规定了四种确定汇票到期日的方式，即见票即付、定日付款、见票后定期付款、出票后定期付款。

二、汇票的种类

汇票的种类较多，分类方法也较多，通常分成以下几个具有对比性的类别。

（1）根据出票人的不同，可以将汇票分为银行汇票和商业汇票两种。银行汇票根据其用途又可以分成现金银行汇票和转账银行汇票。商业汇票根据承兑人不同，可以分成银行承兑汇票和商业承兑汇票。我国对商业汇票的使用限制比较严格，只有在银行开立存款账户的法人以及其他组织之间，才能使用商业汇票。

（2）根据汇票指定的到期日的不同，可以将汇票分为即期汇票和远期汇票。即期汇票是付款人在见票的当天或提示的当时予以付款的汇票。远期汇票是付款人在一定期限内或指定日期予以付款的汇票。远期汇票又可以分为定期汇票、计期汇票、注期汇票三种。

（3）根据汇票记载权利人的方式不同，可以将汇票分成记名汇票、指示汇票和无记名汇票。记名汇票是指出票人在票面上明确记载收款人姓名或名称的汇票；指示汇票是指出票人不仅明确记载收款人的姓名或名称，而且附加"或其指定的人"的字样的汇票；无记名汇票是指出票人没有记载收款人的姓名或名称，或只记载"付来人"字样的汇票。我国只承认记名汇票，无记名汇票和指示汇票都不发生法律效力。

（4）根据当事人的资格是否可以兼任，可以将汇票分为一般汇票和变式汇票。一般汇票是指分别由不同的人担任汇票的出票人、付款人和收款人，且互不兼任的汇票。变式汇票是指汇票当事人中的一方当事人同时充任两个以上汇票当事人资格的汇票。根据兼任的资格不同，变式汇票又可以分成指己汇票、对己汇票、付受汇票、己受己付汇票等四种。

📖 视野拓展

图 6.2 ~ 图 6.4 所示为汇票票样。

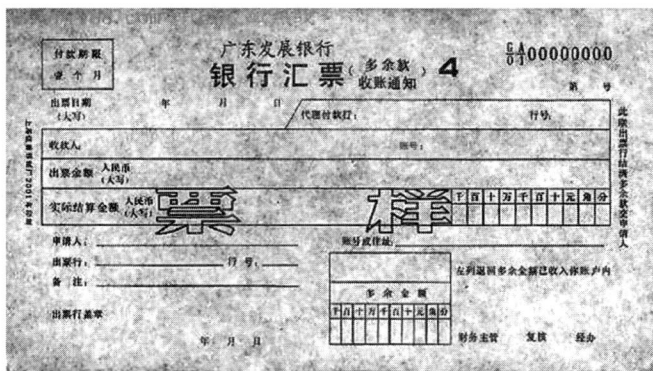

图 6.2　银行汇票正面

银行汇票是出票银行签发的，由其在见票时按照实际结算金额无条件支付给收款人或持票人的票据。本例是广东发展银行为出票人的银行汇票。

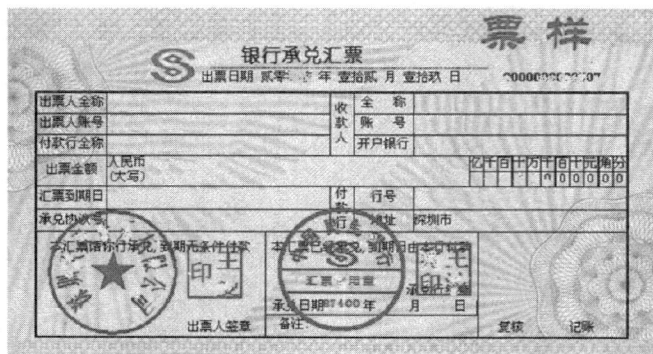

图 6.3　银行承兑汇票正面

银行承兑汇票是银行作为承兑人的商业汇票。本例是中国民生银行为承兑人的商业汇票。

图 6.4　商业承兑汇票正面

商业承兑汇票是由银行、农村信用合作社、财务公司以外的法人或非法人组织承兑的商业汇票。

三、汇票的出票

汇票的出票，是指出票人依照法定形式做成票据并将其交付给收款人的票据行为。出票是最基本、最主要的票据行为，没有出票也就没有背书、承兑、保证等附属票据行为。

（一）汇票出票的内容

汇票的出票包括两个内容：一是做成票据并在票据上签章；二是将票据交付给收款人。出票人做成票据后在未交付前，并未完成出票行为，只有把票据交付给收款人，出票行为才完成。因此，欠缺做成或交付行为中的任何一项，出票行为都不成立。

《票据法》对汇票的出票行为规定了一般性要求，即汇票的签发应当遵循诚实信用原则，具有真实的交易关系和债权债务关系；同时汇票出票人必须与付款人具有真实的委托付款关系，并具有支付汇票金额的可靠资金来源，不得签发无对价的汇票用以骗取银行或者其他票据当事人的资金。

（二）汇票出票的记载事项

汇票是要式证券，因而汇票的出票必须记载一定的事项，即符合法定的格式或款式。根据《票据法》的规定，可以将汇票出票的记载事项分为以下四类。

1. 绝对必要记载事项

汇票的绝对必要记载事项包括：①表明"汇票"的字样。由于我国使用的是统一印制的票据格式，这些字样已经印制在票据的正面上方，因而无须出票人自己记载，只要其选择合同确定的汇票种类即可。②无条件支付的委托。我国实践中，无条件支付委托的文句已经统一印制在汇票上，因而无须出票人填写。③确定的金额。这要求汇票上必须载明确定的金钱数量和货币种类，不得采用最高额或最低额的记载方式，也不得采用选择性或浮动性的记载方式，更不得不记载金额。而且票据金额以中文大写和阿拉伯数字同时记载，二者必须一致，若不一致，则票据无效。④付款人名称。⑤收款人名称。由于我国只承认记名汇票，因而必须载明收款人的名称，而且必须使用全称，不得使用简称或企业代号。⑥出票日期。由于出票日期决定了到期日的计算、到期利息的计算、保证是否成立以及提示承兑日的计算等重要问题，因而汇票上必须载明出票日期。⑦出票人签章。签章是出票人承担票据责任的表示，所以出票人签章是绝对必要记载事项。

2. 相对必要记载事项

汇票相对必要记载事项包括以下三种：①付款日期。若汇票上未记载付款日期的，为见票即付。②付款地。若汇票没有记载付款地，则应以付款人的营业场所、住所或者经常居住地为付款地。③出票地。若汇票没有记载出票地，则应以出票人的营业场所、住所或者经常居住地为出票地。

3. 任意记载事项

汇票任意记载事项主要包括两项：①不得转让。若不作记载，不影响汇票的效力；若加以记载，即发生《票据法》上的效力，该汇票不得转让。②货币种类的约定。当事人可以在汇票上记载支付的币种，付款人应该按照记载的币种进行支付。

4. 记载本身无效的事项

根据《票据法》规定，出票人签发汇票后即承担保证该汇票承兑和付款的责任，若出票人在票面上记载"免除担保承兑和免除担保付款"，则该项记载即属于无效的，但汇票的效力并不因此受到影响。

案例分析

甲公司因购买乙公司货物而做了一张汇票给乙公司，汇票上记载了"汇票"字样、无条件支付的委托、收款人名称、出票日期，但没有填写付款人名称和付款日期，也没有加盖甲公司公章，而且金额一栏填写的是"50万元左右"。

请问：上述甲公司出票行为哪些是违法的？

解析：①没有填写付款人名称，因为付款人名称是汇票出票时的绝对必要记载事项；②没有加盖甲公司公章，因为出票人签章也是绝对必要记载事项；③金额填写的是"50万元左右"，因为汇票出票时必须记载确定金额。

四、汇票的背书

所谓背书，是指持票人以转让汇票权利或者将一定汇票权利授予他人行使为目的，在汇票背面或粘单上记载有关事项并签章的票据行为。

1. 汇票背书的特征

汇票背书具有以下特征。

（1）背书是一种附属的票据行为。背书必须以出票行为为前提，因而出票行为的效力会影响背书的效力。若出票行为因欠缺某一绝对必要记载事项而无效，即使背书行为完全符合法律规定，也是无效的。

（2）背书是持票人单方所为的票据行为。背书是持票人独立进行的，其在背书时无须通知或获得票据债务人的同意。当然，汇票被拒绝承兑、被拒绝付款或者超过付款提示期限的，不得背书转让；背书转让的，背书人应当承担汇票责任。

（3）背书是以转让票据权利或者将一定的票据权利授予他人行使为目的的。《票据法》规定，汇票权利的转让必须采用背书的方式，因而背书是我国转让汇票权利的唯一方式。此外，《票据法》还规定了委托收款背书和质押背书，这体现了通过背书可以授予他人行使一定的票据权利。

（4）背书是要式行为。背书必须在汇票背面或粘单上记载有关事项，并加以签章。其中粘单上的第一记载人应当在汇票和粘单的黏结处签章。

2. 转让背书

转让背书，是指持票人以转让汇票权利为目的的背书。通常意义上的背书就是指转让背书。转让背书可以进一步分为完全背书和空白背书。

完全背书是指背书人在汇票背面或粘单上记载背书意思、被背书人的名称并签章的背书。这种背书必须记载一定的事项。

（1）必要记载事项。完全背书的必要记载事项包括三项：背书人签章、被背书人名称和背书日期。其中，背书日期属于相对必要记载事项，因为背书未记载日期的，视为在汇票到期日前背书。背书人签章和被背书人名称属于绝对必要记载事项，欠缺其中任何一项，背书行为都为无效。但为了促进汇票流通的安全性，《最高人民法院关于审理票据纠纷案件若干问题的规定》规定，<u>背书人人未记载被背书人名称即将票据交付给他人的，持票人在票据被背书人栏内记载自己的名称与背书人记载具有同等法律效力</u>。这表明背书人在没有记载被背书人名称就将票据交付给被背书人，在理论上可以解释为背书人授权被背书人补充记载，因而具有与背书人记载同等的法律效力。

（2）任意记载事项。主要是"不得转让"的记载。因为若背书人记载了"不得转让"字样后，其直接后手又将汇票背书转让的，则后来的持票人在没有得到承兑或付款时，就不得向记载"不得转让"字样的背书人行使追索权。同样，若后手将该汇票进行贴现或质押，原背书人对后手的被背书人也不承担票据责任。

（3）不得记载事项。《票据法》规定，<u>背书不得附条件，否则所附条件不具有汇票上的效力</u>；同时，将汇票金额的一部分转让的背书或者将汇票金额分别转让给两人以上的背书无效。据此，背书行为具有无条件性和不可分性。上述内容均属于背书不得记载的事项。

案例分析

A 公司为支付所欠 B 公司货款，于 5 月 5 日开出一张 50 万元的商业承兑汇票给 B 公司。B 公司将汇票进行背书转让给 C 公司，以购买一批原材料，背书时注明了"货到后此汇票方生效"。C 公司将该汇票 30 万元金额背书给 D 公司，支付其欠 D 公司的货款，将剩余的 20 万元背书给 E 公司，支付其欠 E 公司的广告费用。

请问：（1）B 公司背书行为是否有效？为什么？

（2）C 公司分别背书行为是否有效？为什么？

解析：（1）B 公司在将汇票背书转让给 C 公司时注明了"货到后此汇票方生效"，这是对背书附加了条件，因而所附的条件不具有汇票上的效力，但背书行为仍然有效。

（2）C 公司将该汇票 30 万元金额背书给 D 公司，将剩余 20 万元背书给 E 公司，属于将汇票金额分别转让给两人以上的背书，违背了汇票背书行为的不可分性，这种背书行为是无效的。

空白背书是指背书人在背书中未指定被背书人，而在被背书人记载处留有空白。根据《票据法》的规定，被背书人的名称属于绝对必要记载事项，如有欠缺，背书行为应属无效，因而《票据法》是不承认空白背书的。但如前文所述，我国的司法解释在实际上承认了空白背书的存在。

一般说来，转让背书包括以下三个方面的效力：①权利转移效力。背书成立后，汇票上的一切权利都由背书人转移给被背书人，被背书人就成为汇票权利人，享有付款请求权和追索权。②权利担保效力。背书人以背书转让汇票后，即承担保证其所持汇票和付款的责任。背书人在汇票得不到承兑或付款时，应当向持票人承担清偿责任。③权利证明效力。这是指持票人所持汇票上的背书只要具有形式上的连续性，即可证明持票人享有汇票上的一切权利。根据《票据法》以及司法解释的规定，<u>背书的连续是指在票据的转让中，转让汇票的背书人与受让汇票的被背书人在汇票上的签章依前后次序衔接的情况</u>。即连续背书的第一背书人应当是票据上记载的收款人，自第二次背书起，每一次背书的背书人必须是上一次背书的被背书人，最后的持票人必须是最后一次背书的被背书人。持票人以背书的连续性证明其汇票权利。

视野拓展

连续背书实例

图 6.5 中，收款人 A 公司将汇票背书给甲公司，形成第一次背书关系；第二次背书中的背书人也就是第一次背书中的被背书人，即甲公司；第三次背书中的背书人也就是第二次背书中的被背书人乙公司。由此表明这张背书是连续的。

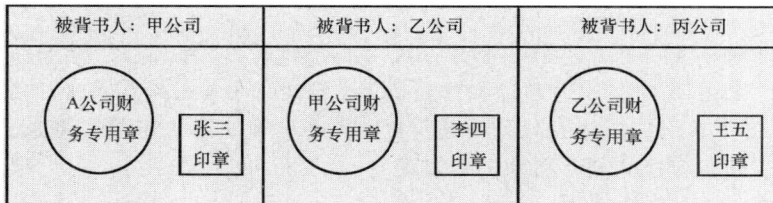

被背书人：甲公司		被背书人：乙公司		被背书人：丙公司	
A公司财务专用章	张三印章	甲公司财务专用章	李四印章	乙公司财务专用章	王五印章

图 6.5　连续背书示例

3. 非转让背书

非转让背书是指持票人以将一定的票据权利授予他人行使为目的的背书，其属于特殊意义的背书。非转让背书主要包括委托收款背书和质押背书两种。

（1）委托收款背书是指以委托他人代替自己行使票据权利实现收取票据金额为目的的背书。委托收款背书不仅要有背书人的签章，而且还要有"委托收款"的字样。由于委托收款背书不发生权利转移效力，因此背书人仍然享有票据权利，被背书人仅仅取得代理权，代理背书人行使汇票上除了转让之外的一切权利。

（2）质押背书是指以设定质权、提供债权担保为目的而进行的背书。在设定质押时，背书人不仅应当在汇票上签章，而且必须记载"质押"或"设质"等字样。如果出质人只在汇票上记载"出质"字样但并未签章，或者出质人另行签订质押合同或条款而未在汇票上记载"质押"字样的，都不构成汇票质押。

五、汇票的承兑

承兑是指远期汇票的付款人在票据的正面记载有关事项并签章，而后将票据交付请求承兑人承诺在汇票到期日无条件支付汇票金额的票据行为。

1．汇票承兑的特征

汇票承兑的特征如下：①承兑是一种附属的票据行为，必须以存在有效的出票行为为前提。②承兑是远期汇票付款人所为的票据行为，见票即付汇票、本票以及支票都不需要承兑制度。③承兑是汇票付款人表示愿意支付汇票金额的票据行为，并由此承担付款责任。④承兑是汇票付款人在汇票上所为的要式票据行为。付款人承兑汇票的，应当在汇票正面记载"承兑"字样和承兑日期并签章。

2．汇票承兑的程序

汇票承兑时遵循以下程序。

（1）提示承兑。提示承兑是指持票人向付款人出示汇票，并要求付款人表示在票据到期日愿意对票据付款的行为。持票人应在汇票载明的付款人的营业场所和营业时间内提示承兑，若付款人无营业场所，则应在其住所进行。同时，对于定日付款和出票后定期付款的汇票，持票人应在汇票到期日前向付款人提示承兑；对于见票后定期付款的汇票，则持票人应在出票日后1个月内向付款人提示承兑。如果持票人不按规定期限向付款人提示承兑，则丧失对其前手的追索权。

（2）承兑或拒绝承兑。付款人对向其提示承兑的汇票，应当自收到提示承兑的汇票之日起3日内承兑或拒绝承兑。若付款人在3日期限届满后，未作出表示的，则视为拒绝承兑。如果付款人对汇票加以承兑，则其必须在汇票正面记载"承兑"字样和承兑日期并签章。同时不得附有条件，因为若承兑附有条件，则视为拒绝承兑。

📋 **案例分析** ─────────────────────────

甲于4月1日签发一张出票后3个月付款的银行承兑汇票给乙，汇票金额100万元，承兑人为A银行。乙在A银行承兑后背书转让给丙，丙又背书转让给丁。该汇票于7月1日到期后，持票人丁于7月5日向A银行提示付款，A银行以出票人甲的资金账户上只有80万元和持票人未在法定期限内提示付款为由拒绝付款。

请问：A银行拒绝付款是否合法？为什么？

解析：不合法。因为付款人承兑汇票并将汇票交给持票人后，承兑即发生法律效力。《票据法》明确规定：付款人承兑汇票后，应当承担到期付款的责任。这意味着付款人成为承兑人后，就成为汇票上的第一债务人，即使承兑人和出票人之间并不存在事实上的资金关系，承兑人也不能以此为由对抗持票人。而且，即使持票人未按期提示付款，持票人仍有权对承兑人主张权利。因此，A银行不得以出票人甲的资金账户上只有80万元和持票人未在法定期限内提示付款为由拒绝付款。

─────────────────────────

3．汇票承兑的效力

付款人承兑汇票并将汇票交给持票人后，承兑即发生法律效力。付款人承兑汇票后，应当承担到期付款的责任。这意味着付款人成为承兑人后，就成为汇票上的第一债务人，即使承兑人和出票人之间并不存在事实上的资金关系，承兑人也不能以此为由对抗持票人。而且，即使持票人未按期提示付款，持票人仍有权对承兑人主张权利。此外，承兑人还必须承担最终的追索责任。

汇票经过付款人承兑后，持票人的付款请求权就成为现实的权利，以承兑人的责任为保障，并且持票人对承兑人还享有追索权。对于出票人和背书人而言，汇票一经承兑，即免除了承担前期追索的责任，即免于受到由于汇票被拒绝承兑而引发的追索权。

📖 **视野拓展**

参 加 承 兑

参加承兑是指为防止在到期日前行使追索权，而由预备付款人或其他第三人为特定票据债务人的利益而进行的票据行为。参加承兑者称为参加承兑人，因参加承兑而直接受益者称为被参加承兑人。参加承兑的目的，主要是在到期日前防止追索权的行使。汇票因被拒绝承兑，或因承兑人死亡、逃避或其他原因而无法做承兑或付款提示，或债务人受破产宣告时，持票人就会依法在到期日前做成拒绝证书行使追索权。这种不得已而为之的行为，无论是对持票人，还是对其前手都不利。如果此时有第三人出面维持票据信用，防止追索，那么对持票人和前手都有好处。因此，法律设立了参加承兑制度。

参加承兑需符合三个要件：①必须在票据到期日前发生追索事由。如《日内瓦统一汇票本票法公约》的规定，于到期前对可承兑之汇票行使追索权之持票人，在任何情况下均可参加承兑。②参加承兑人必须符合参加承兑的资格。根据《日内瓦统一汇票本票法公约》的规定，参加承兑人有两类，一类是预备付款人，另一类是预备付款人以外的第三人。③只有见票即付汇票以外的汇票才能参加承兑，因为见票即付汇票没有确定到期日。

六、汇票的保证

汇票保证，是票据债务人以外的第三人为担保特定汇票债务人履行债务，以负担同一内容的汇票债务为目的，在汇票上记载有关事项并签章，然后将票据交还给请求保证之人的一种附属票据行为。

1. 保证的记载事项

保证人必须在汇票或粘单上记载如下事项：表明"保证"的字样、保证人签章、保证人的名称和住所、被保证人的名称、保证日期。其中前两项属于绝对必要记载事项，后三项属于相对必要记载事项。如果缺少保证人的名称和住所，则保证人的名称可由其签章认定，保证人住所可以推定为保证人的营业场所等；如果缺少被保证人的名称，则已承兑的汇票，承兑人为被保证人，若未承兑的，则以出票人为被保证人；如果缺少保证日期，则以出票日为保证日期。此外，保证不得附有条件；附有条件的，不影响对汇票的保证责任。这属于记载无益的事项。

2. 保证的效力

对于保证人而言，其保证责任的发生依赖于被保证人债务的存在，以及被保证人责任的种类和范围。而且，保证人的保证责任还独立于被保证的票据债务，即使被保证的票据债务无效，也不影响保证责任的成立；但若被保证的票据债务因形式上欠缺生效要件而无效时，保证人可以不承担保证责任。此外，保证人与被保证人之间是连带责任，且共同保证人之间也是连带责任。根据《票据法》的规定，保证人清偿汇票债务后，可以行使持票人对被保证人及其前手的追索权。

对于持票人而言，由于多了一层担保关系，因而其权利实现的可能性得到了提高。对于被保证人以及后手而言，保证行为本身并没有免除任何票据债务人的责任，但如果汇票保证人履行了保证责任，清偿了持票人的债务，则对于被保证人以及后手来讲，就可以免除被追索的责任。

七、汇票的付款

付款是汇票的付款人向持票人支付汇票金额，以消灭票据权利义务的行为。由于付款不以付款人在汇票上为意思表示以及签章，因而付款仅仅是一种准法律行为，而不是票据行为。

1. 付款的程序

汇票付款程序有以下三步。

（1）付款提示。指持票人向付款人或代理付款人现实地出示汇票，以请求其付款的行为。值得一提的是，持票人应当按照下列期限提示付款：见票即付的汇票，自出票日起的 1 个月内向付款人提示付款；定日付款、出票后定期付款或者见票后定期付款的汇票自到期日起 10 日内向承兑人提示付款。

（2）实际付款。付款人或代理付款人必须在持票人请求付款的当日足额付款，不允许延期付款、部分付款。同时付款人或代理付款人在付款时应当审查背书是否连续等票据形式上的要件，并且应当审查提示人的合法身份证明。如果付款人或者代理付款人付款时有恶意或重大过失造成当事人损失的，应自行承担责任。

（3）交回票据。付款人付款后，持票人应当在汇票上记载"收讫"字样并签章，而后将汇票交给付款人，以此证明付款人已经依法履行完付款义务。持票人委托银行收款的，托收银行将代收的汇票金额转账收入持票人的账户，则视同签收。

2. 付款的效力

付款人按照汇票记载的文义，即时足额支付汇票金额后，汇票法律关系全部归于消灭，付款人和全体汇票债务人的票据责任因此解除。

八、汇票的追索权

汇票追索权，是指汇票到期不获付款或到期前不获承兑或有其他法定原因时，持票人在依法履行了保全手续以后，向汇票上的所有票据行为人请求偿还汇票金额、利息以及其他法定款项的一种票据权利。

1. 汇票追索权的特征

汇票追索权具有以下特征：①选择性。即持票人可以自由选择汇票追索权的对象，可以选择向票据债务人中的一人、数人或全体进行追索。②连续性。即持票人行使追索权获得清偿后，票据关系并没有消灭，而是被追索人成为汇票的新持票人，可以继续向其前手行使再追索的权利。③追加性。即持票人对于汇票债务人中的一人或数人已经进行了追索的，对于其他尚未被追索的汇票债务人仍可以行使追索权。

2. 汇票追索权行使的要件

汇票追索权行使的要件可以分为实质要件和形式要件两种。

汇票追索权行使的实质要件是指行使汇票追索权的法定原因，具体可以分为两种：①到期追索。合法持票人在汇票到期后行使追索权的唯一原因是汇票被拒绝付款，至于汇票到期为何不获付款，对持票人行使追索权并无影响。②期前追索。持票人在汇票被拒绝承兑、承兑人或付款人死亡或逃匿、承兑人或付款人被依法宣告破产或因违法被责令终止业务活动这三种情形中，可以进行期前追索。

汇票追索权行使的形式要件是指行使追索权必须遵守一定的程序、履行法定的保全追索权的手续。具体包括以下三项。

（1）提示承兑或提示付款。如果持票人未按照《票据法》的规定提示承兑或提示付款的，原则上丧失对前手的追索权。

（2）做成拒绝证明。拒绝证明应当包括以下事项：被拒绝承兑、付款的票据种类及其主要记载事项；拒绝承兑、付款的事实依据和法律依据；拒绝承兑、付款的时间；拒绝承兑人、拒绝付款人的签章。此外，退票理由书或其他合法证明可以代替拒绝证明，具有拒绝证明的效力。

（3）追索通知。持票人应当自收到被拒绝承兑或者被拒绝付款的有关证明之日起 3 日内，将被拒绝事由书面通知其前手；其前手应当自收到通知之日起的 3 日内书面通知其再前手。持票人也可以同时向各票据债务人发出书面通知。在规定的期限内，将通知按照法定地址或者约定的地址邮寄的，视为已经发出通知。未按照规定期限通知的，持票人仍可以行使追索权。因延期通知给其前手或者出票人造成损失的，由没有按照规定期限通知的汇票当事人承担该损失的赔偿责任，但所赔偿的金额以票据金额为限。

3．汇票追索权行使的效力

汇票追索权行使的效力需要从追索人、被追索人、物等三方面进行分析。

（1）对追索人的效力。追索人因行使追索权而受清偿后，其票据权利归于消灭。但应及时向被追索人交付汇票以及拒绝证明等，以便被追索人行使再追索权。

（2）对被追索人的效力。汇票发生追索时，所有被追索人对持票人承担连带责任。同时，被追索人清偿票据债务后，其责任解除，并取得与持票人同样的权利，可对其前手行使再追索权。

（3）对物的效力。这是指对追索金额所产生的效力。追索金额是指持票人或者其他追索人向偿还义务人行使追索权，请求其支付的金额，包括最初追索金额和再追索金额。最初追索金额一般包括三部分：被拒绝付款的汇票金额；汇票金额从到期日或者提示付款日起至清偿日止，按照中国人民银行规定的利率计算的利息；取得有关拒绝证明和发出通知书的费用。再追索金额包括：已清偿的全部金额；票据金额自清偿日起至再追索清偿日止，按照中国人民银行规定的利率计算的利息；发出通知书的费用。

第五节 本票与支票

一、本票

本票是由出票人签发的，承诺自己在见票时无条件支付确定的金额给收款人或者持票人的票据。

（一）本票的特征

根据本票的概念，本票具有以下特征。

（1）本票是票据的一种，具有一切票据的共有性质，即本票也是文义证券、设权证券、要式证券、无因证券、完全有价证券。

（2）本票的基本当事人只有两方，即出票人和收款人，而汇票和支票则有三方当事人，即出票人、收款人和付款人。

（3）本票是自付证券，即出票人就是付款人；而汇票和支票一般都是委托他人付款的，属于委付证券。

（4）本票无须承兑，因为本票是由出票人自己付款的，该付款承诺对出票人本人具有法律约束力。

（二）本票的种类

本票可以根据以下几种方式进行分类。

（1）根据本票上是否记载权利人姓名，可以将其分成记名本票、指示本票和无记名本票。我国只承认记名本票。

（2）根据本票的出票人不同，可以将其分成银行本票和商业本票。根据《票据法》的规定，我国仅承认银行本票，不承认商业本票。

（3）根据本票上指定日期方式的不同，可以将其分成即期本票和远期本票。《票据法》所规定的本票为见票即付本票。

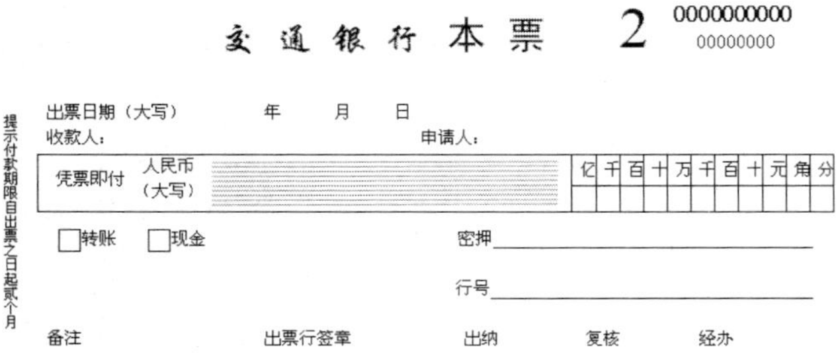
交通银行 本票 2 0000000000 00000000

提示付款期限自出票之日起贰个月

出票日期（大写） 年 月 日

收款人： 申请人：

凭票即付	人民币（大写）	亿	千	百	十	万	千	百	十	元	角	分

□转账 □现金 密押

行号

备注 出票行签章 出纳 复核 经办

图 6.6 银行本票正面

视野拓展

图 6.6 是银行本票票样。银行本票是由银行作为出票人的本票，本例是交通银行为出票人的本票。

（三）本票的出票

从形式上看，本票的出票与汇票的出票是一样的，即出票人做成票据，并将票据交付给收款人的基本票据行为。但从内容上看，二者则不能等同，即汇票的出票是出票人委托付款人向收款人支付一定金额的票据行为；而本票的出票则是指出票人表示自己承担支付本票金额债务的票据行为。

1. 本票出票的款式

对于本票的款式，根据《票据法》的规定，本票必须记载的事项包括：表明“本票”的字样、无条件支付的承诺、确定的金额、收款人名称、出票日期、出票人签章。本票上未记载上述规定事项之一的，本票无效。此外，付款地和出票地是本票的相对必要记载事项。若本票上未记载付款地的，则出票人的营业场所为付款地；若本票上未记载出票地的，则出票人的营业场所为出票地。

2. 本票出票的效力

本票出票后，对于出票人而言，其必须承担对本票持票人的付款责任。出票人是本票上的主债务人，本票一届到期日，出票人必须对持票人付款，对此不得附加任何条件，而且出票人的付款义务不因持票人对其权利的行使或保全手续的欠缺而免除，但一经出票人付款，全部本票关系都归于消灭。因此，本票出票人的付款责任是第一性、无条件、绝对、最终的责任。对于收款人而言，本票出票后，其就取得本票上的权利。其中付款请求权是一种实现的权利，因为本票的主债务人在出票后就确定了，这有别于汇票。而追索权则与汇票一样，都只有在付款请求权不能实现时，并在法定期限内做成拒绝证明后才能行使。根据《票据法》的规定，本票自出票之日起，付款期限最长不得超过 2 个月，并保证支付。本票的出票人在持票人提示见票时，必须承担付款的责任。持票人未按规定期限提示见票的，丧失对出票人以外的前手的追索权。

案例分析

　　甲市的 A 向某农行申请了一张本票，准备拿到乙市去做生意。该本票上记载的内容有：出票日期是 2023 年 3 月 5 日，金额 5 000 元，"本票"字样，无条件支付的承诺，出票地为甲市某农行所在地。A 将此本票背书转让给了乙市的 B，B 又转让给了同市的 C。

　　请问：（1）该本票的出票行为有效吗？为什么？

　　（2）若该本票为一张有效的本票，而该本票上并未记载付款地，则 C 能否在乙市向乙市的农行申请付款？

　　解析：（1）无效，因为该本票欠缺出票人签章和收款人名称两个绝对必要记载事项。

　　（2）不能，因为《票据法》规定，若本票上未记载付款地的，则出票人的营业场所为付款地。

二、支票

　　支票是出票人签发的，委托办理支票存款业务的银行或其他金融机构在见票时无条件支付确定的金额给收款人或持票人的票据。

（一）支票的特征

　　根据支票的概念，支票具有以下法律特征。

　　（1）支票是票据的一种，也具有一切票据的共有性质，即支票也是文义证券、设权证券、要式证券、无因证券、完全有价证券。

　　（2）支票付款人的资格有所限制，仅限于银行或其他金融机构，除此之外所有的公司和个人都不能担当支票的付款人。

　　（3）支票是见票即付的票据，不像汇票、本票有远期和即期之分。

（二）支票的种类

　　支票可按以下几种方式进行分类。

　　（1）根据支票上记载权利方式的不同，可以将其分成记名支票、无记名支票和指示支票。根据《票据法》的规定，支票上的绝对必要记载事项并不包括收款人名称，而且若未记载收款人名称的，可以经出票人授权加以补记。因此，我国实际上是承认无记名支票的。

　　（2）根据支票付款方式的不同，可以将其分为普通支票、现金支票和转账支票。普通支票既可以转账，也可以支取现金。用于转账的，可在普通支票左上角加画两条平行线，亦称划线支票；未画线的普通支票，可用于支取现金。现金支票专门用于支取现金。这种支票在印制时，已在支票的上端印明了"现金"字样。转账支票专门用于转账，不得用于支取现金。这种支票在印制时，已在支票的上端印明"转账"字样。

　　（3）以当事人是否兼任为标准，可以将支票分为一般支票和变式支票。根据《票据法》的规定，出票人可以在支票上记载自己为收款人，因而我国承认变式支票。

（三）支票的出票

　　从形式上看，支票的出票与汇票、本票的出票是一样的，但从内容上看，三者则不能等同。汇票的出票是出票人委托付款人向收款人支付一定金额的票据行为；本票的出票是指出票人表示自己承担支付本票金额债务的票据行为；支票的出票则是指出票人委托银行或其他金融机构无条件向持票人支付一定金额的票据行为。

1. 支票出票的款式

对于支票的款式，根据《票据法》的规定，<u>支票必须记载的事项有：表明"支票"的字样、无条件支付的委托、确定的金额、付款人名称、出票日期、出票人签章。支票上未记载上述规定事项之一的，则支票无效。</u>付款地和出票地则属于支票上的相对必要记载事项。若未记载付款地的，则以付款人营业场所为付款地；若未记载出票地的，则以出票人的营业场所、住所或者经常居住地为出票地。

📖 视野拓展

图 6.7～图 6.9 所示为支票票样。

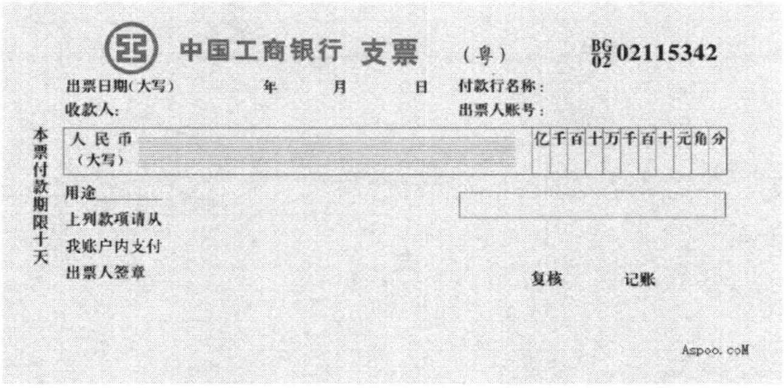

图 6.7 普通支票正面

普通支票既可以转账，也可以支取现金。本例是中国工商银行为付款银行的普通支票。

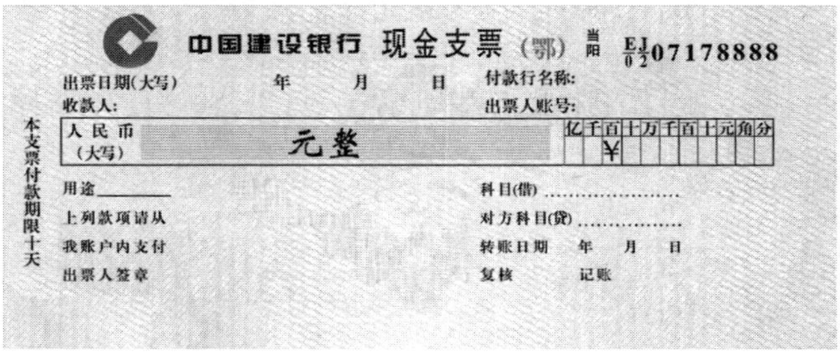

图 6.8 现金支票正面

现金支票专门用于支取现金。本例是中国建设银行为付款银行的现金支票。

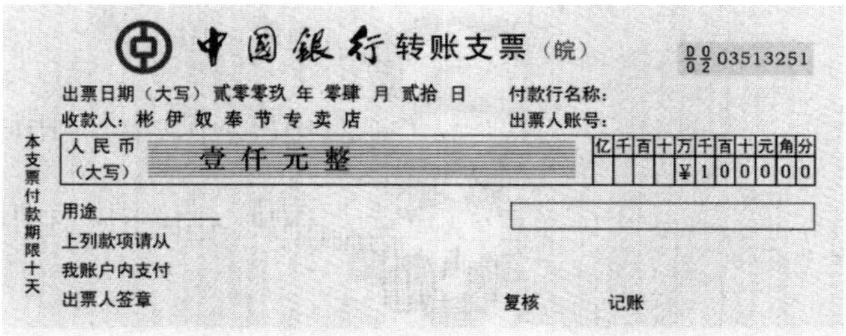

图 6.9 转账支票正面

转账支票专门用于转账。本例是中国银行为付款银行的转账支票。

2. 支票出票的效力

对于出票人而言，其一签发支票，就必须依照支票金额承担保证向该持票人付款的责任，即使支票因超期提示付款等原因而不获付款，出票人仍应对持票人承担票据责任。对于付款人而言，出票人签发支票的行为对其没有强制性效力，但出票人在付款人处的存款足以支付支票金额时，付款人必须在当日足额付款。对于收款人而言，由于出票行为是单方法律行为，持票人无法确定付款人是否会付款，因此收款人因出票所享有的权利是一种期待权。当然，收款人在一定条件下也可以行使追索权。

（四）支票的资金关系和空头支票

一般而言，支票的出票人与付款人之间必须存在资金关系。在银行开立支票存款账户，是出票人签发支票的前提。根据《票据法》的规定，申请人申请开立支票存款账户，必须使用其本名，并提交证明其身份的合法证件。开立支票存款账户和领用支票，应当有可靠的资信，并存入一定的资金。开立支票存款账户，申请人应当预留其本名的签名式样和印鉴。

《票据法》规定，禁止签发空头支票。空头支票是出票人签发的金额超过付款时在付款人处实有存款金额的支票。由于空头支票影响支票信用，扰乱金融秩序，因而各国普遍都对空头支票持否定态度。《票据管理实施办法》明确规定，签发空头支票，不以骗取财物为目的的，由中国人民银行处以票面金额 5%但不低于 1 000 元的罚款；持票人有权要求出票人赔偿支票金额 2%的赔偿金。

此外，出票人不得签发与其预留本名的签名式样或印鉴不符的支票，否则应当承担相应民事责任和刑事责任。

实案广角

处理空头支票实例

（五）支票的付款

支票的付款，是指付款人根据持票人的请求向其交付支票金额，以消灭支票关系的行为。《票据法》规定，支票的持票人应当自出票日起 10 日内提示付款；异地使用的支票，其提示付款的期限由中国人民银行另行规定。如果出票人在付款人处的存款足以支付支票金额时，付款人应当在当日足额付款。因为支票限于见票即付，所以不得另行记载付款日期。若另行记载付款日期的，该记载无效。超过提示付款期限的，付款人可以不予付款。

付款人依法支付支票金额的，其对出票人不再承担受委托付款的责任，对持票人不再承担付款的责任，但付款人以恶意或有重大过失付款的除外。

案例分析

甲公司向乙公司订购一批家具，授权本公司员工李某携带一张记载有本单位签章，出票日期为某年 2 月 6 日，票面金额为 10 万元的转账支票前往乙公司采购。2 月 7 日，李某代表甲公司与乙公司签订家具买卖合同后，将该支票交付给乙公司，交付时声明该支票未记载收款人名称，由乙公司自己填写。乙公司收到支票后在收款人一栏填写了自己的名称。

请问：（1）甲公司交付给乙公司的支票未记载收款人名称，是否导致该支票无效？为什么？

（2）如果乙公司于 2 月 16 日前向甲公司开户银行提出付款，而甲公司在开户银行的账户上已无资金，此时，甲公司的行为属于何种性质？应受到何种处罚？

解析：（1）甲公司交付给乙公司的支票上未记载收款人名称，不会导致该支票无效。根据规定，支票的金额、收款人名称可以由出票人授权补记，所以甲公司支付给乙公司的支票上未记载收款人名称，该支票也是有效的。

（2）甲公司的行为属于签发空头支票的行为。根据《票据管理实施办法》的规定，中国人民银行应对甲公司处以票面金额 5%但不低于 1 000 元的罚款；同时持票人有权要求甲公司赔偿支票金额 2%的赔偿金。

导入案例解析

（1）甲公司所受损失可向丙银行追索。由于丙银行在审查支票的过程中未能发现该支票变造的事实，丙银行在审查支票过程中有过失，因此丙银行应当承担由此给甲公司造成的损失赔偿责任。

（2）支票在变造后仍然有效。因为甲公司开出的支票是合法成立的有效票据。

（3）张某可以向刘某、王某和甲公司中的任何一个或部分或全部进行追索。其中，甲公司和王某是在票据变造之前签章的，应当按原记载内容负责，因此甲公司和王某应承担的票据责任为 5 万元；刘某是票据变造人，签章在票据变造之后，应当按变造后的记载内容负责，因此刘某应承担的票据责任为 15 万元。

综合练习题

一、名词解释

票据　票据关系　票据行为　票据权利　票据抗辩　票据伪造　票据变造
汇票　本票　支票

二、判断题

1．票据资金关系是票据法上的非票据关系。　　　　　　　　　　　　　（　　）

2．无民事行为能力人在票据上签章的，其签章无效，且因此影响其他签章的效力。
　　　　　　　　　　　　　　　　　　　　　　　　　　　　　　　　（　　）

3．背书指在票据背面或粘单上记载有关事项并签章的非票据行为。　　（　　）

4．汇票上不必记载"无条件支付的委托"的字样。　　　　　　　　　　（　　）

5．签发空头支票的，商业银行可按票面金额处以 5%，但不低于 2 000 元的罚款。
　　　　　　　　　　　　　　　　　　　　　　　　　　　　　　　　（　　）

三、单项选择题

1．甲为履行与乙的合同向乙付款，签发了商业汇票，由银行承兑。甲、乙之间的合同因违反法律强制性规定而被认定无效。这份银行承兑汇票（　　　　）。

　　A．无效　　　　　　　　　　　　B．有效

　　C．必须通过仲裁确定效力　　　　D．必须通过诉讼确定效力

2．私刻印章签发票据，此行为在票据法上构成（　　　　）。

　　A．票据欺诈　　B．票据侵权　　C．票据行为代行　　D．票据伪造

3．不属于《票据法》调整的票据是（　　　　）。

　　A．商业汇票　　B．银行汇票　　C．央行票据　　D．银行本票

4．背书时注明"如按期交货，票据权利转移。"此约定（　　　　）。

　　A．不影响背书的效力　　　　　　B．在背书人和被背书人之间有效

　　C．导致背书无效　　　　　　　　D．对被背书人和其他后手发生效力

5．根据《票据法》的规定，下列关于汇票的表述中，正确的是（　　　　）。

　　A．汇票金额中文大写与数码记载不一致的，以中文大写金额为准

　　B．汇票保证中，被保证人的名称属于绝对必要记载事项

　　C．见票即付的汇票，无须提示承兑

　　D．汇票承兑后，承兑人能够以与出票人之间的资金关系为理由对抗持票人

四、多项选择题

1．下列关于票据权利的表述，正确的有（　　　）。

A．凡是无代价或不以相当代价取得的票据，不得享有优先于前手的权利

B．票据权利是专指持票人向票据债务人请求支付票据金额的权利，包括付款请求权和追索权

C．持票人对出票人和承兑人的票据权利自票据到期日起 2 年内不行使而消灭

D．持票人对出票人的票据权利，自出票之日起，6 个月内不行使而消灭

2．票据行为的特征不包括（　　　）。

A．票据行为的无因性　　　　　　　　B．票据行为的独立性

C．公正性　　　　　　　　　　　　　D．公开性

3．有关承兑的以下说法中，（　　　）是正确的。

A．承兑是汇票特有的票据行为　　　　B．承兑是无条件的

C．见票即付的汇票无须承兑　　　　　D．承兑记载在汇票的正面

4．根据《票据法》的规定，下列关于本票的表述中，正确的有（　　　）。

A．出票日期是本票的绝对必要记载事项

B．本票的基本当事人只有出票人和收款人

C．本票无须承兑

D．本票自出票日起，付款期限最长不得超过 6 个月

5．小王是限制行为能力人，因和小李之间的债务关系，签发给小李一张支票，小李收到支票后背书转让给小孙，小孙又背书转让给小刘，小刘向银行请求付款时，银行以出票人印鉴不清拒付。小刘可向（　　　）等行使追索权。

A．小王　　　　　B．小李　　　　　　C．小孙　　　　　　D．银行

五、思考题

1．简述票据的法律特征。

2．辨析票据关系、票据法上的非票据关系、票据基础关系三者的内涵。

3．票据行为要具备什么样的形式要件？

4．简述票据抗辩的种类以及抗辩的限制。

5．汇票出票的记载事项可以作几种分类，每类的具体内容有哪些？

六、案例分析题

A 公司为支付其欠 B 公司的货款，于 6 月 5 日给 B 公司开出一张 20 万元的银行承兑汇票。B 公司获此汇票后，因向 C 公司购买一批钢材而将该汇票背书转让给 C 公司。但事后不久，B 公司发现 C 公司根本无货可供，完全是一场骗局，便马上通知付款人停止向 C 公司支付票款。C 公司获此汇票后，并未向付款人请求支付票款，而是将该汇票又背书转让给了 D 公司，以支付其所欠的工程款。D 公司获此汇票时，不知道 C 公司以欺诈方式从 B 公司获得该汇票，B 公司已通知付款人停止付款的情况，即于同年 7 月 1 日向付款人请求付款。付款人在对该汇票进行审查之后拒绝付款，理由是：①C 公司以欺诈行为从 B 公司处获取票据的行为是无效票据行为，B 公司已通知付款人停止付款；②该汇票未记载付款日期，为无效票据。据此，付款人便做成退票理由书，交付 D 公司。

请问：根据上述事实，付款人拒付理由是否合法？为什么？

第七章　证券法律制度

【学习目标】

掌握证券法的调整对象和基本原则；熟悉证券交易所和证券公司的设立及其基本规则，掌握国务院证券监督管理机构的职责和措施，了解证券登记结算机构的基本规范；掌握证券发行的条件，熟悉证券发行的承销制度；掌握证券交易的一般规定，熟悉证券上市规则和持续信息公开制度，掌握各种禁止的证券交易行为及其法律责任，了解上市公司收购制度。

【素养目标】

理解我国证券法为证券市场全面深化改革落实落地、有效防控市场风险、提高上市公司质量、切实维护投资者合法权益提供坚强的法治保障作用，深刻认识证券从业人员的职业道德和行为规范，保持诚实守信、公正公平，不谋取不正当利益、不干扰监督，自律管理。

导入案例

某年 3 月 2 日至 3 月 31 日，甲公司多次以自己为交易对象，进行不转移所有权的自买自卖，影响甲公司股票的交易价格和成交量。同年 8 月 3 日，国务院证券监督管理机构对甲公司作出罚款 160 万元的决定。12 月 7 日，投资者 A 在对甲公司的诉讼中胜诉，人民法院判决甲公司赔偿 A 的证券交易损失 500 万元。因甲公司财产不足以同时支付罚款和民事赔偿责任费用，甲公司主张先向国务院证券监督管理机构缴纳罚款，再偿付投资者损失。

请问：（1）甲公司的行为属于何种行为？并说明理由。
（2）甲公司的主张是否成立？并说明理由。

第一节　证券与证券法概述

一、证券概述

证券是商品经济和社会化大生产的产物。在实践中，证券的定义受到市场发展程度的影响，并反映在立法中。

1. 证券的概念

证券是表示一定权利的书面凭证。证券有广义和狭义之分，广义的证券是指以证明或设定权利为目的做成的书面凭证，包括资本证券、货物证券和货币证券等；狭义的证券则是指资本证券，即发行人为筹集资本而发行的，表示持有人对发行人享有股权或债权的书面凭证。本章所指证券，均为狭义的证券。

2. 证券的分类

《证券法》上的证券可以分为股票、公司债券、存托凭证和国务院依法认定的其他证券。

（1）股票。股票是指股份有限公司依法发行的用以证明股东按其所持股份享受权利和承担义务的书面凭证。股票按不同分类标准可分为记名股票和无记名股票、有面额股票和无面额股票、有表决权股票和无表决权股票、普通股股票和优先股股票。依据股票的上市地点和认购股票的投资者身份不同，我国股票可分为境内上市内资股（A股）、境内上市外资股（B股）和境外上市外资股（H股、N股、L股、S股等）。

（2）公司债券。公司债券是指公司依照法定程序发行的、约定在一定期限内还本付息的有价证券。债券是指资金筹集者按照法定程序发行的、承诺到期还本付息的有价证券。债券的本质是债的证明书。债券购买者（持有者）与发行者之间是债权债务关系，而股票持有者享有的是股权，这是债券和股票的根本区别。债券可以分为政府债券、金融债券、公司债券、企业债券等，其中公司债券还包括可转换为股票的公司债券，简称为可转换公司债券。债券交易方式包括现货交易和回购交易。

（3）存托凭证。中国存托凭证（CDR）是指由存托人签发、以境外证券为基础在中国境内发行、代表境外基础证券权益的证券。

（4）国务院依法认定的其他证券。随着我国金融体制创新，证券市场上的证券品种不断增加，国务院可以依法认定其他证券。

3. 证券的特征

证券的特征是指证券所具有的本质属性。证券具有以下特征：投资性、证权性、流通性、风险性。

这里特别说明的是证券的风险性，即证券收益的不确定性。近年来，随着我国证券市场的快速发展和理财观念的深入人心，证券投资者队伍不断扩大，但其中有很大比例是缺乏风险意识和风险承受能力的中小投资者。没有成熟的投资者就没有成熟的证券市场。对此，国务院证券监督管理机构通过持续开展、强化投资者教育工作，如一再警示"买者自负"等，来增强投资者的风险意识、提高投资者的投资决策能力。

二、证券市场

证券市场是指证券发行、交易以及与此相适应的组织、服务和管理的运行机制的总称。证券市场可以高效募集资金、优化资源配置、分散资本风险、完善公司制约机制、协助宏观调控；也可能加剧投机欺诈、加剧经济波动，进而加剧社会矛盾。

从市场结构看，证券市场主要包括证券发行市场与证券交易市场。证券发行市场是指证券发行人为了筹集资金按照一定的法律程序，向投资者出售证券所形成的市场，又称为"一级市场"或"初级市场"。证券交易市场是指投资者对公开发行的证券进行买卖、转让和流通的场所，又称为"二级市场"或"次级市场"。

证券发行市场与证券交易市场相互依存。二级市场所交易的对象，通常是已经通过一级市场发行在外的证券，因此，一级市场是二级市场的前提。二级市场的交易情况，反过来又会影响一级市场的发行，包括发行证券的品种、数量和价格等。

三、证券法概述

（一）证券法的概念和调整对象

证券法是指调整证券关系的法律规范的总称。证券法有广义和狭义之分。广义的证券法指所有与证券有关的法律、行政法规和规章等。狭义的证券法是指国家立法机关制定的证券法典，在我国即指《证券法》。

证券法的调整对象主要包括证券发行关系、证券交易关系、证券监管关系及其他证券关系。其他证券关系指为保障证券发行和交易顺利进行而形成的证券登记、存管、结算和服务关系。

（二）证券法的适用范围

依据《证券法》第2条的规定，股票、公司债券、存托凭证和国务院依法认定的其他证券的发行与交易适用《证券法》。《证券法》未规定的，适用《公司法》和其他法律、行政法规的规定。政府债券、证券投资基金份额的上市交易，适用《证券法》；其他法律、行政法规另有规定的，适用其规定。资产支持证券、资产管理产品发行、交易的管理办法，由国务院依据《证券法》的原则规定。因此，证券投资基金份额的发行适用《证券投资基金法》，政府债券的发行不适用《证券法》。

（三）我国证券法的基本原则

证券法的基本原则集中体现了《证券法》的基本精神和理念，贯穿于证券立法、执法和司法活动的始终，是《证券法》有效运行的基础，其具体内容如下。

1. 公开、公平和公正原则

公开、公平和公正原则简称"三公"原则。公开原则，亦称信息公开原则，是指有关证券发行与交易的信息要依法披露，让投资者在充分了解真实情况的基础上自行作出投资选择的行为准则。它包括证券发行人的发行信息公开和持续信息公开，还包括证券监管机构对证券市场监管和执法活动的公开。

公平是法的基本价值之一。公平原则是指证券市场参与者的法律地位平等、机会平等的原则。只有法律地位平等，才有权利保护的平等和投资机会的平等。

公正原则是针对证券市场的管理者而言的，指证券监管机构及其他有关部门在履行职责时，应当依法行使职权，不偏不倚地对待各方当事人的原则。

在"三公"原则中，公开原则是核心，也是公平、公正的前提和保障。只有以公开为基础，才能实现公平和公正。

2. 平等、自愿、有偿和诚实信用原则

平等、自愿、有偿和诚实信用原则是民法原则在《证券法》中的具体体现。

3. 分业经营、分业管理原则

分业经营、分业管理原则是指证券公司和商业银行、信托公司、保险公司分别设立，其业务活动和经营管理分开进行的原则。其目的是降低混业经营的高风险。当前，我国金融监管不仅是行业监管，更侧重行为监管。

4. 国家集中统一监管与行业自律监管相结合原则

国家集中统一监管是指对证券市场的监督管理权集中于国务院证券监督管理机构及其派出机构，其他任何政府机构都不享有该权力的监管形式。行业自律监管是指通过证券业协会的自我管理、自我教育等方式督促会员依法经营的监管形式。国家集中统一监管与行业自律监管各有利弊，具有互补性；二者相结合，既能满足证券市场监管灵活性的需要，又能实现证券市场的统一高效监管。

证券市场监督管理体制的类型

由于经济制度、经济发展水平以及历史传统上的差异，全球证券市场的监督管理体制存在很大差异，主要分为三类：①政府集中管理型，即以政府监管为主，行业自律监管为辅，如美国、日本、加拿大等国；②自律管理型，即以行业自律监管为主，政府较少干预，如英国、新加坡、马来西亚等国；③结合型，既强调集中监督，又注重自我约束，如德国、意大利、泰国等国。随着证券市场国际化进程的加快，结合型管理模式逐渐成为证券市场监管的一种趋势。

第二节　证券市场主体

一、证券交易所

证券交易所是为证券集中交易提供场所和设施，组织和监督证券交易，实行自律管理的法人。证券交易所的名称，应当标明"证券交易所"字样。其他任何单位和个人不得使用"证券交易所"或者近似名称。证券交易所的设立、变更和解散，由国务院决定。

以组织结构为标准，证券交易所可以分为会员制交易所和公司制交易所。会员制交易所设会员大会、理事会、总经理和监事会。公司制交易所设股东会、董事会、总经理和监事会。若证券交易所为一人有限责任公司的，不设股东会，由股东行使股东会的职权。上海证券交易所和深圳证券交易所为会员制交易所，北京证券交易所为公司制交易所。

证券交易所的职能主要有以下几项。

（1）为组织公平的集中竞价交易提供保障，实时公布证券交易即时行情，并按交易日制作证券市场行情表，予以公布。

（2）依据法律、行政法规和国务院证券监督管理机构的规定，制定上市规则、交易规则、会员管理规则和其他有关业务规则，并报国务院证券监督管理机构批准。对违反业务规则的，由证券交易所给予纪律处分或采取其他自律管理措施。

（3）可以按照业务规则的规定，决定上市交易股票的停牌或者复牌。

（4）因不可抗力、意外事件、重大技术故障、重大人为差错等突发性事件而影响证券交易正常进行时，为维护证券交易正常秩序和市场公平，证券交易所可以按照业务规则采取技术性停牌、临时停市等处置措施，并应当及时向国务院证券监督管理机构报告。因前款规定的突发性事件导致证券交易结果出现重大异常，按交易结果进行交收将对证券交易正常秩序和市场公平造成重大影响的，证券交易所按照业务规则可以采取取消交易、通知证券登记结算机构暂缓交收等措施，并应当及时向国务院证券监督管理机构报告并公告。证券交易所对其依照本规定采取措施造成的损失，不承担民事赔偿责任，但存在重大过错的除外。

（5）对证券交易实行实时监控，并按照国务院证券监督管理机构的要求，对异常的交易情况提出报告。证券交易所根据需要，可以按照业务规则对出现重大异常交易情况的证券账户的投资者限制交易，并及时报告国务院证券监督管理机构。

二、证券公司

证券公司是指依据《公司法》和《证券法》的规定并经国务院证券监督管理机构审查批准而成立的专门经营证券业务，具有独立的法人地位的金融机构。其组织形式为有限责任公司或者股份有限公司。

（一）证券公司的设立

证券公司的设立必须经国务院证券监督管理机构依据法定的程序审查批准。未经国务院证券监督管理机构批准，任何单位和个人不得以证券公司名义开展证券业务活动。证券公司变更证券业务范围，变更主要股东或者公司的实际控制人，合并、分立、停业、解散、破产，应当经国务院证券监督管理机构核准。

设立证券公司，应当具备下列条件：①有符合法律、行政法规规定的公司章程；②主要股东及公司的实际控制人具有良好的财务状况和诚信记录，最近3年无重大违法违规记录；③有符合《证券法》规定的注册资本；④董事、监事、高级管理人员、从业人员符合《证券法》规定的条件；⑤有完善的风险管理与内部控制制度；⑥有合格的经营场所、业务设施和信息技术系统；⑦法律、行政法规和经国务院批准的国务院证券监督管理机构规定的其他条件。

（二）证券公司的业务范围

经国务院证券监督管理机构核准，取得经营证券业务许可证，证券公司可以经营以下部分或全部证券业务：①证券经纪；②证券投资咨询；③与证券交易、证券投资活动有关的财务顾问；④证券承销与保荐；⑤证券融资融券；⑥证券做市交易；⑦证券自营；⑧其他证券业务。

证券公司经营上述第①至③项业务的，注册资本最低限额为人民币 5 000 万元；经营第④至⑧项业务之一的，注册资本最低限额为人民币 1 亿元；经营第④至⑧项业务中两项以上的，注册资本最低限额为人民币 5 亿元。证券公司的注册资本应当是实缴资本。

证券经纪业务，是指证券公司通过其设立的证券营业部，接受客户委托，按照客户的要求，代理客户买卖证券并按成交金额收取一定比例佣金的业务。由于在证券交易所内交易的证券种类繁多、数额巨大，而交易厅内席位有限，一般投资者不能直接进入证券交易所交易，故只能通过特许的证券经纪商做中介来完成证券买卖。

（三）证券公司的禁止性规定

1. 董事、监事、高级管理人员的任职资格

证券公司的董事、监事、高级管理人员，应当正直诚实、品行良好，熟悉证券法律、行政法规，具有履行职责所需的经营管理能力。证券公司任免董事、监事、高级管理人员，应当报国务院证券监督管理机构备案。有下列情形之一的，不得担任证券公司的董事、监事、高级管理人员：①因违法行为或违纪行为被解除职务的证券交易所、证券登记结算机构的负责人或者证券公司的董事、监事、高级管理人员，自被解除职务之日起未逾5年；②因违法行为或违纪行为被吊销执业证书或被取消资格的律师、注册会计师或其他证券服务机构的专业人员，自被吊销执业证书或被取消资格之日起未逾5年。

2. 从业人员限制

因违法行为或违纪行为被开除的证券交易场所、证券公司、证券登记结算机构、证券服务机构的从业人员和被开除的国家机关工作人员，不得招聘为证券公司的从业人员。

3. 兼职禁止

国家机关工作人员和法律、行政法规规定的禁止在公司中兼职的其他人员，不得在证券公司中兼任职务。

4. 具体行为规则

证券公司的具体行为规则有以下几项。

（1）内部控制制度实施规则。证券公司应当健全内部控制制度，采取有效隔离措施，防范公司与客户之间、不同客户之间的利益冲突。证券公司必须将其证券经纪业务、证券承销业务、证券自营业务、证券做市业务和证券资产管理业务分开办理，不得混合操作。

（2）自营业务。证券公司的自营业务必须以自己的名义进行，不得假借他人名义或以个人名义进行。证券公司的自营业务必须使用自有资金和依法筹集的资金。证券公司不得将其自营账户借给他人使用。

（3）禁止挪用客户财产。证券公司不得将客户的交易结算资金和证券归入其自有财产。禁止任何单位或个人以任何形式挪用客户的交易结算资金和证券。

（4）禁止全权委托。证券公司办理经纪业务，不得接受客户的全权委托而决定证券买卖、选择证券种类、决定买卖数量或者买卖价格。证券公司不得允许他人以证券公司的名义直接参与证券的集中交易。

（5）禁止不当承诺。证券公司不得对客户证券买卖的收益或者赔偿证券买卖的损失作出承诺。

（6）禁止私下委托。证券公司的从业人员不得私下接受客户委托买卖证券。

三、证券登记结算机构

证券登记结算机构是为证券交易提供集中登记、存管与结算服务，不以营利为目的的法人。2001年3月30日，中国证券登记结算有限责任公司（简称中国结算）成立，《证券法》规定的全国集中统一运营的证券登记结算体制由此形成。

（1）证券登记结算机构的设立。设立证券登记结算机构，必须经国务院证券监督管理机构批准，还应当具备下列条件：①自有资金不少于人民币2亿元；②具有证券登记、存管和结算服务所必须的场所和设施；③国务院证券监督管理机构规定的其他条件。证券登记结算机构的名称中应当标明证券登记结算字样。

（2）证券登记结算机构的职能。证券登记结算机构应履行如下职能：①证券账户、结算账户的设立；②证券的存管和过户；③证券持有人名册登记；④证券交易的清算和交收；⑤受发行人的委托派发证券权益；⑥办理与上述业务有关的查询、信息服务；⑦国务院证券监督管理机构批准的其他业务。

证券登记结算机构不得挪用客户的证券。证券登记结算机构应当保证证券持有人名册和登记过户记录真实、准确、完整，不得隐匿、伪造、篡改或者毁损。

四、证券服务机构

证券服务机构是指为证券发行和交易市场提供有关证券投资咨询、资产评估、资信评级、财务顾问、信息技术系统服务和审计、法律服务业务等的专业机构，主要包括证券投资咨询机构、资产评估机构、资信评级机构、财务顾问机构以及会计师事务所、律师事务所等。

证券投资咨询机构及其从业人员从事证券服务业务不得有下列行为：①代理委托人从事证券投资；②与委托人约定分享证券投资收益或者分担证券投资损失；③买卖本咨询机构提供服务的证券；④法律、行政法规禁止的其他行为。有上述行为之一，给投资者造成损失的，依法承担赔偿责任。

五、证券业协会

证券业协会是证券业的自律性组织，是社会团体法人，属于非营利性机构。证券公司应当加入证券业协会。证券业协会的权力机构为全体会员组成的会员大会。证券业协会的章程由会员大会制定，并报国务院证券监督管理机构备案。证券业协会设理事会，理事会成员依章程的规定由选举产生。

证券业协会履行下列职责：①教育和组织会员及其从业人员遵守证券法律、行政法规，组织开展证券行业诚信建设，督促证券行业履行社会责任；②依法维护会员的合法权益，向证券监督管理机构反映会员的建议和要求；③督促会员开展投资者教育和保护活动，维护投资者合法权益；④制定和实施证券行业自律规则，监督、检查会员及其从业人员行为，对违反法律、行政法规、自律规则或者协会章程的，按照规定给予纪律处分或者实施其他自律管理措施；⑤制定证券行业业务规范，组织从业人员的业务培训；⑥组织会员就证券行业的发展、运作及有关内容进行研究，收集整理、发布证券相关信息，提供会员服务，组织行业交流，引导行业创新发展；⑦对会员之间、会员与客户之间发生的证券业务纠纷进行调解；⑧证券业协会章程规定的其他职责。

六、证券监督管理机构

国务院证券监督管理机构依法对全国证券市场实行监督管理。现行国务院证券监督管理机构为证监会，依据法律、法规和国务院授权，统一监督管理全国证券市场和期货市场，维护证券市场公开、公平、公正，防范系统性风险，维护投资者合法权益，促进证券市场健康发展。

1. 国务院证券监督管理机构的职责

国务院证券监督管理机构在对证券市场实施监督管理的过程中履行下列职责：①依法制定有关证券市场监督管理的规章、规则，并依法进行审批、核准、注册，办理备案；②依法对证券的发行、上市、交易、登记、存管、结算等行为，进行监督管理；③依法对证券发行人、证券公司、证券服务机构、证券交易场所、证券登记结算机构的证券业务活动，进行监督管理；④依法制定从事证券业务人员的行为准则，并监督实施；⑤依法监督检查证券发行、上市和交易的信息披露；⑥依法对证券业协会的自律管理活动进行指导和监督；⑦依法监测并防范、处置证券市场风险；⑧依法开展投资者教育；⑨依法对证券违法行为进行查处；⑩法律、行政法规规定的其他职责。

2. 国务院证券监督管理机构的措施

国务院证券监督管理机构依法履行职责，有权采取下列措施。

（1）现场检查：对证券发行人、证券公司、证券服务机构、证券交易场所、证券登记结算机构进行现场检查。

（2）调查取证：进入涉嫌违法行为发生场所调查取证。

（3）询问：询问当事人和与被调查事件有关的单位和个人，要求其对与被调查事件有关的事项作出说明；或者要求其按照指定的方式报送与被调查事件有关的文件和资料。

（4）查阅、复制、封存、扣押：①查阅、复制与被调查事件有关的财产权登记、通讯记录等文件和资料；②查阅、复制当事人和与被调查事件有关的单位和个人的证券交易记录、登记过户记录、财务会计资料及其他相关文件和资料；③对可能被转移、隐匿或者毁损的文件和资料，可以予以封存、扣押。

（5）行政强制措施：①查询当事人和与被调查事件有关的单位和个人的资金账户、证券账户和银行账户以及其他具有支付、托管、结算等功能的账户信息，可以对有关文件和资料进行复制；对有证据证明已经或者可能转移或者隐匿违法资金、证券等涉案财产或者隐匿、伪造、毁损重要证据的，经国务院证券监督管理机构主要负责人或者其授权的其他负责人批准，可以冻结或者查封，期限为 6 个月；因特殊原因需要延长的，每次延长期限不得超过 3 个月，冻结、查封期限最长不得超过 2 年。②在调查操纵证券市场、内幕交易等重大证券违法行为时，经国务院证券监督管理机构主要负责人或者其授权的其他负责人批准，可以限制被调查的当事人的证券买卖，但限制的期限不得超过 3 个月；案情复杂的，可以延长 3 个月。

（6）通过有关机关限制相关人员出境：通知出境入境管理机关依法阻止涉嫌违法人员、涉嫌违法单位的主管人员和其他直接责任人员出境。

国务院证券监督管理机构在依法履行上述职责、进行监督检查或者调查时，其监督检查、调查的人员不得少于 2 人，并应当出示合法证件和监督检查、调查通知书或者其他执法文书。监督检查、调查的人员少于 2 人或者未出示合法证件和监督检查、调查通知书或者其他执法文书的，被检查、调查的单位和个人有权拒绝。

📋 案例分析

某年 4 月，甲省乙市拟设立一家 A 证券公司。A 证券公司注册资本为人民币 8 000 万元，上述注册资本至登记日（5 月 15 日）只到位 4 000 万元。因急于开业，未经国务院证券监督管理机构批准，A 证券公司于当年 5 月 8 日即借用 B 证券公司账户开始经营证券自营业务。A 证券公司成立后，于当年 10 月 10 日至 10 月 25 日，动用资金 530 万元（其中 330 万元是占用客户存入 A 证券公司的交易结算资金）自营购买某股票。上述情况被国务院证券监督管理机构发现。

请问：本案中有哪些违法行为？为什么？

解析：案例中违法的行为如下：①A 证券公司注册资本只到位 4 000 万元违法，注册资本应为实缴资本且至少达到 5 000 万元；②A 证券公司未经国务院证券监督管理机构批准违法，设立证券公司应经过国务院证券监督管理机构批准；③A 证券公司借用 B 证券公司账户违法，证券公司不得借用他人账户；④A 证券公司经营证券自营业务违法，证券公司从事自营业务注册资本至少为 1 亿元，A 证券公司注册资本未达最低要求；⑤A 证券公司占用客户交易结算资金 330 万元做自营业务违法，证券公司不得占用客户交易结算资金。

第三节　证 券 发 行

一、证券发行概述

证券发行是指符合条件的证券发行人依据法定程序，以募集资金为目的，向投资者发售并交付证券的行为。证券发行由募集资金和证券交付两部分行为组成。因此，证券发行的概念有广义与狭义之分。广义的证券发行包括了募集资金和证券交付；狭义的证券发行只限于证券交付行为。《证券法》采用的是广义的证券发行的概念。

（一）证券发行的分类

依据不同的标准，证券发行可以作如下分类。

1. 公开发行和非公开发行

依据证券发行对象不同，证券发行可以分为公开发行和非公开发行。公开发行是指发行人向不特定的公众投资者或一定数量以上的特定投资者进行的证券发行。《证券法》规定，有下列情形之一的，为公开发行：①向不特定对象发行证券的；②向特定对象发行证券累计超过二百人，但依法实施员工持股计划的员工人数不计算在内；③法律、行政法规规定的其他发行行为。

公开发行证券，必须符合法律、行政法规规定的条件，并依法报经国务院证券监督管理机构或者国务院授权的部门注册。未经依法注册，任何单位和个人不得公开发行证券。

非公开发行是指发行人向少数特定的投资者发行证券的行为。非公开发行证券，不得采用广告、公开劝诱和变相公开方式。

2. 直接发行和间接发行

依据是否借助承销机构，证券发行可以分为直接发行（不借助承销机构）和间接发行（借助承销机构）。直接发行又称自办发行，是指证券发行人不通过证券承销机构，而自行承担证券发行风险，办理证券发行事宜的发行方式。间接发行又称承销发行，是指证券发行人委托证券承销机构发行证券，并由证券承销机构办理证券发行事宜、承担证券发行风险的发行方式。

3. 平价发行、折价发行和溢价发行

依据证券发行价格和证券票面金额的关系不同，证券发行可以分为平价发行、折价发行和溢价发行。平价发行，指发行人以股票票面金额作为发行价格的发行方式。新创立的公司通常采取这种发行方式，以保证公司能够筹得足额的资金。溢价发行，指以超出股票票面金额的价格进行的发行方式。溢价发行一般发生在新股发行中。折价发行，是指以低于股票票面金额作为发行价格的发行方式。《公司法》规定，股票发行价格可以按票面金额确定，也可以超过票面金额，但不得低于票面金额。

（二）证券发行信息披露制度

《公司法》《证券法》等法律法规均确定了证券发行的信息披露制度。发行人及其他信息披露义务人应当及时依法履行信息披露义务，其披露的信息，必须真实、准确、完整，简明清晰，通俗易懂，不得有虚假记载、误导性陈述或者重大遗漏。证券同时在境内境外公开发行、交易的，其信息披露义务人在境外披露的信息，应当在境内同时披露。

（三）证券发行审核制度

证券发行审核是指证券主管机关通过审核发行申请人提供的资料，依法作出是否准予发行决定的行为。各国证券市场的发行审核制度主要有审批制、核准制和注册制三种，每一种发行制度都对应一定的市场发展状况。

审批制又称严格的实质审查制，是指证券主管机关在实质审查的基础上作出是否同意发行申请的最终决定的制度。

核准制是指发行人在发行证券时，不仅要充分公开自身的真实状况，而且还必须符合有关法律法规和证券主管机关规定的必备条件，证券主管机关有权否决不符合规定条件的证券发行申请。证券主管机关除了进行注册制所要求的形式审查外，还关注发行人的法人治理结构、营业性质、资本结构、发展前景、管理人员素质、公司竞争力等，并由此作出发行人是否符合发行条件的判断。

注册制是指发行人在准备发行证券时，必须将依法公开的各种资料完整、准确地向证券主管机关呈报并申请注册的制度。证券主管机关的职责是依据信息公开原则，对申请文件的真实性、准确性、完整性和及时性作形式审查，而将证券的投资价值留给市场判断。

审批制、核准制和注册制的核心区别在于实质性判断、合规性审核、强制性信息披露等三方面的侧重各有不同。审批制强调实质性判断；核准制则突出了合规性审核与强制性信息披露，形成实质性判断、合规性审核和强制性信息披露并重的局面；注册制则主要强调强制性信息披露，对发行人只做形式复核。核准制具有向注册制转型的制度特征，强化了对信息披露的要求，对发行人和保荐机构的诚信提出了更高要求。审批制是完全计划发行的模式，核准制是从审批制向注册制过渡的中间形式，注册制则是目前成熟资本市场普遍采用的发行体制。

我国证券发行采用注册制，注册制的具体范围、实施步骤，由国务院规定。国务院证券监督管理机构或者国务院授权的部门应当自受理证券发行申请文件之日起3个月内，依照法定条件和法定程序作出予以注册或者不予注册的决定，发行人根据要求补充、修改发行申请文件的时间不计算在内。不予注册的，应当说明理由。

二、股票发行

视野拓展

股票发行全面注册制改革的历程

股票发行是指股份有限公司以筹集资金为目的，依法定程序，以同一条件向特定或不特定的公众招募或出售股票的行为。

1. 股票发行的条件

（1）设立发行的条件。设立发行又称首次发行，是指发起人通过发行公司股票来募集经营资本，成立股份有限公司的行为。

依据《证券法》的规定，设立股份有限公司公开发行股票，应当符合《公司法》规定的条件和经国务院批准的国务院证券监督管理机构规定的其他条件，向国务院证券监督管理机构报送募股申请和下列文件：公司章程；发起人协议；发起人姓名或者名称，发起人认购的股份数、出资种类及验资证明；招股说明书；代收股款银行的名称及地址；承销机构名称及有关的协议。依据《证券法》规定聘请保荐人的，还应当报送保荐人出具的发行保荐书。法律、行政法规规定设立公司必须报经批准的，还应当提交相应的批准文件。

（2）增资发行的条件。增资发行，又称发行新股，是指股份有限公司成立后，为增加已有资本总额或改变资本结构而发行新股的行为。首次公开发行新股应当符合下列条件：①具备健全且运行良好的组织机构；②具有持续经营能力；③最近3年财务会计报告被出具无保留意见审计报告；④发行人及其控股股东、实际控制人最近3年不存在贪污、贿赂、侵占财产、挪用财产或者破坏社会主义市场经济秩序的刑事犯罪；⑤经国务院批准的国务院证券监督管理机构规定的其他条件。上市公司增资发行，应当符合经国务院批准的国务院证券监督管理机构规定的条件，具体管理办法由国务院证券监督管理机构规定。

公司对公开发行股票所募集的资金，必须按照招股说明书或者其他公开发行募集文件所列资金用途使用。改变资金用途的，必须经股东会作出决议。擅自改变用途而未作纠正的，或者未经股东会认可的，不得公开增资发行。

2. 股票发行的定价方式

目前主要采用向网下投资者询价、发行人与主承销商自主协商定价等方式确定股票发行价格。

3. 股票发行的注册

发行股票必须经国务院证券监督管理机构或者国务院授权的部门注册。2023年2月17日，国务院证券监督管理机构发布全面实行股票发行注册制相关制度规则，自公布之日起施行。证券交易所、全国股转公司、中国结算、中证金融、证券业协会配套制度规则同步发布实施。根据现有规定，证券交易所等承担审核判断企业是否符合发行条件、上市条件和信息披露要求的责任，并形成审核意见。国务院证券监督管理机构基于证券交易所等的审核意见依法履行注册程序，在20个工作日内对发行人的注册申请作出是否同意注册的决定。

国务院证券监督管理机构或者国务院授权的部门对已作出的证券发行注册的决定，发现不符合法定条件或者法定程序，尚未发行证券的，应当予以撤销，停止发行。已经发行尚未

上市的，撤销发行注册决定，发行人应当按照发行价并加算银行同期存款利息返还证券持有人；发行人的控股股东、实际控制人以及保荐人，应当与发行人承担连带责任，但是能够证明自己没有过错的除外。

此外，参与股票发行申请注册的人员，不得与发行申请人有利害关系，不得直接或者间接接受发行申请人的馈赠，不得持有所注册的发行申请的股票，不得私下与发行申请人进行接触。

三、债券发行

债券发行是发行人以借贷资金为目的，依据法律规定的程序向投资者要约发行代表一定债权和兑付条件的债券的法律行为。依据不同的债券种类，债券发行可分为金融债券的发行、公司债券的发行、企业债券的发行和政府债券的发行。以下主要介绍公司债券的发行。

公开发行公司债券应当符合下列条件：①具备健全且运行良好的组织机构；②最近 3 年平均可分配利润足以支付公司债券 1 年的利息；③国务院规定的其他条件。

公开发行公司债券筹集的资金，必须按照公司债券募集办法所列资金用途使用；改变资金用途，必须经债券持有人会议作出决议。公开发行公司债券筹集的资金，不得用于弥补亏损和非生产性支出。

有下列情形之一的，不得再次公开发行公司债券：①对已公开发行的公司债券或者其他债务有违约或者延迟支付本息的事实，仍处于继续状态；②违反《证券法》规定，改变公开发行公司债券所募资金的用途。

四、证券承销

1. 证券承销业务的种类

证券承销业务分为代销和包销两种方式。证券代销是指证券公司代发行人发售证券，在承销期结束时，将未售出的证券全部退还给发行人的承销方式。证券包销是指证券公司将发行人的证券按照协议全部购入或者在承销期结束时将售后剩余证券全部自行购入的承销方式。

发行人向不特定对象发行的证券，法律、行政法规规定应当由证券公司承销的，发行人应当同证券公司签订承销协议。证券公司承销证券，应当对公开发行募集文件的真实性、准确性、完整性进行核查。发现有虚假记载、误导性陈述或者重大遗漏的，不得进行销售活动；已经销售的，必须立即停止销售活动，并采取纠正措施。证券公司承销证券，不得有下列行为：①进行虚假的或者误导投资者的广告宣传或者其他宣传推介活动；②以不正当竞争手段招揽承销业务；③其他违反证券承销业务规定的行为。证券公司有上述行为，给其他证券承销机构或者投资者造成损失的，应当依法承担赔偿责任。向不特定对象发行证券聘请承销团承销的，承销团应当由主承销和参与承销的证券公司组成。

2. 证券的销售期限

为了维护证券市场秩序基本稳定，《证券法》规定，证券的代销、包销期限最长不得超过90 日。

3. 代销发行失败

证券公司在代销、包销期内，对所代销、包销的证券应当保证先行出售给认购人，证券公司不得为本公司预留所代销的证券和预先购入并留存所包销的证券。股票发行采用代销方式，代销期限届满，向投资者出售的股票数量未达到拟公开发行股票数量 70%的，为发行失败。发行人应当按照发行价并加算银行同期存款利息返还股票认购人。

4. 发行备案

公开发行股票，代销、包销期限届满，发行人应当在规定的期限内将股票发行情况报国务院证券监督管理机构备案。

📖 **视野拓展**

欺诈发行处罚标准大幅提高

我国股票发行曾实行审批制，改为注册制意味着"宽进"，必须加大处罚力度，严防欺诈发行。2019 年修订后的《证券法》明确，发行人的控股股东、实际控制人组织、指使从事违法行为的，没收违法所得，并处以违法所得 10% 以上 1 倍以下的罚款；没有违法所得或者违法所得不足 2 000 万元的，处以 200 万元以上 2 000 万元以下的罚款。

第四节　证券交易

一、证券交易的一般规定

证券交易是依法发行并交付的证券在证券市场上转让的行为。证券转让的主要形式是指证券买卖行为；证券转让的特殊形式是指证券权利变更的各种形式，如划拨、质押、变卖、拍卖、收购、回购、合并、赠与、继承、罚没等行为。投资者委托证券公司进行证券交易，应当通过证券公司申请在证券登记结算机构开立证券账户。证券登记结算机构应当按照规定为投资者开立证券账户。投资者申请开立账户，应当持有证明中华人民共和国公民、法人、合伙企业身份的合法证件。国家另有规定的除外。

1. 证券交易的条件

证券交易的条件是指在证券市场上公开进行交易的证券必须符合法律规定的相关条件，主要包括以下内容。

（1）证券交易当事人依法买卖的证券，必须是依法发行并交付的证券。非依法发行的证券，不得买卖。

（2）依法发行的证券，《公司法》和其他法律对其转让期限有限制性规定的，在限定的期限内不得转让。如公司董事、监事、高级管理人员应当向公司申报所持有的本公司的股份及其变动情况，在就任时确定的任职期间每年转让的股份不得超过其所持有本公司股份总数的 25%；所持本公司股份自公司股票上市交易之日起 1 年内不得转让。

2. 证券交易的地点

公开发行的证券，应当在依法设立的证券交易所上市交易或者在国务院批准的其他全国性证券交易场所交易。

非公开发行的证券，可以在证券交易所、国务院批准的其他全国性证券交易场所、按照国务院规定设立的区域性股权市场转让。

按照交易场所分类，证券交易可以分为场内交易（证券交易所交易）和场外交易（非集中竞价交易）。场内交易是指在证券交易所内通过其交易系统进行的交易。场外交易是指在证券交易所之外进行的交易，如柜台交易。在我国，场内交易处于证券交易的核心地位，以下主要介绍场内交易的具体规定。

📖 **视野拓展**

证券投资网上开户常规事项

3. 证券交易的方式

证券在证券交易所上市交易，应当采用公开的集中交易方式或者国

务院证券监督管理机构批准的其他方式。所谓集中竞价交易，是指在某一时点上买卖证券的成交价格由所有参与买卖的多数当事人竞争报价确定的交易制度。它可分为正式交易开始前的集合竞价与正式交易中的连续集中竞价。证券交易的集中竞价实行价格优先、时间优先的原则。价格优先是指在证券买入申报时，买入价高的优先于买入价低的成交；卖出申报时，卖出价低的优先于卖出价高的成交。时间优先是指在证券买卖申报价位相同时，申报时间在前的优先成交。

证券交易当事人买卖的证券可以采用纸面形式或国务院证券监督管理机构规定的其他形式。在实践中，我国上市公司股票的发行与交易均已通过计算机采用存储信息等无纸化方式进行。

理论上，根据交易方式的不同，证券交易可以分为证券现货交易、证券期货交易、证券期权交易和证券信用交易（即融资融券交易）。现实中，证券现货交易是指证券买卖双方以真实持有的证券和资金进行交易，并在成交后及时办理清算交割的交易形式。证券期货交易在我国主要是指 2010 年挂牌上市的股指期货交易。股指期货全称是股票价格指数期货，也可称为股价指数期货，是指以股价指数为标的物的标准化期货合约，双方约定在未来的某个特定日期，可以按照事先确定的股价指数的大小，进行标的指数的买卖。证券期权交易在我国主要是指股指期权交易，2015 年 50ETF 期权在上交所上市。融资融券交易，是指投资者向具有证券交易所会员资格的证券公司提供担保物，借入资金买入该所上市证券或借入该所上市证券并卖出的行为。

4. 对特定身份人员持股与交易的限制

证券交易场所、证券公司和证券登记结算机构的从业人员，证券监督管理机构的工作人员以及法律、行政法规规定禁止参与股票交易的其他人员，在任期或者法定限期内，不得直接或者以化名、借他人名义持有、买卖股票或者其他具有股权性质的证券，也不得收受他人赠送的股票或者其他具有股权性质的证券。任何人在成为上述人员时，其原已持有的股票或者其他具有股权性质的证券，必须依法转让。实施股权激励计划或者员工持股计划的证券公司的从业人员，可以按照国务院证券监督管理机构的规定持有、卖出本公司股票或者其他具有股权性质的证券。

二、证券上市

1. 股票上市交易

（1）股票上市的程序。股份有限公司申请其股票上市交易，应当向证券交易所提出申请，由证券交易所依法审核同意，双方签订上市协议，并在证监会进行注册。股票上市交易须经以下程序：改制、上市辅导、制作申请文件、审核及注册、询价发行上市、持续督导。

（2）股票上市的条件。根据《上海证券交易所股票上市规则》和《深圳证券交易所股票上市规则》的规定，股份有限公司申请首次公开发行股票并在交易所上市的，应当符合下列条件：①符合《证券法》、国务院证券监督管理机构规定的发行条件。②发行后的股本总额不低于 5 000 万元。③公开发行的股份达到公司股份总数的 25%以上；公司股本总额超过 4 亿元的，公开发行股份的比例为 10%以上。④市值及财务指标符合各证券交易所股票上市规则规定的标准。⑤证券交易所要求的其他条件。

（3）股票上市的终止。股票上市后并非只进不出，为了维护市场秩序，促使上市公司依法经营，发挥证券市场的优胜劣汰作用，《证券法》取消了股票上市的暂停制度，直接将股票退市和证券退市的规则统一交由证券交易所予以规定。证券交易所还建立了强制退市制度，明确了证券重大违法和社会公众安全重大违法等强制退市情形。

2. 公司债券上市交易

（1）公司债券上市的程序。申请公司债券上市包括上市申请、上市审核和签订上市协议。公司债券上市交易申请经证券交易所审核同意后，签订上市协议的公司应当在规定的期限内公告公司债券上市文件及有关文件，并将其申请文件置备于指定场所供公众查阅。

（2）公司债券上市的条件。根据证券交易所有关公司债券上市规则的规定，公司债券上市应满足以下条件：①符合《证券法》等法律、行政法规规定的公开发行条件；②经有权部门注册并依法完成发行；③债券持有人符合交易所投资者适当性管理规定；④交易所规定的其他条件。

三、持续信息公开制度

持续信息公开是指发行人在证券发行后应定期或不定期地公开与证券交易有关的一切重要信息的制度。发行证券的公司，负有持续信息公开的义务。在证券市场上，信息是投资者鉴别公司质量、进行投资决策的基础。作为上市公司，如果不能做到按照法定方式予以持续信息公开，那么投资者就不能据此正确判断该上市公司股票或公司债券的价格信息，也就不可能据此作出正确的投资决策，其结果只能是使投资者利益屡屡受损，最终必将导致上市公司失去投资者。

（一）持续信息公开的内容

1. 定期报告

定期报告是指公司分别向国务院证券监督管理机构、证券交易所报送和向社会公众公告的报告，包括年度报告和中期报告。

上市公司、公司债券上市交易的公司、股票在国务院批准的其他全国性证券交易场所交易的公司，应当在每一会计年度结束之日起 4 个月内，报送并公告年度报告，其中的年度财务会计报告应当经符合《证券法》规定的会计师事务所审计。

上市公司、公司债券上市交易的公司、股票在国务院批准的其他全国性证券交易场所交易的公司，在每一会计年度的上半年结束之日起 2 个月内报送并公告中期报告。

2. 临时报告

临时报告是指公司发生了可能影响证券市场价格的重大事件时，应立即向国务院证券监督管理机构和证券交易所报送并向社会公众公告或只需向社会公众公告的报告，包括重大事件公告、澄清公告、收购公告等。

> **📖 视野拓展**
>
> 《中国证券报》等报纸和巨潮资讯网、中国证券网等网站均满足规定条件，推荐登录巨潮资讯网查看几条最新的公告。

（二）持续信息公开的方式

依法披露的信息，应当在证券交易场所的网站和符合国务院证券监督管理机构规定条件的媒体发布，同时将其置备于公司住所、证券交易场所，供社会公众查阅。

四、禁止的交易行为

由于我国证券市场仍处于新兴加转轨的发展阶段，伴随着证券市场的快速发展，内幕交易、操纵证券市场、虚假陈述等违法违规行为仍然屡有发生，严重损害了广大中、小投资者的合法权益和资本市场的健康稳定发展。

1. 禁止内幕交易

内幕交易是指内幕人员利用所掌握的、尚未公开的内幕信息进行证券交易，或者其他人

员利用违法获得的内幕信息进行证券交易的行为。<u>内幕交易主要由知情人、内幕信息和内幕交易行为等三个要素构成。</u>

证券交易内幕信息的知情人包括：发行人及其董事、监事、高级管理人员；持有公司5%以上股份的股东及其董事、监事、高级管理人员，公司的实际控制人及其董事、监事、高级管理人员；发行人控股或实际控制的公司及其董事、监事、高级管理人员；由于所任公司职务或者因与公司业务往来可以获取公司有关内幕信息的人员，如秘书、打字员等；上市公司收购人或者重大资产交易方及其控股股东、实际控制人、董事、监事和高级管理人员；因职务、工作可以获取内幕信息的证券交易场所、证券公司、证券登记结算机构、证券服务机构的有关人员；因职责、工作可以获取内幕信息的证券监督管理机构工作人员；因法定职责对证券的发行、交易或者对上市公司及其收购、重大资产交易进行管理可以获取内幕信息的有关主管部门、监管机构的工作人员；国务院证券监督管理机构规定的可以获取内幕信息的其他人员。

内幕信息是指证券交易活动中，涉及发行人的经营、财务或者对该发行人证券的市场价格有重大影响的尚未公开的信息。内幕信息包括以下两项：

（1）《证券法》第80条第2款所列重大事件，即公司的经营方针和经营范围的重大变化；公司的重大投资行为，公司在1年内购买、出售重大资产超过公司资产总额30%，或者公司营业用主要资产的抵押、质押、出售或者报废一次超过该资产的30%；公司订立重要合同、提供重大担保或者从事关联交易，可能对公司的资产、负债、权益和经营成果产生重要影响；公司发生重大债务和未能清偿到期重大债务的违约情况；公司发生重大亏损或者重大损失；公司生产经营的外部条件发生的重大变化；公司的董事、1/3以上监事或者经理发生变动，董事长或者经理无法履行职责；持有公司5%以上股份的股东或者实际控制人，其持有股份或者控制公司的情况发生较大变化，公司的实际控制人及其控制的其他企业从事与公司相同或者相似业务的情况发生较大变化；公司分配股利、增资的计划，公司股权结构的重要变化，公司减资、合并、分立、解散及申请破产的决定，或者依法进入破产程序、被责令关闭；涉及公司的重大诉讼、仲裁，股东会、董事会决议被依法撤销或者宣告无效；公司涉嫌犯罪被依法立案调查，公司的控股股东、实际控制人、董事、监事、高级管理人员涉嫌犯罪被依法采取强制措施；国务院证券监督管理机构规定的其他事项。

（2）《证券法》第81条第2款所列重大事件，即公司股权结构或者生产经营状况发生重大变化；公司债券信用评级发生变化；公司重大资产抵押、质押、出售、转让、报废；公司发生未能清偿到期债务的情况；公司新增借款或者对外提供担保超过上年末净资产的20%；公司放弃债权或者财产超过上年末净资产的10%；公司发生超过上年末净资产10%的重大损失；公司分配股利，作出减资、合并、分立、解散及申请破产的决定，或者依法进入破产程序、被责令关闭；涉及公司的重大诉讼、仲裁；公司涉嫌犯罪被依法立案调查，公司的控股股东、实际控制人、董事、监事、高级管理人员涉嫌犯罪被依法采取强制措施；国务院证券监督管理机构规定的其他事项。

证券交易内幕信息的知情人和非法获取内幕信息的人，在内幕信息公开前，不得买卖该公司的证券，或者泄露该信息，或者建议他人买卖该证券。

内幕交易行为给投资者造成损失的，行为人应当依法承担赔偿责任。内幕交易属于侵权行为，关于损失数额的计算，有待于司法解释的具体界定。

证券交易内幕信息的知情人或者非法获取内幕信息的人违反《证券法》的规定从事内幕交易的，责令依法处理非法持有的证券，没收

实案广角

推荐登录证监会网站，查询最近的处罚案件，看其中有几个案件涉及内幕交易。

违法所得，并处以违法所得 1 倍以上 10 倍以下的罚款；没有违法所得或者违法所得不足 50 万元的，处以 50 万元以上 500 万元以下的罚款。单位从事内幕交易的，还应当对直接负责的主管人员和其他直接责任人员给予警告，并处以 20 万元以上 200 万元以下的罚款。国务院证券监督管理机构工作人员从事内幕交易的，从重处罚。

2. 禁止操纵证券市场

操纵证券市场是指行为人以各种不正当的手段，影响证券交易价格或证券交易量，诱使投资者买卖证券，扰乱证券市场秩序、侵害投资者权益的行为。

操纵证券市场的行为包括下列影响或者意图影响证券交易价格或者证券交易量的手段：①单独或者通过合谋，集中资金优势、持股优势或者利用信息优势联合或者连续买卖；②与他人串通，以事先约定的时间、价格和方式相互进行证券交易；③在自己实际控制的账户之间进行证券交易；④不以成交为目的，频繁或者大量申报并撤销申报；⑤利用虚假或者不确定的重大信息，诱导投资者进行证券交易；⑥对证券、发行人公开作出评价、预测或者投资建议，并进行反向证券交易；⑦利用在其他相关市场的活动操纵证券市场；⑧操纵证券市场的其他手段。

操纵证券市场行为给投资者造成损失的，行为人应当依法承担赔偿责任。

违反《证券法》的规定，操纵证券市场的，责令依法处理其非法持有的证券，没收违法所得，并处以违法所得 1 倍以上 10 倍以下的罚款；没有违法所得或者违法所得不足 100 万元的，处以 100 万元以上 1 000 万元以下的罚款。单位操纵证券市场的，还应当对直接负责的主管人员和其他直接责任人员给予警告，并处以 50 万元以上 500 万元以下的罚款。

实案广角

操纵市场案实例

问：本案例的主犯有哪几种操纵行为？

3. 禁止虚假陈述

虚假陈述包括虚假记载、误导性陈述、重大遗漏、其他虚假陈述几类。《证券法》规定：禁止任何单位和个人编造、传播虚假信息或者误导性信息，扰乱证券市场。禁止证券交易场所、证券公司、证券登记结算机构、证券服务机构及其从业人员、证券业协会、证券监督管理机构及其工作人员，在证券交易活动中作出虚假陈述或者信息误导。各种传播媒介传播证券市场信息必须真实、客观，禁止误导。传播媒介及其从事证券市场信息报道的工作人员不得从事与其工作职责发生利益冲突的证券买卖。编造、传播虚假信息或者误导性信息，扰乱证券市场，给投资者造成损失的，应当依法承担赔偿责任。

4. 禁止欺诈客户

欺诈客户是指证券公司及其从业人员进行的违背客户真实意思表示、损害客户利益的行为。

禁止证券公司及其从业人员从事下列损害客户利益的行为：①违背客户的委托为其买卖证券；②不在规定时间内向客户提供交易的确认文件；③未经客户的委托，擅自为客户买卖证券，或者假借客户的名义买卖证券；④为牟取佣金收入，诱使客户进行不必要的证券买卖；⑤其他违背客户真实意思表示，损害客户利益的行为。

欺诈客户行为给客户造成损失的，行为人应当依法承担赔偿责任。

5. 其他禁止行为

其他禁止行为主要包括：禁止出借证券账户；禁止借用他人的证券账户从事证券交易；禁止资金违规流入股市；禁止投资者违规利用财政资金、银行信贷资金买卖证券。

出借自己的证券账户或者借用他人的证券账户从事证券交易的，责令改正，给予警告，可以处 50 万元以下的罚款。

案例分析

　　甲上市公司拟向乙公司销售价值 2 亿元的货物，王某参与了该买卖合同的签订。在该信息公告前，王某决定并指令他人借用他人身份证，开立个人股票账户并由其直接控制，并累计购入甲上市公司股票 325 万余股，成交额共计人民币 3 309 万余元，账面收益 348 万余元。其间，王某还将内幕信息故意泄露给其朋友李某，李某遂买入甲上市公司股票 12 万余股，成交额共计 130 万余元。

　　请问：（1）本案构成何种违法行为？为什么？

　　（2）投资者能否要求相关责任人承担民事责任？为什么？

　　解析：（1）本案构成内幕交易。因为甲上市公司拟向乙公司销售价值 2 亿元的货物这一行为符合《证券法》第 80 条第 2 款第 3 项中的"公司订立重要合同"，而《证券法》第 52 条规定，证券交易活动中，涉及发行人的经营、财务或者对该发行人证券的市场价格有重大影响的尚未公开的信息，为内幕信息。王某在这一内幕信息未公开前，累计购入甲上市公司股票 325 万余股，还将内幕信息故意泄露给其朋友李某，违反了《证券法》第 53 条的规定，即"证券交易内幕信息的知情人和非法获取内幕信息的人，在内幕信息公开前，不得买卖该公司的证券，或者泄露该信息，或者建议他人买卖该证券"，构成内幕交易。李某也构成内幕交易。

　　（2）可以。因为《证券法》第 53 条第 3 款规定："内幕交易行为给投资者造成损失的，应当依法承担赔偿责任。"投资者如因购买甲上市公司的股票遭受损失，符合条件的，可以依法起诉王某等责任人，要求其承担赔偿责任。

五、上市公司的收购

　　上市公司的收购是指投资者（收购人）依法购买上市公司一定比例的股份，以达到对其控股或者兼并目的的行为。投资者可以采取一般收购、要约收购、协议收购或其他合法方式收购上市公司。在证券市场上出现上市公司收购行为时，往往会伴随出现标的公司股票剧烈波动、内幕交易、操纵市场等现象。《证券法》专门对上市公司收购活动，其中主要是收购人的行为，给予了特别规制。

1. 一般收购

　　一般收购指投资者为了获取或巩固对目标公司的控股权，在证券交易所以竞价交易方式购入目标公司股份总额 5% 以上又不足 30% 这一特定阶段的公司收购行为。

　　通过证券交易所的证券交易，投资者持有或者通过协议、其他安排与他人共同持有一个上市公司已发行的有表决权股份达到 5% 时，应当在该事实发生之日起 3 日内，向国务院证券监督管理机构、证券交易所作出书面报告，通知该上市公司，并予以公告；在上述期限内，不得再行买卖该上市公司的股票，但国务院证券监督管理机构规定的情形除外。

　　投资者持有或者通过协议、其他安排与他人共同持有一个上市公司已发行的有表决权股份达到 5% 后，其所持该上市公司已发行的有表决权股份比例每增加或者减少 5%，应当依照前款规定进行报告和公告。在该事实发生之日起至公告后 3 日内，不得再行买卖该上市公司的股票，但国务院证券监督管理机构规定的情形除外。

　　投资者持有或者通过协议、其他安排与他人共同持有一个上市公

> **🔨 实案广角**
>
> **收购与反收购实例**
>
> 　　**问：** 本例中涉及哪些正文内提到的收购知识？

司已发行的有表决权股份达到 5%后，其所持该上市公司已发行的有表决权股份比例每增加或者减少 1%，应当在该事实发生的次日通知该上市公司，并予公告。

2．要约收购

要约收购，是指当投资者持有一个上市公司已发行的有表决权股份的一定比例时，继续进行收购的收购人依法向该上市公司所有股东发出收购上市公司全部或部分股份的要约，按照依法公告的收购要约中所规定的收购条件、价格、期限以及其他规定事项，收购目标公司股份的收购方式。根据《证券法》的规定，通过证券交易所的证券交易，投资者持有或者通过协议、其他安排与他人共同持有一个上市公司已发行的有表决权股份达到30%时，继续进行收购的，应当依法向该上市公司所有股东发出收购上市公司全部或者部分股份的要约。收购上市公司部分股份的要约应当约定，被收购公司股东承诺出售的股份数额超过预定收购的股份数额的，收购人按比例进行收购。

3．协议收购

协议收购是指收购人通过与特定股份持有人协商转让的方式获得上市公司控制权的行为。采取协议收购方式的，收购人可以依照法律、行政法规的规定同被收购公司的股东以协议方式进行股份转让。

导入案例解析

（1）甲公司的行为属于操纵证券市场的违法行为。根据《证券法》第 55 条的规定，以自己为交易对象，进行不转移所有权的自买自卖，影响证券交易价格或者证券交易量的行为属于操纵证券市场的行为。

（2）甲公司的主张不成立。根据《证券法》第 220 条的规定，违反《证券法》的规定，应当承担民事赔偿责任和缴纳罚款、罚金、违法所得，违法行为人的财产不足以支付的，优先用于承担民事赔偿责任。

综合练习题

一、名词解释

证券　股票发行注册制　证券承销　证券公司　上市公司收购

二、判断题

1．存托凭证属于《证券法》的调整范围。　　　　　　　　　　　　（　　　）

2．上市公司发行新股，无论公开与否，均应报国务院证券监督管理机构核准。（　　　）

3．个人可以出借自己的证券账户或者借用他人的证券账户从事证券交易。　（　　　）

4．依据《证券法》要求，证券公司如同时经营证券经纪、自营、投资咨询业务的，其注册资本不应低于人民币 1 亿元，且该注册资本应当为实缴资本。　　　　　　（　　　）

5．上海证券交易所属于公司制证券交易所。　　　　　　　　　　　（　　　）

三、单项选择题

1．股票和债券是《证券法》规定的主要证券类型。关于股票与债券的比较，下列哪一表述是正确的？（　　　）

A．有限责任公司和股份有限公司都可以成为股票和债券的发行主体

B．股票和债券具有相同的风险性

C．债券的流通性强于股票的流通性

D．股票代表股权，债券代表债权

2．为扩大生产规模，筹集公司发展所需资金，某股份有限公司拟发行总值为 1 亿元的股票。（   ）这一说法符合《证券法》的规定。

A．根据需要可向特定对象公开发行股票

B．董事会决定后即可径自发行

C．可采取溢价发行方式

D．可采取折价发行方式

3．某公司两年前申请发行 5 000 万元债券，因承销人原因剩余 500 万元尚未发行完。该公司现将已发行债券的本息付清，且公司净资产已增加一倍，欲申请再发行 5 000 万元债券。该公司申请可否批准？（   ）

A．可以批准

B．若本次 5 000 万元中包括上次余额 500 万元即可批准

C．不应批准

D．若该公司变更债券承销人，可以批准

4．某上市公司因披露虚假年度财务报告，导致投资者在证券交易中蒙受重大损失。关于对此承担民事赔偿责任的主体，（   ）选项是错误的。

A．该上市公司的监事　　　　　　　B．该上市公司的实际控制人

C．该上市公司财务报告的刊登媒体　D．该上市公司的证券承销商

5．国务院证券监督管理机构有权对有关单位进行监督检查或者调查，以下叙述中，哪项是错误的？（   ）

A．可以由一名工作人员进行监督检查、调查

B．应当出示合法证件和监督检查、调查通知书

C．被检查、调查的单位和个人应当配合，如实提供有关文件和资料，不得拒绝、阻碍和隐瞒

D．不得泄露所知悉的有关单位和个人的商业秘密

四、多项选择题

1．证券投资咨询机构的业务人员与委托人的下列约定，（   ）为《证券法》所禁止。

A．受托人随时提供对指定股票的分析预测，并按委托人指示买进或卖出

B．受托人优先获取委托人将要公开的经营信息，并用于对其他客户的咨询服务

C．受托人从委托人依据咨询意见进行投资交易所得利润中提取 10% 作为奖金

D．受托人对于委托人根据咨询意见进行投资交易所受的损失不承担赔偿责任

2．李某，系某证券公司的从业人员，根据《证券法》规定，李某的（   ）等行为不符合法律规定。

A．李某以其姓名在另一家证券公司营业部申请开户登记，进行个人股票买卖活动

B．李某怕直接以自己的名义买卖股票引起不便，遂化名王某在另一家证券公司进行开户登记，买入并持有股票

C．李某在成为该证券公司从业人员前，将其所持有的股票 1 000 股依法转让

D．李某由于工作出色，受到某上市公司的赞赏，该上市公司决定向李某赠送本公司股票，李某也接受了

3．下列说法正确的有（   ）。

A．证券交易所、证券公司、证券登记结算机构必须依法为客户开立的账户保密

B．证券交易所采取技术性停牌或者决定临时停市的，必须及时报告国务院证券监督管理机构

C．证券公司的所有工作人员都必须具有证券从业资格

D．违反《证券法》规定，应当承担民事赔偿责任和缴纳罚款、罚金，其财产不足以同时支付时，先承担民事赔偿责任

4．甲证券公司接受客户乙的委托买卖股票，（　　　　）行为不违反法律规定。

A．乙要求买入某种股票1万股时，每股17.8元人民币，但乙的开户账户上只有10万元人民币。为了保证乙能及时买到股票，甲证券公司决定暂时借给乙8万元人民币

B．乙要求甲证券公司为其在该公司开立的账户保密，甲证券公司认为乙要求过分，自己有权公开账户号码

C．某交易日，乙所持有的某股票价格猛烈上涨，虽然乙只有1000股，但甲证券公司为了更好地吸引客户，决定再借给乙该种股票1000股供其抛售

D．甲证券公司在接受乙的委托之后，根据委托协议向乙收取一定的费用

5．以下关于上市公司收购的说法，正确的有（　　　　）。

A．上市公司收购可以采取要约收购或者协议收购的方式

B．投资者持有一个上市公司已发行的有表决权股份达5%后，其所持该上市公司已发行的有表决权股份比例每增加或者减少1%，应当在该事实发生的次日通知该上市公司，并予公告

C．收购要约的期限不得少于20日，并不得超过1年

D．在收购要约的有效期限内，收购人不得撤回其收购要约

五、思考题

1．《证券法》调整的证券范围包括哪些？其立法趋势如何？

2．试述《证券法》的基本原则。

3．试述股票发行注册制与核准制的区别。

4．简述操纵证券市场的行为方式。

5．请结合《证券法》修订谈谈证券民事责任应如何完善。

六、案例分析题

2023年6月5日晚，A股份有限公司（以下简称A公司）发布公告称收到证监会《行政处罚决定书》。证监会认定A公司存在以下违法事实。

（1）2021年3月15日，A公司发布《关于使用超募资金用于收购B公司的公告》，披露其与B公司的原股东C公司没有关联交易。经查，A公司与C公司之间构成关联关系。

（2）A公司《2020年年度报告》和《2021年年度报告》未披露与B公司的关联关系及关联交易。经查，A公司与B公司构成关联关系，2020年和2021年，A公司以公允价格分别向B公司采购238 855 028.54元和414 129 974.02元的塑料组合盖。

2021年3月15日A公司股价报收148.48元/股，此后股价一路下跌，虽然2021年4月29日A公司公布每十股转增十股，但截至2023年6月7日A公司股价报收37.69元/股，投资者损失惨重。

请问：（1）本案中有哪些违法行为？应如何进行处罚？

（2）若股民王某于2021年3月17日以每股145.01元买入A公司股票1000股，2023年6月7日以每股38.05元卖出2000股，应提出何种诉讼请求？并应收集哪些证据？

第八章　期货法律制度

【学习目标】

理解期货的内涵和期货交易的特征，了解期货交易的功能；掌握期货交易所的职责与组织机构，掌握期货公司的设立条件和业务规范；掌握期货交易中的禁止行为、保证金制度、持仓管理制度、强行平仓制度、交割制度；掌握期货业监管的主要内容，了解期货业监管主体。

【素养目标】

深刻认识期货行业是一个以风险管理为核心的金融服务行业，防范各风险、维护投资者切身利益是期货行业持续健康发展永恒的主题，理解打击过度投资、守住风险防控底线的重要意义，强化作为从业人员的"红线"意识和"底线"思维。

导入案例

A 期货公司在当日交易结算时，发现客户甲某交易保证金不足，于是电话通知甲某在第二天交易开始前足额追加保证金。甲某要求 A 期货公司允许其进行透支交易，并许诺待其资金到位立即追加保证金，A 期货公司对此予以拒绝。第二天交易开始后甲某没有及时追加保证金，且双方在期货经纪合同中没有对此进行明确约定。

请问：（1）此时 A 期货公司应该如何处理？为什么？

（2）若 A 期货公司允许甲某继续持仓，且第二天行情向持仓不利的方向变化导致甲某损失扩大，则甲某扩大的损失由谁承担？为什么？

第一节　期货和期货法概述

期货法以期货为规范对象，学习期货法首先必须明确何为期货。

一、期货的内涵

期货的英文是"futures"，即"未来"一词演化而来的，因为最初的期货是源于现货的远期交易，也就是交易双方无须在买卖发生的初期就交收实货，而是共同约定在未来的某一时候交收实货的。但期货并不是"未来的货"，而是期货合约的简称，也就是指期货交易场所统一制定的规定在将来的某一特定的时间和地点交割一定数量标的物的标准化合约。这个标的物可以是大豆、铜、黄金等实物商品，也可以是外汇、国债等金融产品，还可以是股票指数、债券指数等金融指标等。期货的买方，若将合约持有到期，则有义务买入期货合约对应的标的物；而期货的卖方，若将合约持有到期，则有义务卖出期货合约对应的标的物。当然有些期货，如股票指数，到期时无法进行实物交割，而只能用现金结算差价。

广义的期货概念还包括期权合约。所谓期权合约，是指期货交易场所统一制定的规定买方有权在将来某一时间以特定价格买入或者卖出约定标的物（包括期货合约）的标准化或非标准化合约。这种合约中交易的是一种选择权，即买方拥有一种能在未来某特定时间按某一指定的价格买进或卖出某一特定商品或合约的权利。若买方行使权利，则卖方必须按期权合约规定的内容履行义务；若买方选择放弃行使权利，此时买方只是损失权利金，而卖方则赚取权利金。

二、期货的种类

根据标的物的不同，期货一般可以分为商品期货与金融期货等两大类。

商品期货以具有实物形态的商品为交收标的物，是期货交易的起源品种。当然，并不是所有实物形态的商品都可以成为商品期货的标的物。一般而言，只有具备价格波动频繁、耐贮藏及运输，等级、规格及质量易划分，供求双方渴求避险保护等四个最基本条件的商品，才能作为期货商品。商品期货的交割比较复杂，不仅对交割时间、地点、方式都有严格的规定，而且对交割等级也要进行严格划分。同时，商品期货存在较大的交割成本，这些交割成本给多空双方均带来一定的损耗。此外，当现货与期货价格存在较大差异，并且超过了合理范围时，就可能会出现商品期货交易中的逼仓行情，更严重的逼仓是操纵者同时控制现货和期货的情况。

金融期货以无形的金融产品或金融指标为标的物，是在商品期货基础上发展起来的。金融期货的交割比较简便，一般采取现金结算，即使有些金融期货发生实物交收的，但由于其具有的同质性以及不存在运输成本，其交割也比商品期货便利得多。同时，由于金融期货不存在运输成本和入库出库费，交割价格盲区就大大缩小。此外，因为金融现货市场是一个庞大的市场，大户投资者不易操纵，再加上存在着强大的期现套利力量，所以金融期货交易中逼仓行情难以发生。

三、期货交易概述

期货交易，是指采用公开的集中交易方式或者国务院期货监督管理机构批准的其他方式进行的以期货合约或者标准化期权合约为交易标的的交易活动。

1. 期货交易的特征

作为一种特殊的交易方式，期货交易具有以下主要特征。

（1）期货交易的标的是标准化的期货合约或期权合约。这是期货交易区别于现货交易、远期合约交易的一个重要特征。期货合约或期权合约的标准化意味着除了买卖价格由交易双方通过交易所集中竞价加以确定外，合约中资产种类、数量、质量、交割时间和地点等条款都由上市该合约的交易所统一制定，交易双方不能对之加以变更，从而大大简化了手续，降低了交易成本，减少了交易双方产生争议和纠纷的机会。

（2）期货交易中实物交割的比例非常小。期货交易绝大多数是通过对冲平仓方式进行的，实物交割的比例非常小。因为人们参与期货交易的目的，不是为获得商品的使用价值，而是为了利用期货市场回避风险或套利投机的。

（3）期货交易的杠杆作用较强。由于期货交易实行保证金制度，而且保证金通常只有期货合约价值的 5%～10%。这种规则使期货交易的杠杆效应明显，能够实现"以小博大"，具有较大的投机性，从而吸引了大量的套期保值者和投机者。

（4）期货交易的流动性强。由于期货交易交易的是标准化合约，这使得期货交易的速率大大加快，而且买空卖空机制又让投机者实现了频繁换手交易。再加上实现套期保值和分散转移风险的需求也要求市场保持一定的流动性。这些因素都促使期货交易具有很强的流动性。当然，过高的流动性容易产生期货泡沫。

（5）期货交易的高风险性。由于保证金制度使期货交易具有极强的杠杆功能，且期货交易中流动性强、价格瞬息万变，再加上交割期限和每日结算制度对交易者接受交易盈亏更具有强制性，因而期货交易是一种高风险的交易方式。

2. 期货交易的功能

期货交易最基本的两大功能是价格发现和价格风险回避，这也是建立和发展期货市场的核心目的。当然，期货交易还有其他一些重要功能。

（1）价格发现的功能。所谓价格发现，是指通过期货市场公开竞价交易所形成的，能够比较准确地反映某一商品或金融产品的当前和未来供求状况的价格。由于期货交易的参与者众多，且其往往大都熟悉某种商品或金融产品的行情，拥有丰富的经营知识和广泛的信息渠道以及一套科学的分析、预测方法。因此，他们不仅可以代表供求双方的力量，而且其交易结果也体现了大多数人的预测，能够比较接近地代表供求变动趋势，有助于价格的形成。再加上期货交易的透明度高，竞争公开化、公平化，有助于形成公正、权威的价格。也正是如此，期货交易价格对现货市场有明显的影响作用，是现货价格的基准价格。

（2）价格风险回避的功能。所谓价格风险回避，是指经营者在期货市场上通过套期保值业务来回避现货交易中价格波动带来的风险，从而锁定生产经营成本，实现预期利润。套期保值也就是交易者配合在现货市场的买卖，在期货市场买进或卖出与现货市场交易品种、数量相同，但方向相反的期货合约，以期在未来某一时间通过卖出或买进此期货合约来补偿因现货市场价格变动带来的实际价格风险。这也就意味着无论现货市场上的价格如何波动，最终都能取得一个市场上亏损而另一个市场上盈利的结果，并且亏损与盈利大致相当，从而达到规避价格风险的目的。

（3）价格波动减缓的功能。由于期货市场上交易的是在未来一定时间履约的期货合约，从而能在一个生产周期开始之前，就使商品的买卖双方根据期货价格预期商品未来的供求状况，指导商品的生产和需求，起到稳定供求的作用。而且，由于投机者的介入，从而通过贱买贵卖使不同时期的价格和消费者保持相对稳定，有利于减缓季节性、区域性价格波动。

此外，期货交易还具有投资功能，有助于合理利用社会闲置资金。

四、期货法概述

期货法是调整期货关系的法律规范的总称。期货法兼具交易法和监管法的属性，主要包括总则、期货交易、期货结算与交割、期货交易者、期货经营机构、期货交易场所、期货结算机构、期货服务机构、期货业协会、监督管理、跨境管辖与监管协作以及法律责任等内容。

近年来，我国期货市场持续健康稳定发展，期货市场法治建设也不断加强，初步形成了以《期货交易管理条例》为核心，以《期货交易所管理办法》《期货公司监督管理办法》《期货从业人员管理办法》《期货交易者保障基金管理办法》等有关部门的规章、规范性文件以及自律规则等为辅的法规制度体系。但上述期货法规、规章的位阶不高，与我国期货市场的现状和下一步发展要求不相符，期货市场亟待一部调整期货交易关系和与期货相关的活动的基本法。《期货和衍生品法》自 2022 年 8 月 1 日起施行，该法有效补齐了我国期货和衍生品领域的法律短板，为期货市场更好地服务实体经济提供了强有力的法律保障。

第二节　期货交易所与期货公司

期货交易所与期货公司是期货交易中最主要的两类主体，是期货法重点规范的对象。

一、期货交易所

期货交易所是指依照《期货和衍生品法》《期货交易管理条例》《期货交易所管理办法》规定设立，履行相应法定职责，按照章程和业务规则，实行自律管理的法人。期货交易所可以分为会员制和公司制两种。会员制期货交易所的注册资本或者开办资金划分为均等份额，由会员出资认缴；公司制期货交易所采用股份有限公司的组织形式。我国的期货交易所中，上海期货交易所、郑州商品交易所、大连商品交易所采用会员制，中国金融期货交易所、广州期货交易所采用公司制。

1. 期货交易所的设立、变更、解散与终止

设立期货交易所，必须经国务院期货监督管理机构审批。未经国务院期货监督管理机构批准，任何单位或者个人不得设立期货交易场所或者以任何形式组织期货交易及其相关活动。申请设立期货交易所，应当向国务院期货监督管理机构提交申请书、章程和交易规则、结算规则草案、期货交易所的经营计划等文件和材料。期货交易所的负责人由国务院期货监督管理机构提名或者任免。

期货交易所应当在其名称中标明"商品交易所"或者"期货交易所"等字样。其他任何单位或者个人不得使用"期货交易所"或者其他可能产生混淆或者误导的名称。此外，未经国务院期货监督管理机构批准，期货交易所不得设立分所或者其他任何期货交易场所。

视野拓展

哪些人不得担任期货交易所的负责人？

期货交易所变更名称、注册资本或者开办资金、组织形式、股权结构的，应当经国务院期货监督管理机构批准。同时，期货交易所章程的制定和修改、交易规则的制定和修改，应当由国务院期货监督管理机构批准。

期货交易所解散情形主要包括三种：①章程规定的营业期限届满；②会员大会或者股东会决定解散；③国务院期货监督管理机构决定关闭。期货交易所解散的，由国务院期货监督管理机构批准。

期货交易所因合并、分立或者解散而终止的，由国务院期货监督管理机构予以公告。期货交易所终止的，应当成立清算组进行清算。清算组制定的清算方案，应当事前向国务院期货监督管理机构报告。

2. 期货交易所的职责

根据《期货和衍生品法》规定，期货交易所履行下列职责：①提供交易的场所、设施和服务；②设计期货合约、标准化期权合约品种，安排期货合约、标准化期权合约品种上市；③对期货交易进行实时监控和风险监测；④依照章程和业务规则对会员、交易者、期货服务机构等进行自律管理；⑤开展交易者教育和市场培育工作；⑥国务院期货监督管理机构规定的其他职责。

《期货交易所管理办法》进一步补充规定期货交易所的其他职责，即有下列六项：①组织期货交易的结算、交割；②制定并实施期货交易所的交易规则；③发布市场信息；④办理与期货交易的结算、交割有关的信息查询业务；⑤保障信息技术系统的安全、稳定；⑥查处违规行为。

值得一提的是，期货交易场所不得直接或者间接参与期货交易。未经国务院批准，期货交易场所不得从事信托投资、股票投资、非自用不动产投资等与其职责无关的业务。

3. 期货交易所的组织机构

会员制期货交易所的组织机构由会员大会、理事会和经理构成。会员大会是会员制期货交易所的权力机构，由全体会员组成。理事会是会员大会的常设机构，对会员大会负责。

理事会由会员理事和非会员理事组成，其中会员理事由会员大会选举产生，非会员理事由国务院期货监督管理机构委派。理事会设理事长 1 人，可以设副理事长 1~2 人；理事长、副理事长的任免，由国务院期货监督管理机构提名，理事会通过。期货交易所设总经理 1 人，副总经理若干人。**总经理由国务院期货监督管理机构任免，副总经理按照国务院期货监督管理机构相关规定任免或者聘任。总经理每届任期 3 年，是当然理事。**

公司制期货交易所的组织机构由股东会、董事会和经理构成。股东会是公司制期货交易所的权力机构，由全体股东组成。董事会对股东会负责，设董事长 1 人、副董事长 1~2 人，由国务院期货监督管理机构提名，董事会通过。期货交易所可以设独立董事，独立董事由国务院期货监督管理机构提名，股东会通过。公司制期货交易所的经理相关规则与会员制期货交易所的相同。

案例分析

某会员制期货交易所有 210 位会员，其理事会有 16 名理事。由于张某具有丰富的期货行业的管理经验，理事会就提名张某为理事长，并经会员大会同意通过。3 月 5 日，有 80 位会员联名提议召开临时会员大会，要求更换部分会员理事和设置若干专门委员会。张某在向全体会员发出临时会员大会审议事项通知的第二天，即 3 月 10 日就主持召开临时会员大会。会议不仅审议通过了更换两位会员理事，而且决定设立纪律处分和调解专门委员会。此外，会议还对几位会员临时提议增加该交易所注册资本的事项进行表决，并通过了该交易所的增资方案。后来该期货交易所在 4 月 10 日将大会全部文件报告国务院期货监督管理机构。

请问：上述案例中哪些行为是违法的？为什么？

解析：上述案例中违法的行为如下：①张某被任命为理事长的程序是违法的，因为理事长是由国务院期货监督管理机构提名，理事会通过的，而不是由理事会提名，会员大会通过的；②临时会员大会决定设立纪律处分和调解专门委员会也是违法的，因为决定专门委员会的设置是理事会的职权之一，而非会员大会的职权；③张某在发出临时会员大会审议事项通知的第二天就主持召开临时会员大会也是违法的，因为召开会员大会时，应当将会议审议的事项于会议召开 10 日前通知会员；④会议对增资的事项进行表决也是违法的，因为临时会员大会不得对通知中未列明的事项作出决议；⑤该期货交易所在 1 个月后才将大会全部文件报告国务院期货监督管理机构也是违法的，因为会员大会结束之日起 10 日内，期货交易所就应当将大会全部文件报告国务院期货监督管理机构。

二、期货公司

期货公司是依照《公司法》和《期货和衍生品法》的规定设立的从事期货业务的经营机构。期货公司是客户和期货交易所之间重要的桥梁和纽带，也是期货市场的重要主体之一。

1. 期货公司的设立

（1）设立条件。设立期货公司，应当符合下列条件：①有符合法律、行政法规规定的公司章程；②主要股东及实际控制人具有良好的财务状况和诚信记录，净资产不低于国务院期货监督管理机构规定的标准，最近 3 年无重大违法违规记录；③注册资本不低于人民币 1 亿元，且应当为实缴货币资本；④从事期货业务的人员符合《期货和衍生品法》规定的条件，董事、监事和高级管理人员具备相应的任职条件；⑤有良好的公司治理结构、健全的风险管理制度和完善的内部控制制度；⑥有合格的经营场所、业务设施和信息技术系统；⑦法律、行政法规和国务院期货监督管理机构规定的其他条件。此外，国务院期货监督管理机构根据审慎监管原则和各项业务的风险程度，可以提高注册资本最低限额。

（2）申请及审批。设立期货公司，应当经国务院期货监督管理机构核准。国务院期货监督管理机构应当自受理期货公司设立申请之日起 6 个月内依照法定条件、法定程序和审慎监管原则进行审查，作出核准或者不予核准的决定，并通知申请人；不予核准的，应当说明理由。未经国务院期货监督管理机构核准，任何单位和个人不得设立或者变相设立期货公司。

2. 期货公司的变更

期货公司办理下列事项，应当经国务院期货监督管理机构核准：①合并、分立、停业、解散或者申请破产；②变更主要股东或者公司的实际控制人；③变更注册资本且调整股权结构；④变更业务范围；⑤国务院期货监督管理机构规定的其他重大事项。上述第①、②、④所列事项，国务院期货监督管理机构应当自受理申请之日起 60 日内作出核准或者不予核准的决定；第③、⑤所列事项，国务院期货监督管理机构应当自受理申请之日起 20 日内作出核准或者不予核准的决定。

视野拓展
期货结算机构和期货服务机构的相应规范

3. 期货公司的业务规范

经国务院期货监督管理机构核准，期货公司可以从事期货经纪、期货交易咨询、期货做市交易和其他期货业务。期货公司应当建立健全内部控制制度，采取有效隔离措施，防范其与客户之间、不同客户之间的利益冲突；应当将其期货经纪业务、期货做市交易业务、资产管理业务和其他相关业务分开办理，不得混合操作。同时期货公司从事经纪业务的，应当签订书面委托合同，以自己的名义为交易者进行期货交易，交易结果由交易者承担，而且严禁接受交易者的全权委托。期货公司从事资产管理业务的，应当公平对待所管理的不同客户资产，不得违背受托义务，且还应当符合《证券投资基金法》等法律、行政法规的规定。

期货公司还必须遵守下列基本的业务规则。①期货公司不得违反规定为其股东、实际控制人或者其股东、实际控制人的关联人提供融资或者担保，不得违反规定对外担保。②期货公司从事期货业务的人员不得私下接受客户委托从事期货交易。若员工执行所属的期货公司的指令或者利用职务违反期货交易规则的，由所属的期货公司承担全部责任。③禁止期货公司从事下列损害交易者利益的行为：向交易者作出保证其资产本金不受损失或者取得最低收益承诺；与交易者约定分享利益、共担风险；违背交易者委托进行期货交易；隐瞒重要事项或者使用其他不正当手段，诱骗交易者交易；以虚假或者不确定的重大信息为依据向交易者提供交易建议；向交易者提供虚假成交回报；未将交易者交易指令下达到期货交易场所；挪用交易者保证金；未依照规定在期货保证金存管机构开立保证金账户，或者违规划转交易者保证金；利用为交易者提供服务的便利，获取不正当利益或者转嫁风险；其他损害交易者权益的行为。

视野拓展
对期货公司持续性经营的监管

4. 期货公司业务许可证的注销

期货公司有下列情形之一的，国务院期货监督管理机构应当依法办理相关业务许可证注销手续：①营业执照被依法吊销；②成立后无正当理由超过 3 个月未开始营业，或者开业后无正当理由停业连续 3 个月以上；③主动提出注销申请；④《行政许可法》和国务院期货监督管理机构规定应当注销行政许可的其他情形。

期货公司在注销相关业务许可证前，应当结清相关期货业务，并依法返还交易者的保证金和其他资产。

案例分析

某期货公司市场开发人员李某，在开发客户过程中向投资者张某承诺期货投资包赚不赔。张某听信后便投入 100 万元进行期货交易，并将交易密码告诉李某，由李某代他下单，同时约定盈利分成，张某分 80%，期货公司分 20%。但不久，张某账户亏损 20 万元。由于心虚，李某未向张某汇报真实交易情况，反而谎称盈利。后来张某在查询账单时发现真实情况，便质问李某，李某竟不辞而别，不知去向。

请问：李某的行为是否合法？为什么？

解析：李某的行为不合法。因为根据《期货和衍生品法》规定，期货公司从事期货业务的人员不得私下接受客户委托从事期货交易，不得向客户作出保证其资产本金不受损失或者取得最低收益承诺，也不得与客户约定分享利益、共担风险。本案例中期货从业人员李某违反规定向客户作出获利保证，并约定盈利分成，属于损害投资者利益的行为。此外，李某还违反期货监管部门禁止从业人员代客户决定交易指令的规定，私下代客户下单，交易过程中还企图隐瞒亏损事实，谎称盈利，这严重损害了投资者利益。

第三节 期货交易、结算与交割的规则

一、期货交易的一般规则

1. 期货交易的场所和方式

期货交易采取特许经营原则，只能在依法设立的期货交易所或者国务院期货监督管理机构依法批准的其他期货交易场所进行。禁止在期货交易场所之外进行期货交易。

期货交易采用公开的集中交易方式或者国务院期货监督管理机构批准的其他方式进行。其中集中交易方式主要包括集合竞价、连续竞价、电子撮合、匿名交易、做市商等交易方式。

衍生品交易，可以采用协议交易或者国务院规定的其他交易方式进行。

2. 期货品种注册制

为激发期货市场发展活力，期货品种上市从审批制改为注册制。即期货合约品种和标准化期权合约品种的上市应当符合国务院期货监督管理机构的规定，由期货交易场所依法报经国务院期货监督管理机构注册。期货合约品种和标准化期权合约品种的中止上市、恢复上市、终止上市应当符合国务院期货监督管理机构的规定，由期货交易场所决定并向国务院期货监督管理机构备案。

期货市场实施注册制并不意味着期货品种上市没有门槛，为严把期货市场准入关，《期货和衍生品法》明确规定期货产品开发的三原则，即期货合约品种和标准化期权合约品种应当具有经济价值，合约不易被操纵，符合社会公共利益。

3. 开户和下单交易制度

期货交易实行账户实名制。交易者进行期货交易的，应当持有证明身份的合法证件，以本人名义申请开立账户。任何单位和个人不得违反规定，出借自己的期货账户或者借用他人的期货账户从事期货交易。

在期货交易场所进行期货交易的，应当是期货交易场所会员或者符合国务院期货监督管理机构规定的其他参与者。后者如直接入场交易的境外交易者和直接入场交易的境外经纪机构。因此，普通交易者只能通过会员进场交易。当然不是所有主体都可以从事期货交易。根据《期货和衍生品法》规定，期货经营机构、期货交易场所、期货结算机构的从业人员，国务院期货监督管理机构、期货业协会的工作人员，以及法律、行政法规和国务院期货监督管理机构规定禁止参与期货交易的其他人员，不得进行期货交易。

此外，交易者可以通过书面、电话、自助终端、网络等方式下达交易指令。交易指令应当明确、具体、全面。

4. 实际控制关系报备管理制度

实际控制关系是指行为人（包括个人、单位）对他人（包括个人、单位）期货账户具有管理、使用、收益或者处分等权限，从而对他人交易决策拥有决定权的行为或事实。期货交易实行交易者实际控制关系报备管理制度，即交易者应当按照国务院期货监督管理机构的规定向期货经营机构或者期货交易场所报备实际控制关系。这有助于防范潜在的违法违规行为，维护期货市场"三公"原则。

二、期货交易中的禁止行为

1. 禁止操纵期货市场

操纵期货市场行为是指行为人利用掌握的资金、信息等优势，采用不正当手段，扭曲期货市场价格或成交量，扰乱市场秩序的行为。根据《期货和衍生品法》规定，禁止以下列手段操纵期货市场，影响或者意图影响期货交易价格或者期货交易量：①单独或者合谋，集中资金优势、持仓优势或者利用信息优势联合或者连续买卖合约；②与他人串通，以事先约定的时间、价格和方式相互进行期货交易；③在自己实际控制的账户之间进行期货交易；④利用虚假或者不确定的重大信息，诱导交易者进行期货交易；⑤不以成交为目的，频繁或者大量申报并撤销申报；⑥对相关期货交易或者合约标的物的交易作出公开评价、预测或者投资建议，并进行反向操作或者相关操作；⑦为影响期货市场行情囤积现货；⑧在交割月或者临近交割月，利用不正当手段规避持仓限额，形成持仓优势；⑨利用在相关市场的活动操纵期货市场；⑩操纵期货市场的其他手段。

2. 禁止内幕交易

内幕交易是指期货交易和衍生品交易的内幕信息的知情人和非法获取内幕信息的人，在内幕信息公开前从事相关期货交易或者衍生品交易，或者明示、暗示他人从事与内幕信息有关的期货交易或者衍生品交易，或者泄露内幕信息。

内幕信息是指可能对期货交易或者衍生品交易的交易价格产生重大影响的尚未公开的信息。包括：①国务院期货监督管理机构以及其他相关部门正在制定或者尚未发布的对期货交易价格可能产生重大影响的政策、信息或者数据；②期货交易场所、期货结算机构作出的可能对期货交易价格产生重大影响的决定；③期货交易场所会员、交易者的资金和交易动向；④相关市场中的重大异常交易信息；⑤国务院期货监督管理机构规定的对期货交易价格有重大影响的其他信息。

内幕信息的知情人是指由于经营地位、管理地位、监督地位或者职务便利等，能够接触或者获得内幕信息的单位和个人。包括：①期货经营机构、期货交易场所、期货结算机构、期货服务机构的有关人员；②国务院期货监督管理机构和其他有关部门的工作人员；③国务院期货监督管理机构规定的可以获取内幕信息的其他单位和个人。

3. 禁止编造、传播虚假信息

根据《期货和衍生品法》规定，禁止任何单位和个人编造、传播虚假信息或者误导性信息，扰乱期货市场和衍生品市场。禁止期货经营机构、期货交易场所、期货结算机构、期货服务机构及其从业人员，组织、开展衍生品交易的场所、机构及其从业人员，期货和衍生品行业协会、国务院期货监督管理机构、国务院授权的部门及其工作人员，在期货交易和衍生品交易及相关活动中作出虚假陈述或者信息误导。

此外，各种传播媒介传播期货市场和衍生品市场信息应当真实、客观，禁止误导。传播媒介及其从事期货市场和衍生品市场信息报道的工作人员不得从事与其工作职责发生利益冲突的期货交易和衍生品交易及相关活动。

三、保证金制度

保证金是指期货交易者按照规定交纳的资金或者提交的价值稳定、流动性强的担保资产，用于结算和保证履约。期货交易实行保证金制度，期货结算机构向结算参与人收取保证金，结算参与人向交易者收取保证金。

保证金的形式包括现金，国债、股票、基金份额、标准仓单等流动性强的有价证券，以及国务院期货监督管理机构规定的其他财产。以有价证券等作为保证金的，可以依法通过质押等具有履约保障功能的方式进行。期货结算机构、结算参与人收取的保证金的形式、比例等应当符合国务院期货监督管理机构的规定。

由于期货与期权交易在保证金的保证机制和计算方式上存在不同，立法明确规定进行标准化期权合约交易的，卖方应当交纳保证金，买方应当支付权利金，即买方应该支付用于购买标准化期权合约的资金。

📖 视野拓展

保证金的分类

按照不同的标准，期货保证金可以划分为不同的种类。根据交纳的主体不同，可以将保证金划分为结算保证金和客户保证金。结算保证金是指期货结算机构向会员收取的保证金，其依据是否被合约占用，又可以进一步细分为交易保证金和结算准备金。前者是指已被合约占用的保证金；后者是指未被合约占用的保证金，是为交易结算而预先准备的资金。

根据交纳时间不同，期货保证金可以划分为初始保证金和追加保证金。初始保证金是买卖期货合约时按合约规定交纳的保证金；追加保证金是在持仓合约价值减少时追加交纳的保证金。

四、持仓管理制度

持仓管理主要包括持仓限额、套期保值、大户持仓报告、持仓合并等内容。

持仓限额是指期货交易所规定期货经营机构、境外经纪机构或交易者在某一期货合约、标准化期权合约或品种上持仓的最大数量。实行持仓限额制度主要是为了防范合约持仓过度集中的风险。期货交易所应当根据历史持仓规模、期现货市场发展和运行情况等，定期对持仓限额进行评估，原则上每个自然年度结束后开展评估工作，并根据评估情况调整或维持持仓限额。套期保值等期货交易所认定的以风险管理为目的的期货交易活动，可以申请持仓限额豁免。

期货套期保值是指交易者为管理因其资产、负债等价值变化产生的风险而达成的与上述资产、负债等基本吻合的期货交易活动。符合期货交易所套期保值申请条件的交易者，可以向期货交易所申请持仓限额豁免。交易者申请套期保值持仓额度，应当符合以下条件：①套期保值交易品种应当与其现货经营资产、负债等相同或密切相关；②套期保值持仓应当用于管理其资产、负债等的价值变化风险，或对其资产、负债等价值变化产生重大影响的风险；③套期保值持仓的建立、调整和了结应当与其资产、负债等相关的生产、贸易、消费、投资等经济活动紧密关联且基本吻合，套期保值持仓期限应当与其资产、负债等价值变化风险的存续期基本一致。

大户持仓报告是指期货经营机构、境外经纪机构或交易者持仓量达到期货交易所规定报告标准的，应当根据期货交易所业务规则向其履行报告义务。期货交易所应当建立大户持仓报告制度，对报告的标准、内容、程序等进行规范。

持仓合并是指期货交易所对于符合特定情形的多个期货账户的持仓按其业务规则进行合并计算，合并后的持仓量不得超过期货交易所规定的持仓限额。符合以下情形的，期货交易所应当对交易者持仓进行合并计算：①同一交易者在不同期货经营机构和境外经纪机构处开立多个交易编码的，应当将不同类型交易编码上的持仓量合并计算；②同一实际控制关系账户组内的各个账户，持仓量应当合并计算；③期货交易所认定的其他情形。

五、强行平仓制度

强行平仓，是指并非出于仓位持有者自愿的平仓，而是第三方强行了结仓位持有者的仓位。其中第三方可能是期货交易所、期货公司或期货监管机构。根据强行平仓原因的不同，可将强行平仓的情形分为以下几类。

（1）保证金不足而未追加保证金或自行平仓。即结算参与人的保证金不符合期货结算机构业务规则规定标准的，期货结算机构应当按照业务规则的规定通知结算参与人在规定时间内追加保证金或者自行平仓；结算参与人未在规定时间内追加保证金或者自行平仓的，通知期货交易场所强行平仓；强行平仓所造成的损失，由结算参与人承担。交易者的保证金不符合结算参与人与交易者约定标准的，结算参与人应当按照约定通知交易者在约定时间内追加保证金或者自行平仓；交易者未在约定时间内追加保证金或者自行平仓的，按照约定强行平仓；强行平仓造成的损失，由交易者承担。以有价证券等作为保证金，期货结算机构、结算参与人按照上述规定强行平仓的，可以对有价证券等进行处置。

（2）违规行为。即当期货交易结算参与人有违规超仓或者其他违规行为时，期货交易场所有权将该结算参与人的合约强行平仓，强行平仓所造成的损失由该结算参与人承担。当交易者有违规超仓或者其他违规行为时，结算参与人有权将该交易者的合约强行平仓，强行平仓所造成的损失由交易者承担。

（3）政策变化或紧急情况。即指期货监管机构的政策变化及期货交易所行使紧急情况处置权、临时调整交易规则而实施的强行平仓。期货交易出现市场风险异常累积、市场风险急剧放大等异常情况的，期货交易所可以依照业务规则强行平仓，并立即报告国务院期货监督管理机构。

值得一提的是，期货交易场所对结算参与人、结算参与人对交易者未按期货交易场所交易规则规定或者期货经纪合同约定的强行平仓条件、时间、方式进行强行平仓，造成结算参与人或者交易者损失的，期货交易场所或者结算参与人应当承担赔偿责任。

六、当日无负债结算制度

当日无负债结算制度又称逐日盯市制度，是指每日交易结束后，期货结算机构按当日结算价结算所有合约的盈亏、收取手续费等费用，对应收应付的款项实行净额一次划转，相应增加或减少保证金的制度。若结算参与人保证金账户上的保证金金额仍高于最低保证金水平则仍可以进行交易；若结算参与人存在持仓亏损，则该持仓亏损额必须在第二天交易开市前予以补足，否则第二天开市后其在手合约会被强制平仓。同样，结算参与人应该按照相同的原则，根据期货结算机构的结算结果对交易者进行结算。当日无负债结算制度将期货交易的风险控制在一天之内，使期货交易的风险不至于过分放大，这是控制期货交易风险的重要举措。从法律属性看，当日无负债结算制度虽然属于结算的范畴，但该制度并非要求交易者每日根据结算价履行期货合同义务，而只是对期货保证金的结算，因而该制度实质上是对期货保证金的动态管理机制。

《期货和衍生品法》第 39 条明确规定，期货交易实行当日无负债结算制度。在期货交易场所规定的时间，期货结算机构应当在当日按照结算价对结算参与人进行结算；结算参与人应当根据期货结算机构的结算结果对交易者进行结算。结算结果应当在当日及时通知结算参与人和交易者。

七、交割制度

交割是指合约到期时，期货交易双方通过该合约所载标的物所有权的转移，或者按照规定结算价格进行现金差价结算，了结到期未平仓合约的过程。一般而言，商品期货以实物交割方式为主，股票指数期货等金融期货多采用现金交割方式。尽管在期货交易中交割的比例很小，但是交割将期货市场和现货市场联系起来，也可以实现套期保值。

期货合约采取实物交割的，由期货结算机构负责组织货款与标准仓单等合约标的物权利凭证的交付。期货交易的实物交割必须在期货交易场所指定的交割库、交割港口或者其他符合期货交易场所要求的地点进行。其中交割库包括交割仓库和交割厂库等。交割库不得出具虚假仓单；不得违反期货交易场所的业务规则，限制交割商品的出库、入库；不得泄露与期货交易有关的商业秘密；不得违反国家有关规定参与期货交易等。同时，期货实物交割不得限制交割总量。采用标准仓单以外的单据凭证或者其他方式进行实物交割的，期货交易场所应当明确规定交割各方的权利和义务。若期货合约可以采取现金交割，则由期货结算机构以交割结算价为基础，划付持仓双方的盈亏款项。

期货交易结算参与人在交割过程中违约的，期货结算机构有权对结算参与人的标准仓单等合约标的物权利凭证进行处置。交易者在交割过程中违约的，结算参与人有权对交易者的标准仓单等合约标的物权利凭证进行处置。

视野拓展

期权合约到期行权

在标准化期权合约规定的时间，合约的买方有权以约定的价格买入或者卖出标的物，或者按照约定进行现金差价结算，合约的卖方应当按照约定履行相应的义务。标准化期权合约的行权，由期货结算机构组织进行。

第四节　期货业的监督管理

基于期货的投机性、高风险性以及交易目的的特殊性，期货业必须受到严格的监督管理。

一、期货业监督管理的主体

期货业的监管主体包括政府集中监管主体和自律性监管主体两类，前者是指国务院期货监督管理机构，后者主要包括期货业协会和期货交易所。

1. 国务院期货监督管理机构

国务院期货监督管理机构为证监会，负责对期货市场实施集中统一监督管理。国务院期货监督管理机构依法履行下列职责：①制定有关期货市场监督管理的规章、规则，并依法进行审批、核准、注册，办理备案；②对品种的上市、交易、结算、交割等期货交易及相关活动，进行监督管理；③对期货经营机构、期货交易场所、期货结算机构、期货服务机构和非期货经营机构结算参与人等市场相关参与者的期货业务活动，进行监督管理；④制定期货从业人员的行为准则，并监督实施；⑤监督检查期货交易的信息公开情况；⑥维护交易者合法权益、开展交易者教育；⑦对期货违法行为进行查处；⑧监测监控并防范、处置期货市场风险；⑨对期货行业金融科技和信息安全进行监管；⑩对期货业协会的自律管理活动进行指导和监督；⑪法律、行政法规规定的其他职责。

2. 期货业协会

期货业协会是期货行业的自律性组织，是社会团体法人。期货经营机构应当加入期货业协会。期货服务机构可以加入期货业协会。期货业协会的权力机构为会员大会。期货业协会的章程由会员大会制定，并报国务院期货监督管理机构备案。期货业协会设理事会。理事会成员依照章程的规定选举产生。

期货业协会履行下列职责：①制定和实施行业自律规则，监督、检查会员的业务活动及从业人员的执业行为，对违反法律、行政法规、国家有关规定、协会章程和自律规则的，按照规定给予纪律处分或者实施其他自律管理措施；②对会员之间、会员与交易者之间发生的纠纷进行调解；③依法维护会员的合法权益，向国务院期货监督管理机构反映会员的建议和要求；④组织期货从业人员的业务培训，开展会员间的业务交流；⑤教育会员和期货从业人员遵守期货法律法规和政策，组织开展行业诚信建设，建立行业诚信激励约束机制；⑥开展交易者教育和保护工作，督促会员落实交易者适当性管理制度，开展期货市场宣传；⑦对会员的信息安全工作实行自律管理，督促会员执行国家和行业信息安全相关规定和技术标准；⑧组织会员就期货行业的发展、运作及有关内容进行研究，收集整理、发布期货相关信息，提供会员服务，组织行业交流，引导行业创新发展；⑨期货业协会章程规定的其他职责。

3. 期货交易所

期货交易所自身不参与期货交易，在期货交易的过程中处于较为中立的位置，而且期货交易所作为期货市场的核心部分，更了解期货市场的实际情况，为此，由期货交易所承担或行使一部分自律监管职能，有利于确保期货市场的安全和秩序。本章第二节已经对期货交易所作出阐述，在此不再赘述。

二、期货业监督管理的主要措施

根据《期货和衍生品法》规定，期货业监督管理的主要措施体现在以下三个方面。

1. 在日常监管中采取的措施

国务院期货监督管理机构在日常监管中采取的措施主要为现场检查和非现场检查。现场检查是指监管机构工作人员直接深入期货市场相关参与者所在地，通过听取汇报、实地查看等方式实施检查；非现场检查是指通过收集、分析期货市场相关参与者数据资料等方式实施检查。现场检查和非现场检查各有优势，在期货业日常监管中起着不可或缺的重要作用。《期货和衍生品法》明确规定，国务院期货监督管理机构可以对期货经营机构、期货交易场所、期货结算机构进行现场检查，并要求其报送有关的财务会计、业务活动、内部控制等资料。

2. 在涉嫌违法调查中采取的措施

（1）进入涉嫌违法行为发生场所调查取证。

（2）询问当事人和与被调查事件有关的单位和个人，要求其对与被调查事件有关的事项作出说明，或者要求其按照指定的方式报送与被调查事件有关的文件和资料。

（3）查阅、复制与被调查事件有关的财产权登记、通讯记录等文件和资料。

（4）查阅、复制当事人和与被调查事件有关的单位和个人的期货交易记录、财务会计资料及其他相关文件和资料；对可能被转移、隐匿或者毁损的文件资料，可以予以封存、扣押。

（5）查询当事人和与被调查事件有关的单位和个人的保证金账户和银行账户以及其他具有支付、托管、结算等功能的账户信息，可以对有关文件和资料进行复制；对有证据证明已经或者可能转移或者隐匿违法资金等涉案财产或者隐匿、伪造、毁损重要证据的，经国务院期货监督管理机构主要负责人或者其授权的其他负责人批准，可以冻结、查封，期限为6个月；因特殊原因需要延长的，每次延长期限不得超过3个月，最长期限不得超过2年。

（6）在调查操纵期货市场、内幕交易等重大违法行为时，经国务院期货监督管理机构主要负责人或者其授权的其他负责人批准，可以限制被调查事件当事人的交易，但限制的时间不得超过 3 个月；案情复杂的，可以延长 3 个月。

（7）决定并通知出境入境管理机关依法阻止涉嫌违法人员、涉嫌违法单位的主管人员和其他直接责任人员出境。

3. 防范市场风险采取的措施

为防范期货市场风险，维护市场秩序，国务院期货监督管理机构可以采取责令改正、监管谈话、出具警示函等措施。

此外，值得一提的是，国务院期货监督管理机构对涉嫌期货违法的单位或者个人进行调查期间，被调查的当事人书面申请，承诺在国务院期货监督管理机构认可的期限内纠正涉嫌违法行为，赔偿有关交易者损失，消除损害或者不良影响的，国务院期货监督管理机构可以决定中止调查。被调查的当事人履行承诺的，国务院期货监督管理机构可以决定终止调查；被调查的当事人未履行承诺或者有国务院规定的其他情形的，应当恢复调查。具体办法由国务院规定。

导入案例解析

（1）对甲某没有保证金支持的头寸强行平仓。因为根据《最高人民法院关于审理期货纠纷案件若干问题的规定》的规定，客户的交易保证金不足，若期货经纪合同约定不明确的，期货公司有权就客户未平仓的期货合约强行平仓，期货公司强行平仓数额应当与客户需追加的保证金数额基本相当。

（2）由 A 期货公司承担主要赔偿责任。因为根据《最高人民法院关于审理期货纠纷案件若干问题的规定》的规定，期货公司允许客户开仓透支交易的，对透支交易造成的损失，由期货公司承担主要赔偿责任，赔偿额不超过损失的 80%。

综合练习题

一、名词解释

期货　期货合约　期权合约　保证金　强行平仓　当日无负债结算制度　交割

二、判断题

1．期权合约是标准化的合约。（　　　）
2．期货交易所的负责人由国务院提名或者任免。（　　　）
3．国务院期货监督管理机构的工作人员可以进行期货交易。（　　　）
4．期货品种上市实施审批制。（　　　）
5．期货交易实行保证金制度，期货结算机构向结算参与人收取保证金，结算参与人向交易者收取保证金。（　　　）

三、单项选择题

1．设立期货交易所，必须经（　　　）审批。
　　A．国务院　　　B．国家主席　　　　C．全国人大　　　D．国务院期货监督管理机构
2．当期货交易结算参与人有违规超仓或者其他违规行为时，期货交易场所有权将该结算参与人的合约强行平仓，强行平仓所造成的损失由（　　　）承担。
　　A．国务院期货监督管理机构　　　　B．期货交易场所
　　C．交易者　　　　　　　　　　　　D．结算参与人
3．期货交易出现市场风险异常累积、市场风险急剧放大等异常情况的，期货交易所可以依照业务规则强行平仓，并立即报告（　　　）。

A．国家主席　　　　　　　　　B．国务院

C．国务院期货监督管理机构　　D．中国人民银行

4．期货公司从事经纪业务时，接受客户委托，以自己的名义为客户进行期货交易的，交易结果由（　　　）承担。

A．期货公司　　B．客户　　　　C．期货交易所　　D．期货公司经办人

5．期货业协会的权力机构为（　　　）。

A．会员大会　　B．董事会　　　　C．经理　　　　　D．股东会

四、多项选择题

1．符合申请设立期货公司条件的有（　　　）。

A．注册资本不低于人民币 1 亿元，且应当为实缴货币资本

B．有符合法律、行政法规规定的公司章程

C．有良好的公司治理结构、健全的风险管理制度和完善的内部控制制度。

D．有合格的经营场所、业务设施和信息技术系统

2．未经国务院批准，期货交易场所不得从事（　　　）等与其职责无关的业务。

A．信托投资　　　　　　　　　B．股票投资

C．非自用不动产投资　　　　　D．开展交易者教育和市场培育工作

3．禁止期货公司从事下列哪些损害交易者利益的行为？（　　　）

A．向交易者作出保证其资产本金不受损失或者取得最低收益承诺

B．与交易者约定分享利益、共担风险

C．挪用交易者保证金

D．向交易者提供虚假成交回报

4．交割库不得从事下列哪些行为？（　　　）

A．出具虚假仓单　　　　　　　B．限制实物交割总量

C．违反国家有关规定参与期货交易　D．泄露与期货交易有关的商业秘密

5．下列哪些是期货业协会的职责？（　　　）

A．制定和实施监管规则

B．对会员之间、会员与交易者之间发生的纠纷进行调解

C．按照规定给予会员罚款或责令其关闭

D．组织期货从业人员的业务培训，开展会员间的业务交流

五、思考题

1．分析期货交易的特征。

2．试述期货交易场所的职责。

3．试述操纵期货市场行为。

4．期货交易中的强行平仓包括哪几种情形？

5．简述期货业监管的主要内容。

六、案例分析题

甲期货公司不仅利用客户保证金为其大股东归还贷款本息，而且还动用客户保证金，以李某、王某、张某的名义在上海期货交易所、大连商品交易所和郑州商品交易所从事期货自营业务，买卖铜、铝等品种合约。此外，甲期货公司在接受监管部门现场检查的过程中，向监管部门提供了虚假的财务报表和交易结算数据。

请问：甲期货公司上述哪些行为是违法的？为什么？

第九章 保险法律制度

【学习目标】

掌握保险的概念和基本特征，了解保险的类型；掌握保险合同的概念、特征、类型，掌握保险合同的基本原则，理解保险合同的主体与一般规定。掌握投保人、被保险人、保险人的义务；掌握人身保险合同和财产保险合同的基本内容、理赔规则；掌握对保险公司的组织监管和经营活动监管的具体内容，了解对保险中介监管的内容。

【素养目标】

深刻理解保险法律在中国特色社会主义建设中的重要保障作用，提升诚信意识、风险意识和法治意识，牢固树立正确的价值观和人生观，争取成为具备"爱国情怀""敬业诚信""真诚友善""责任担当"特质的人。

导入案例

李某与妻子马某于 2022 年协议离婚，双方约定 8 岁的儿子和马某一起生活，每周六儿子到李某处生活一天。后来李某与赵某再婚，由于李某的儿子活泼可爱，加上赵某不能生育，因此赵某特别喜欢李某的儿子。赵某于 2023 年 5 月以孩子母亲的身份为孩子买了人身保险，约定受益人为李某。2024 年 6 月，发生了保险事故，李某的孩子死亡。赵某向保险公司提出索赔，保险公司以赵某对保险标的不具有保险利益为由，拒绝支付保险金。赵某遂将保险公司起诉到人民法院。

请问：你认为本案应如何处理？

第一节 保险和保险法概述

一、保险概述

1. 保险的概念和特征

保险，是指投保人根据合同约定，向保险人支付保险费，保险人对于合同约定的可能发生的事故因其发生所造成的财产损失承担赔偿保险金责任，或者当被保险人死亡、伤残、疾病或者达到合同约定的年龄、期限等条件时承担给付保险金责任的商业保险行为。《保险法》上的保险范围仅仅指商业保险，而不适用于社会保险。

作为保险法所调整和规范的对象，保险具有以下特征。

（1）保险的法律性。保险是投保人与保险人基于合同产生的法律关系，是当事人意思表示一致的结果，双方互享权利、互负义务。投保人向保险人交付保险费，保险人则依合同约定在风险发生时向被保险人支付保险金。

（2）保险的经济性。保险是一种经济保障活动，是整个国民经济活动的有机组成部分。

保险人出于营利目的按照商业经营原则经营保险，与投保人之间存在以风险为特殊商品的买卖关系。这一过程要遵循商品经济的等价交换原则，投保人缴付的保险费即保险人负担风险、支付保险金的对价。

（3）保险的互助性。投保人基于化解风险的需要和"我为人人，人人为我"的思想参加保险，保险人则通过科学的方法将处于相同风险威胁下的众人财产集中起来以分担实际遭受风险损害者的特定经济需求。这样，便在社会成员之间构建起了一种独特的互助关系，这种互助性是保险的一个基本特征。

（4）保险的射幸性与科学性。保险合同是一种机会性合同，投保人购买保险后能否获得保险金赔付取决于在保险合同有效期内保险事故是否发生，因而保险金的支付具有不确定性与偶然性。另外，保险借助于统计中的大数法则，以某一时期内事故发生的概率为依据计算保险费，具有较强的科学理论基础。科学性是现代保险存在和发展的基础。

2．保险的类型

从不同角度，对保险可以进行如下分类。

（1）根据保险标的的不同，保险分为财产保险与人身保险。财产保险是指以财产以及同财产有关的利益为保险标的的保险。常见的财产保险有财产损失保险、责任保险、信用保险等。人身保险是指以人的寿命和身体为保险标的的保险。保险人对被保险人在保险期限内死亡、伤残等，或合同期满仍生存的，依合同约定支付保险金。常见的人身保险有人寿保险、健康保险、意外伤害保险等。

（2）根据实施的形式不同，保险分为强制保险与自愿保险。强制保险又称为法定保险，是指依据法律规定而强制实施的保险。这种保险多是基于国家政策的需要而办理的，体现了国家对公共利益的维护。自愿保险是指保险人与投保人之间的保险关系是完全建立于当事人自由意愿之上的一种保险类型。商业保险的绝大部分险种都属于自愿保险。

（3）根据保险人承担责任的次序不同，保险分为原保险与再保险。原保险是相对于再保险而言的，它是指保险人对被保险人因保险事故所造成的损失承担直接的、原始的赔偿责任的一种保险，又称第一次保险。再保险是指保险人将其承担的保险业务，以承保形式，部分转移给其他保险人的保险。因为再保险是以原保险为基础的，所以又称第二次保险。《保险法》规定，保险公司对每一危险单位，即对一次保险事故可能造成的最大损失范围所承担的责任，不得超过其实有资本金加公积金总和的10%；超过的部分应当办理再保险。

（4）根据保险人的人数不同，保险分为单保险与复保险。单保险是指投保人以一个保险标的、一项保险利益、一个保险事故同一个保险人订立的保险合同；复保险或称重复保险，是指投保人以同一保险标的、同一保险利益、同一保险事故与数个保险人分别订立数个保险合同的保险。

二、保险法概述

保险法是调整保险关系的法律规范的总称，其旨在调整保险活动中保险人与投保人、被保险人以及受益人之间的法律关系，保障国家对保险企业、保险市场实施监督管理。广义的保险法是指一国现行法中所有调整保险关系的法律规范，狭义的保险法仅指保险法律制度中的基本法，在形式上表现为以保险法命名的专门性规范文件。

第二节　保 险 合 同

保险合同是保险法律制度的核心，是投保人与保险人约定保险权利义务关系的协议。

一、保险合同的特征

与一般的民商事合同相比，保险合同的法律特征主要表现在以下几个方面。

（1）保险合同是一种双务有偿合同。双务合同是指合同双方当事人相互承担义务、享有权利的合同。有偿合同是指合同当事人因为享有一定的权利而必须偿付一定对价的合同。在保险合同中，投保人有按时缴足保险费的义务，享有在保险事故发生后索赔的权利；保险人有履行保险赔付的义务，享有收取保险费的权利。

（2）保险合同是一种射幸合同。这是由前述保险的射幸性决定的。在保险合同中，投保人向保险人交纳保险费后能否从保险人那里获得保险金，取决于约定的保险事故能否发生，而保险事故能否发生具有很大的偶然性。保险合同的射幸性正是由于保险事故发生的偶然性决定的。在保险合同的有效期内，若发生约定的保险事故，则保险人赔付的金额可能大于其所收取的保险费；反之，保险人只收取保险费而无须付出任何代价。

（3）保险合同是一种最大诚信合同。保险人的危险补偿责任在很大程度上依赖于当事人的诚实信用，尤其是投保人和被保险人的诚实信用。这是因为一方面保险合同效力取决于投保人或者被保险人的信息披露程度；另一方面，保险标的一般情况下由被保险人控制，被保险人的任何非善意行为将可能构成保险标的危险程度的增加或者促成保险危险的发生。所以，法律对于保险当事人的诚实信用程度的要求远远高于对一般人的要求。

（4）保险合同是一种附和合同。保险合同是一种典型的附和合同（又称格式合同或标准合同）。因为技术性和行业垄断性使然，保险合同的内容一般都由保险人单方面先行确定，投保人只能依保险人所确定的条款订立合同。其特征是，在订立保险合同时，投保人只能被动地服从、接受或者拒绝保险方所提出的条件。

实案广角

保险合同格式条款争议案例

二、保险合同的基本原则

保险合同的基本原则，是指由保险法确立的调整保险关系的指导思想和基本准则。《保险法》主要确立了下列基本原则。

1. 最大诚实信用原则

《保险法》规定，保险活动当事人行使权利、履行义务应当遵循诚实信用原则。最大诚实信用原则是保险合同最重要的原则之一，它是指保险活动当事人应当以高于普通合同的诚信态度来行使权利、履行义务的原则。诚信原则是民事法律的首要原则，由于保险市场的特殊性，决定了它与一般民事活动相比需要更高程度的诚信。由于保险合同具有附和性和射幸性以及保险合同双方当事人信息不对称等特点，要求合同双方当事人最大程度地遵守这一原则，即不互相隐瞒欺诈，以最大善意全面履行各自的义务。最大诚实信用原则体现于保险合同从订立、履行、解释乃至终止的整个过程，投保人的如实告知义务、保险人的条款说明义务等大量制度均以最大诚实信用原则作为基础。

📝 案例分析

某年11月，李某在某保险公司业务员的说服下投保，11月18日保险公司签发了"老来福终身寿险"及"附加住院医疗保险"。次年9月，李某因病住院，医疗费花去9 158.30元，10月，李某持保险单向保险公司申请给付医疗费，保险公司以李某带病投保为由拒绝给付。李某遂以该保险公司为被告向人民法院提起诉讼，请求人民法院判决被告向其支付保险金。

请问： 该案中人民法院是否会支持原告的诉讼请求？为什么？

解析： 不支持。本案中，人民法院经审理查明，原告投保7年前因患阑尾炎手术治疗，

3 年前 B 超检查发现胆囊结石，另患有冠心病、高黏高脂血症、高血压、糖尿病等，上述病史均被原告在投保单的"健康告知"栏中所隐瞒。故原告之行为显系故意隐瞒事实，不履行如实告知义务，导致保单失效，遂判决被告不承担原告医疗费保险责任；原告交纳的保险费，被告不予退还；驳回原告其他诉讼请求。

2. 保险利益原则

保险利益，又称可保利益，是指投保人或被保险人对保险标的具有的法律上承认的利益。保险利益体现的是人与标的之间的损益关系。这种关系最基本的判断标准之一是保险标的的损失能否使投保人的利益受到损害。各国法律都把保险利益作为保险合同生效和有效的重要条件，主要有两层含义：第一，对保险标的有保险利益的人才具有投保人的资格；第二，保险利益是认定保险合同有效的根据。

（1）人身保险的保险利益认定。人身保险的投保人在保险合同订立时，对被保险人应当具有保险利益。人身保险是以人的寿命和身体为保险标的的保险。在人身保险合同中，投保人对下列人员具有保险利益：本人；配偶、子女、父母；前述以外与投保人有抚养、赡养或扶养关系的家庭其他成员、近亲属；与投保人有劳动关系的劳动者。此外，被保险人同意投保人为其订立合同的，视为投保人对被保险人具有保险利益。订立合同时，投保人对被保险人不具有保险利益的，合同无效。

（2）财产保险的保险利益认定。财产保险的被保险人在保险事故发生时，对保险标的应当具有保险利益。保险事故发生时，被保险人对保险标的不具有保险利益的，不得向保险人请求赔偿保险金。

案例分析

某游客到北京旅游，在游览了故宫博物院后，出于爱护国家文物的动机，自愿交付保险费为故宫博物院投保。

请问：该游客是否具有保险利益？

解析：该游客对故宫博物院没有保险利益。因为保险利益是投保方对保险标的所具有的法律上承认的经济利益，当保险标的安全存在时，投保方可以由此而获得经济利益。若保险标的受损，则会蒙受经济损失。在本案例中，保险标的（故宫博物院）的存在不会为投保人（游客）带来法律上承认的经济利益，保险标的发生事故也不会给投保人造成经济损失，所以该旅客对故宫博物院没有保险利益。

3. 损失补偿原则

损失补偿原则是指当保险事故发生使被保险人遭受损失时，保险人应在其责任范围内对被保险人所遭受的实际损失进行赔偿的原则。这是保险理赔的基本原则。通过补偿，被保险人的保险标的在经济上恢复到受损前的状态，但不允许被保险人因损失而获得额外的利益。

损失补偿原则仅适用于财产保险，而不适用于人身保险。其原因在于：人身保险的标的是人的寿命和身体，依传统的伦理观念来看，这些均不能用确定的货币来衡量，保险人向被保险人给付保险金的目的不是补偿损失，而是满足被保险人的特定需要。

案例分析

某客户在多家保险公司为自己价值 10 万元的车辆合计购买了 20 万元的车损险，车辆由于事故损毁，但没有达到全损，有 3 万元的残值。

请问： 保险最多赔付多少保险金？

解析： 多家保险公司最多赔付的保险金为实际损失 7 万元。

4. 近因原则

近因原则是指保险事故的发生与损失结果的形成，必须是直接的因果关系，保险人对承保范围以内的保险事故作为直接的、最接近的、决定性的原因引起的损失承担保险责任，而对承保范围以外的原因造成的损失不承担赔偿责任的原则。这里讲的"近因"并不一定是损失发生时在空间和时间上最接近的原因，而是指促成损失结果出现的最直接的原因。近因原则需要解决的是事故和损害结果之间的因果关系，以及造成保险标的损失的主要原因，且该原因是否属于该保险险种的承保范围方面的问题。

在保险实践中，产生损失的原因可能是单一的，也可能是多个的；既可能是承保危险，也可能是除外危险或者是保险单中未提及的危险。由单一原因造成损失时，此致损原因即为近因，保险人的责任较易确定。如果该原因是承保危险，保险人必须予以赔偿；如果是除外危险或者是保险单中未提及的危险，则无须赔偿。在多个原因情况下，则要考察其内部逻辑关系。两个以上原因危险连续发生造成损害的，若后因是前因直接、必然的发展结果或合理的延续时，以前因为近因。多种原因危险先后发生，但后一原因介入并打断了原有的某一事件与损害结果之间的因果关系链条，并对损害结果独立地起到决定性的作用的，该新介入的原因即为近因。

📓 案例分析

某年 6 月 25 日，姜某以自己为投保人和受益人，以丈夫胡某为被保险人，与某保险公司签订了身故保险金为 3 万元的终身保险合同。保险合同中约定：被保险人因违法、故意犯罪或拒捕、故意自伤、醉酒、斗殴造成人身伤害或身故的，保险公司免除保险责任。第二年 8 月 3 日，胡某在追讨其借给张某的 2 万元赌资时，与张某发生口角，被张某用钢管击中头部，导致经抢救无效死亡。之后，胡某之妻姜某在多次向保险公司索赔未果的情况下，将保险公司诉至人民法院，要求保险公司给付保险金 3 万元。

请问： 本案中保险公司应否承担理赔责任？

解析： 应当承担。本案中，人民法院经审理认为，胡某的死亡是由追讨赌资和被张某所杀两个原因相继发生导致的。胡某追讨赌资的行为作为前因，只是给张某实施犯罪行为的后因客观上提供了作案时机和条件，无法构成法律上的因果关系，真正导致胡某死亡的近因则是张某实施的犯罪行为，而张某的犯罪行为不属于保险公司的免责范围，保险公司理应承担理赔责任。

三、保险合同的主体

保险合同的主体包括保险合同的当事人与关系人。保险合同的当事人包括投保人与保险人，保险合同的关系人包括被保险人和受益人。

1. 保险合同当事人

保险合同当事人是指订立保险合同并享有保险合同所确定的权利和承担义务的人。

（1）投保人是指与保险人订立保险合同，并按照保险合同负有支付保险费义务的人。投保人可以是被保险人本人，也可以是被保险人以外的第三人，但必须具备相应的民事行为能力，并对保险标的具有保险利益。

（2）保险人又称承保人，是指与投保人订立保险合同，并承担赔偿或者给付保险金责任的保险公司。经营商业保险业务，必须是依照《保险法》设立的保险公司，其他单位和个人不得经营商业保险业务。

2. 保险合同关系人

保险合同关系人是指在保险事故或者保险合同约定的条件满足时，对保险人享有保险金给付请求权的人。

（1）被保险人是指其财产或者人身受保险合同保障，享有保险金请求权的人。投保人与被保险人既可为同一人，也可为不同的人。在人身保险合同中，只有自然人才能成为人身保险合同的被保险人，在以死亡为给付保险金条件的保险合同中，无民事行为能力的人不得成为被保险人，但父母为其未成年的子女投保的除外，只是最高保险金额通常有限定。

（2）受益人是指人身保险合同中由被保险人或者投保人指定的享有保险金请求权的人，投保人、被保险人可以为受益人。人身保险的受益人由被保险人或者投保人指定，投保人指定受益人时必须经被保险人同意。投保人为与其有劳动关系的劳动者投保人身保险，不得指定被保险人及其近亲属以外的人为受益人。被保险人为无民事行为能力人或者限制民事行为能力人，可以由其监护人指定受益人。被保险人或者投保人可以指定一人或者数人为受益人。受益人为数人的，被保险人或者投保人可以确定受益顺序和受益份额；未确定受益份额的，受益人按照相等份额享有受益权。

被保险人或者投保人可以变更受益人并书面通知保险人。保险人收到变更受益人的书面通知后，应当在保险单或者其他保险凭证上批注或者附贴批单。投保人变更受益人时须经被保险人同意。

四、保险合同的一般规定

（一）保险合同的订立与生效

保险合同的订立是指投保人与保险人在平等自愿的基础上，就保险合同的主要条款协商一致并达成协议的法律行为。而保险合同的成立是指投保人与保险人就保险合同的内容达成一致的状态。投保人提出保险要求，经保险人同意承保，保险合同成立。保险人应当及时向投保人签发保险单或者其他保险凭证。

保险合同的生效是指依法成立的保险合同对当事人具有法律约束力的状态，依法成立的保险合同自成立时生效。投保人和保险人可以对合同的效力约定附条件或者附期限。保险合同成立后，投保人按照约定交付保险费，保险人按照约定的时间开始承担保险责任。

📖 视野拓展

保险单是投保人与保险人之间订立保险合同的正式书面凭证。一般由保险人在保险合同成立时签发，并将正本交由投保人，作为保险人已接受投保人投保的书面证明。有效签发的保险单，是保险合同最主要的组成部分和保险合同存在的重要凭证。保险单的内容要完整具体，文义要清楚准确，一般应详细列明保险人与投保人的权利、义务，以及各种证明双方权利、义务的重要事项。根据各类保险业务的特点，保险单的设计风格各有特色。但是作为保险合同的正式书面凭证，保险单都应包含如下重要事项：声明事项、保险事项、除外事项和条件事项。

（二）保险合同的内容

根据《保险法》的规定，保险合同应当包括下列内容。

（1）保险人的名称和住所。

（2）投保人、被保险人的姓名或者名称、住所，以及人身保险的受益人的姓名或者名称、住所。

（3）保险标的。保险标的是指作为保险对象的财产及其有关利益或者人的寿命和身体。保险标的必须明确记载于保险合同中，从而据此判断投保人对保险标的是否具有保险利益，并确定保险人的保险责任范围。

（4）保险责任和责任免除。保险责任是指保险人按照合同约定，对于可能发生的事故因其发生所造成的财产损失，或者当被保险人死亡、伤残、疾病或者达到保险合同约定的年龄、期限等条件时承担的赔偿或者给付保险金的责任。保险责任的免除，是指依法或者依据保险合同的约定，保险人不承担赔偿或者给付保险金责任的情形。

（5）保险期间和保险责任开始时间。保险期间是指保险合同的有效期限，即保险合同从生效到终止的时间范围。保险合同成立后，投保人按照约定交付保险费；保险人按照约定的时间开始承担保险责任。

（6）保险金额。指保险人承担赔偿或者给付保险金责任的最高限额。

（7）保险费以及支付办法。保险费是指投保人支付的作为保险人承担保险责任的代价。

（8）保险金赔偿或者给付办法。

（9）违约责任和争议处理。违约责任是指保险合同当事人因其过错致使合同不能履行或不能完全履行，即违反保险合同规定的义务而应承担的责任。争议处理条款是指用以解决保险合同纠纷适用的条款。

（10）订立合同的年、月、日。通常是指合同的生效时间，以此确定投保人是否有保险利益、保险费的交付期等。

此外，投保人和保险人还可以约定与保险有关的其他事项。

（三）投保人的义务

1. 如实告知义务

订立保险合同，保险人就保险标的或者被保险人的有关情况提出询问的，投保人应当如实告知。投保人故意或者因重大过失未履行如实告知义务，足以影响保险人决定是否同意承保或者提高保险费率的，保险人有权解除合同。但是，合同解除权自保险人知道有解除事由之日起，超过 30 日不行使而消灭。

自合同成立之日起超过两年的，保险人不得解除合同；发生保险事故的，保险人应当承担赔偿或者给付保险金的责任。投保人故意不履行如实告知义务的，保险人对于合同解除前发生的保险事故，不承担赔偿或者给付保险金的责任，并不退还保险费。投保人因重大过失未履行如实告知义务，对保险事故的发生有严重影响的，保险人对于合同解除前发生的保险事故，不承担赔偿或者给付保险金的责任，但应当退还保险费。

📔 案例分析

某年 1 月 11 日，投保人甲为其父亲乙投保了某保险公司两全保险，约定保险金额为 10 万元，受益人为甲。同年 7 月 2 日，被保险人乙在家中死亡。7 月 26 日，甲向该保险公司提出理赔申请。该保险公司经调查发现，被保险人乙曾于一年前因患膀胱肿瘤在佳木斯某医院住院 10 天，住院期间实行了膀胱肿瘤电切术，但甲在投保时未告知保险公司，严重影响了保险公司的承保决定，故作出了拒绝赔付的决定。甲不服，遂诉至人民法院。根据业已查明的事实，被告依兰营销部业务员张某与原告甲签订保险合同时，既未对保险合同的内容向投保人、被保险人履行说明义务，也未对保险合同中的免责条款作出提示或明确说明，又未就投保单中的"健康告知事项"进行询问，而只是在代填写完投保单中所有告知事项及声明内容后，让投保人和被保险人签字。

请问：你认为本案应如何处理？

解析：《保险法》规定，订立保险合同，保险人就保险标的或者被保险人的有关情况提出询问的，投保人应当如实告知。可见，投保人的如实告知义务应以保险公司的询问为前提，如果保险公司未就被保险人的相关健康状况进行询问，则投保人没有告知的义务。因此，造成本案投保人甲不知履行告知义务且不能履行告知内容的责任在被告未就相关事项进行询问，原告不存在故意隐瞒事实不履行如实告知义务或因过失未履行如实告知义务的情形。

根据《保险法》"对保险合同中免除保险人责任的条款，保险人在订立合同时应当在投保单、保险单或者其他保险凭证上作出足以引起投保人注意的提示，并对该条款的内容以书面或者口头形式向投保人作出明确说明；未作提示或者明确说明的，该条款不产生效力"的规定，原告甲与被告签订的保险合同中的保险人的免责条款对原告甲不产生法律约束力。被告以原告未履行如实告知义务为由作出的拒绝理赔决定缺乏事实依据。保险公司最终应该承担赔偿责任，支付保险金。

2. 及时通知义务

投保人、被保险人或者受益人知道保险事故发生后，应当及时通知保险人。故意或者因重大过失未及时通知，致使保险事故的性质、原因、损失程度等难以确定的，保险人对无法确定的部分，不承担赔偿或者给付保险金的责任，但保险人通过其他途径已经及时知道或者应当及时知道保险事故发生的除外。

投保人、被保险人或者受益人知道保险事故发生后及时通知了保险人，但由于其故意或者重大过失致使保险事故的性质、原因、损失程度等无法确定的，保险人有权主张对无法确定的部分不承担赔偿或者给付保险金责任。因保险人的故意或者重大过失致使保险事故的性质、原因、损失程度等无法确定的，被保险人或者受益人有权向保险人主张对无法确定的部分承担赔偿或者给付保险金责任。

保险标的转让的，被保险人或者受让人应当及时通知保险人，但货物运输保险合同和另有约定的合同除外。被保险人、受让人未履行保险标的转让的通知义务的，因转让导致保险标的的危险程度显著增加而发生的保险事故，保险人不承担赔偿保险金的责任。

在合同有效期内，保险标的的危险程度显著增加的，被保险人应当按照合同约定及时通知保险人，保险人可以按照合同约定增加保险费或者解除合同。被保险人未履行危险程度显著增加的通知义务的，因保险标的的危险程度显著增加而发生的保险事故，保险人不承担赔偿保险金的责任。

（四）保险人的义务

1. 说明义务

说明义务是指保险人于合同订立阶段，依法对保险合同有关情况向投保人进行必要的解释的义务，它包括两个方面：说明合同条款内容的义务与说明免责条款的义务。《保险法》规定，订立保险合同，采用保险人提供的格式条款的，保险人向投保人提供的投保单应当附格式条款，保险人应当向投保人说明合同的内容。对保险合同中免除保险人责任的条款，保险人在订立合同时应当在投保单、保险单或者其他保险凭证上作出足以引起投保人注意的提示，并对该条款的内容以书面或者口头形式向投保人作出明确说明；未作提示或者明确说明的，该条款不产生效力。采用保险人提供的格式条款订立的保险合同中的下列条款无效：①免除保险人依法应承担的义务或者加重投保人、被保险人责任的；②排除投保人、被保险人或者受益人依法享有的权利的。

2. 理赔义务

保险人收到被保险人或者受益人的赔偿或者给付保险金的请求后，应当及时作出核定；情形复杂的，应当在 30 日内作出核定，但合同另有约定的除外。保险人应当将核定结果通知被保险人或者受益人；对属于保险责任的，在与被保险人或者受益人达成赔偿或者给付保险金的协议后 10 日内，履行赔偿或者给付保险金义务。保险合同对赔偿或者给付保险金的期限有约定的，保险人应当按照约定履行赔偿或者给付保险金义务。保险人未及时履行前款规定义务的，除支付保险金外，应当赔偿被保险人或者受益人因此受到的损失。任何单位和个人不得非法干预保险人履行赔偿或者给付保险金的义务，也不得限制被保险人或者受益人取得保险金的权利。

保险人依法作出核定后，对不属于保险责任的，应当自作出核定之日起 3 日内向被保险人或者受益人发出拒绝赔偿或者拒绝给付保险金通知书，并说明理由。保险人自收到赔偿或者给付保险金的请求和有关证明、资料之日起 60 日内，对其赔偿或者给付保险金的数额不能确定的，应当根据已有证明和资料可以确定的数额先予支付；保险人最终确定赔偿或者给付保险金的数额后，应当支付相应的差额。人寿保险以外的其他保险的被保险人或者受益人，向保险人请求赔偿或者给付保险金的诉讼时效期间为 2 年，自其知道或者应当知道保险事故发生之日起计算。人寿保险的被保险人或者受益人向保险人请求给付保险金的诉讼时效期间为 5 年，自其知道或者应当知道保险事故发生之日起计算。

（五）保险合同的变更

当事人可以根据自己的意志依法变更保险合同。《保险法》规定，投保人和保险人可以协商变更合同内容。变更保险合同的，应当由保险人在保险单或者其他保险凭证上批注或者附贴批单，或者由投保人和保险人订立变更的书面协议。

（六）保险合同的解除

除《保险法》另有规定或保险合同另有约定外，保险合同成立后，投保人可以解除合同，保险人不得解除合同。这表明，保险合同生效后即具备法律约束力，当事人不得任意解除。一方当事人要行使解除权来解除保险合同效力，必须具备相应的条件。对投保人的合同解除权，《保险法》采取了任意性的规定方法，仅仅限定在法律另有规定或者保险合同另有约定情况下不得解除，反之，可以依其意志和实际需要解除保险合同。对保险人的合同解除权，《保险法》采取了强制性的规定方法，只有存在法定或合同约定事由时，保险人才能解除保险合同。

第三节　人身保险合同和财产保险合同

一、人身保险合同

人身保险合同是以人的寿命和身体为保险标的的保险合同，指投保人按照合同的约定向保险人支付保险费，保险人对被保险人在保险期内因保险事故导致的死亡、伤残、疾病，或者达到合同约定的年龄、期限等条件时，向被保险人或者受益人给付保险金的商业保险合同。

（一）人身保险合同的特征

相对其他保险合同，人身保险合同有以下几个特征。

（1）保险期限的长期性。所谓长期性，是就保险期限而言的，人身保险合同中有相当一部分属于长期保险合同，保险期限少则几年，多则十几年、几十年甚至终身，特别是人寿保险合同。而财产保险合同的保险期限相对较短。

（2）保险标的的限定性。人身保险合同中的"人"特指自然人。人身保险合同的标的是人的寿命和身体，其保险利益是投保人对自己的寿命和身体以及投保人与被保险人之间基于特定的身份关系而形成的人身利益和人格利益。这与财产保险合同的保险标的是财产及其有关利益是不同的。

（3）保险金额的定额性。保险人在人身保险合同中，按照合同约定的保险金额给付受益人保险金，而被保险人的寿命和身体却是无价的，因此人身保险合同为定额保险合同，即在保险合同中确定保险金额，而无保险价值的确定。

（4）保险责任的给付性。人身保险的标的是人的寿命与身体，其价值是无法计算的，当保险事故发生时，被保险人受到的损失是很难用货币衡量的。因此，人身保险合同中往往事先约定赔付金额，事故发生后或约定的期限届满时，保险人承担给付保险金的责任。这与财产保险中赔偿金的意义是有一定差别的。

（二）人身保险合同的种类

1. 依据保障范围的不同分类

依据保障范围的不同，人身保险合同可分为人寿保险合同、健康保险合同和意外伤害保险合同。

（1）人寿保险合同是指以被保险人的生命为保险标的，以生死为保险事故的保险合同。其是最早出现的人身保险合同。人寿保险合同一般约定，投保人按照不同的险种支付保险费，如果被保险人在合同期限内死亡，或合同期限届满时仍然生存者，保险人就要承担给付保险金的责任。人寿保险合同包括死亡保险合同、生存保险合同和生死两全保险合同等具体形式。

（2）健康保险合同又称"疾病保险合同"，是指投保人交付保险费，被保险人在保险有效期限内因疾病而支付医疗费用或者被保险人因疾病致残或死亡时，保险人给付相应保险金的保险合同。在保险实务中，健康保险包括疾病保险、医疗保险、护理保险、失能收入损失保险、长期健康保险、短期健康保险等具体形式。

（3）意外伤害保险合同。意外保险是指投保人交付保险费，在保险有效期限内，被保险人因遭受意外伤害事故而致残或者死亡，由保险人给付保险金的保险。该类保险合同既可作为独立的合同存在，如普通伤害保险合同、特种伤害保险合同等，也可以作为一种从合同附加于人寿保险合同中。

2. 依据被保险人的人数分类

依据被保险人的人数，人身保险合同可以分为单独人身保险合同和团体人身保险合同。单独人身保险合同是指被保险人为单独一人的人身保险合同；团体人身保险合同是指以团体为投保人，以团体成员或者团体成员的家庭成员为被保险人的保险合同。

3. 依据投保人的意愿分类

依据投保人的意愿，人身保险合同可以分为自愿保险合同与强制保险合同。自愿保险合同是基于投保人的自愿与保险人协商订立的人身保险合同；强制保险合同又称为"法定保险合同"，是指根据法律、行政法规的规定，投保人与保险人订立的人身保险合同。最常见的机动车交通事故责任险就属于强制保险。

（三）人身保险合同的特殊条款与规则

人身保险合同的内容主要是由双方意思自治通过协商确定的。但是由于人身保险的特殊性，《保险法》对人身保险合同中的内容作了一些特殊的规定。

1. 年龄申报不实条款

被保险人的投保年龄在人身保险合同中，是确定保险费率和评价危险的重要依据，投保人有义务如实告知。但是在实践中，投保人会出于各种原因误告被保险人年龄。如果投保人误报被保险人的年龄，并不必然导致保险合同无效，而是要根据不同情况作出不同处理。

投保人申报的被保险人年龄不真实，并且其真实年龄不符合合同约定的年龄限制的，保险人可以解除合同，并按照合同约定退还保险单的现金价值；投保人申报的被保险人年龄不真实，致使投保人支付的保险费少于应付保险费的，保险人有权更正并要求投保人补交保险费，或者在给付保险金时按照实付保险费与应付保险费的比例支付；投保人申报的被保险人年龄不真实，致使投保人支付的保险费多于应付保险费的，保险人应当将多收的保险费退还投保人。

📋 **案例分析**

某年 5 月 19 日，刘先生为其女儿刘小姐投保人寿保险，保险金 5 万元，保险费 200 元。保险合同规定被保险人的最低年龄为 16 周岁。在投保时刘小姐尚未满 16 周岁，为了顺利投保，刘先生在填表时谎报女儿的出生日期，从而同保险公司签订了人寿保险合同。第二年，刘小姐因意外事故落水身亡。而后刘先生向保险公司提出索赔申请。保险公司经过调查发现，刘先生在投保时存在谎报年龄的情况，于是作出不予赔付的决定，并且发出了拒绝赔付通知书。

请问： 本案中保险公司作出不予赔付的决定是否正确？为什么？

解析： 正确。根据《保险法》规定，投保人申报的被保险人年龄不真实，并且其真实年龄不符合合同约定的年龄限制的，保险人可以解除合同，并按照合同约定退还保险单的现金价值。本案中，在订立保险合同时，刘小姐不满 16 周岁，不符合保险合同的规定，所以保险公司有权依据《保险法》和保险合同规定解除该保险合同，在扣除手续费之后，退还保险费。

2. 死亡保险合同的特殊条款

由于死亡保险合同是以被保险人身故为保险标的的合同，当保险事故发生后，只能由其受益人领取保险金，因此实践中可能会出现为了获得保险金给付而故意致被保险人死亡的情形，为了防止这类行为的发生，各国保险法律都对死亡保险合同作出了限制性规定。《保险法》也对死亡保险合同进行了限制。

（1）投保人不得为无民事行为能力人投保以死亡为给付保险金条件的人身保险，保险人也不得承保。父母为其未成年子女投保的人身保险，不受此限制。被保险人死亡给付的保险金总和不得超过国务院保险监督管理机构规定的限额。

（2）以死亡为给付保险金条件的合同，未经被保险人同意并认可保险金额的，合同无效。按照以死亡为给付保险金条件的合同所签发的保险单，未经被保险人书面同意，不得转让或者质押。父母为其未成年子女投保的人身保险，不受被保险人同意并认可保险金额规定的限制。

3. 宽限期条款

宽限期条款全称为"交纳保险费宽限期条款"，是指在保险合同约定的或者法定的期限内，允许投保人向保险人缓交保险费的条款。法律设置宽限期条款的目的在于通过给予投保人一定期间的优惠，避免合同非故意失效、保全保险人业务。投保人可以按照合同约定向保险人一次支付全部保险费或者分期支付保险费。合同约定分期支付保险费的，投保人支付首期保险费后，除合同另有约定外，<u>投保人自保险人催告之日起超过 30 日未支付当期保险费，或者超过约定的期限 60 日未支付当期保险费的，合同效力中止，或者由保险人按照合同约定的条件减少保险金额。</u>被保险人在前述规定期限内发生保险事故的，保险人应当按照合同约定给付保险金，但可以扣减欠交的保险费。保险人对人寿保险的保险费，不得用诉讼方式要求投保人支付。

4. 保险合同效力的中止和恢复条款

保险合同效力的中止和恢复条款是指人身保险合同因投保人在宽限期届满后仍未交付保险费的，保险合同效力暂时中止，投保人在法定期限内申请，经保险人同意恢复保险合同效力的条款。保险合同效力中止期间，保险人不承担保险责任，但保险合同本身并没有失效。合同效力依照《保险法》的规定中止的，经保险人与投保人协商并达成协议，在投保人补交保险费后，合同效力恢复。但是，自合同效力中止之日起满 2 年双方未达成协议的，保险人有权解除合同。保险人依法解除合同的，应当按照合同约定退还保险单的现金价值。

5. 受益人条款

受益人与被保险人属于保险合同中的关系人，并非保险合同当事人。投保人在指定和变更受益人时要受到被保险人的限制。

（1）受益人的指定。受益人指定是指保险合同的投保人、被保险人确定保险金的受益主体的行为。被保险人或者投保人可以在保险合同订立时指定受益人，也可以在合同成立后保险事故发生前指定受益人。人身保险的受益人由被保险人或者投保人指定。投保人指定受益人时须经被保险人同意。投保人为与其有劳动关系的劳动者投保人身保险，不得指定被保险人及其近亲属以外的人为受益人。被保险人为无民事行为能力人或者限制民事行为能力人的，可以由其监护人指定受益人。被保险人或者投保人可以指定一人或者数人为受益人。受益人为数人的，被保险人或者投保人可以确定受益顺序和受益份额；未确定受益份额的，受益人按照相等份额享有受益权。

（2）受益人的变更。受益人变更是指投保人或者被保险人指定受益人后，在保险事故发生前，更换受益人的行为。被保险人或者投保人可以变更受益人并书面通知保险人。保险人收到变更受益人的书面通知后，应当在保险单或者其他保险凭证上批注或者附贴批单。投保人变更受益人时须经被保险人同意。

（3）受益权的移转。受益人享有的受益权是一种期待权，在保险事故发生前是不会实现的，只有当保险事故发生时，才转化为现实的权利。如果受益人先于被保险人死亡，被保险人可以变更受益人，如果没有变更受益人，发生保险事故被保险人死亡时，需要确定新的受益人。被保险人死亡后，有下列情形之一的，保险金作为被保险人的遗产，由保险人依照《民法典》第六编"继承"的相关规定履行给付保险金的义务：①没有指定受益人，或者受益人指定不明无法确定的；②受益人先于被保险人死亡，没有其他受益人的；③受益人依法丧失受益权或者放弃受益权，没有其他受益人的。受益人与被保险人在同一事件中死亡，且不能确定死亡先后顺序的，推定受益人死亡在先。

（4）受益权的丧失。如果被保险人或者投保人没有变更受益人，受益权尚未发生移转，但如果出现法定情况的，受益权还会因法律事实而丧失：受益人故意造成被保险人死亡、伤残、疾病的，或者故意杀害被保险人未遂的，该受益人丧失受益权；投保人故意造成被保险人死亡、伤残或者疾病的，保险人不承担给付保险金的责任。投保人已交足 2 年以上保险费的，保险人应当按照合同约定向其他权利人退还保险单的现金价值。

6. 自杀条款

自杀条款是指在合同成立或者合同效力恢复之日起一定时间内，被保险人因自杀导致死亡的，保险责任承担的条款。以被保险人死亡为给付保险金条件的合同，自合同成立或者合同效力恢复之日起 2 年内，被保险人自杀的，保险人不承担给付保险金的责任，但被保险人自杀时为无民事行为能力人的除外。如果保险人据此不承担给付保险金责任的，应当按照合同约定退还保险单的现金价值。

7. 保险单的现金价值条款

人身保险单的现金价值，又称为"退保金"或"退保价值"，是指人身保险合同终止时，由保险人依法退还给投保人的金额。因被保险人故意犯罪或者抗拒依法采取的刑事强制措施导致其伤残或者死亡的，保险人不承担给付保险金的责任。投保人已交足 2 年以上保险费的，保险人应当按照合同约定退还保险单的现金价值。投保人解除合同的，保险人应当自收到解除合同通知之日起 30 日内，按照合同约定退还保险单的现金价值。

二、财产保险合同

财产保险合同是以财产及其有关利益为保险标的的保险合同。具体来说，是指投保人以支付保险费为条件而同保险人约定的，保险人在被保险人的财产及有关利益发生保险责任范围内的损失时，由保险人承担赔偿责任的保险合同。

（一）财产保险合同的特征

相对其他保险合同，财产保险合同主要具有以下特征。

（1）财产保险合同的保险标的为特定的财产及与财产有关的利益。这是财产保险合同区别于人身保险合同的基本特征，它决定了保险标的可以随其所有权的转移而转移。保险标的转让的，保险标的的受让人承继被保险人的权利和义务。保险标的转让的，被保险人或者受让人应当及时通知保险人，但货物运输保险合同和另有约定的合同除外。这种情况在人身保险合同中是不存在的。

（2）财产保险合同是一种损失补偿合同。财产保险的目的是对约定保险事故的实际损失进行补偿，而不可能使被保险人获得额外的收益。因此，财产保险的赔偿额是以事故的实际损失为计算依据的。在订立合同时，当事人所确定的保险金额不得高于保险价值，保险金额超过保险价值的，超过部分无效。在重复保险中，保险金额总和超过保险价值的，各保险人赔偿金额的总和也不得超过保险价值。

（3）财产保险合同实行保险代位制度。这一特征是由财产保险合同的补偿性决定的。如果被保险人在获得保险赔偿金的同时，又从事故责任者处得到赔偿，显然违背补充原则。因此，财产保险合同一般规定，保险人支付保险金后，可以在赔偿金额范围内代位行使被保险人对事故责任者请求赔偿的权利。人身保险合同是不具有这一特征的。

（二）财产保险合同的分类

根据保险标的的不同，财产保险合同分为以下四种类型。

1. 财产损失保险合同

财产损失保险合同，是指投保人与保险人达成协议，由保险人对于承保的处于合同约定的固定地点的有形财产（动产和不动产）及其产生的特定利益因发生保险事故所造成的财产损失承担保险责任的保险合同。财产损失是指因财产毁损、灭失而导致的财产价值减少或者丧失，包括直接的物质损失，以及因采取施救措施而引起的必要的、合理的费用开支。随着财产保险业务的发展，财产损失保险合同的范围也不断增加，在保险实务中，一般有企业财产损失保险合同、家庭财产损失保险合同、运输工具保险合同、运输货物保险合同、工程保险合同等。

2. 责任保险合同

责任保险合同，是指以被保险人对第三者依法应负的赔偿责任为保险标的的保险合同，其标的可以是违约责任或者侵权责任。责任保险合同的种类也比较广泛，从内容上看，主要包括公众责任保险合同、雇主责任保险合同、产品责任保险合同、职业责任保险合同等。

保险人对责任保险的被保险人给第三者造成的损害，可以依照法律的规定或者合同的约定，直接向该第三者赔偿保险金。责任保险的被保险人给第三者造成损害，被保险人对第三者应负的赔偿责任确定的，根据被保险人的请求，保险人应当直接向该第三者赔偿保险金。被保险人怠于请求的，第三者有权就其应获赔偿部分直接向保险人请求赔偿保险金。责任保险的被保险人给第三者造成损害，被保险人未向该第三者赔偿的，保险人不得向被保险人赔偿保险金。责任保险的被保险人因给第三者造成损害的保险事故而被提起仲裁或者诉讼的，被保险人支付的仲裁或者诉讼费用以及其他必要的、合理的费用，除合同另有约定外，由保险人承担。

3. 信用保险合同

信用保险合同，是指保险人对债务人的信用或履约能力提供保证的合同，即当债务人（借款人、赊货人）不清偿或者不能清偿到期债务时，由保险人负责赔偿的保险合同。按照信用保险合同标的的不同，信用保险合同可以分为商业信用保险合同、银行信用保险合同、投资信用保险合同；按照保险标的流向的不同，信用保险合同可以分为进口信用保险合同和出口信用保险合同。

4. 保证保险合同

保证保险合同，是指由保险人为保证人向权利人提供担保，为被保证人的行为（作为或不作为）对权利人所造成的经济损失承担赔偿责任的一种财产保险合同。保证保险合同分为确实保证保险合同和诚实保证保险合同两大类。确实保证保险合同是指投保人向保险人交纳保险费，保险人在被保险人不履行义务而使权利人遭受损失时，承担赔偿责任的保险合同。诚实保证保险合同，又称为忠诚保证保险合同、雇员忠诚保险合同，是指投保人向保险人支付保险费，保险人在因被保险人的雇员的不诚实行为而受到损失时承担保险责任的保险合同。

（三）保险价值与保险金额

保险价值是确定损失赔偿的计算基础。投保人和保险人约定保险标的的保险价值并在合同中载明的，保险标的发生损失时，以约定的保险价值为赔偿计算标准。投保人和保险人未约定保险标的的保险价值的，保险标的发生损失时，以保险事故发生时保险标的的实际价值为赔偿计算标准。

保险价值也是确定保险金额的计算基础。保险金额是指投保人对保险标的的实际投保金额，也是保险人承担赔偿或者给付保险金责任的最高限额。财产保险合同的保险金额是按保险标的的实际价值确定的，保险金额一般不得高于保险财产的实际价值。

1. 保险价值与保险金额的三种情形

（1）不足额保险。即保险金额低于保险价值的情况，不足的部分由被保险人自保。在发生损失后，除合同另有约定外，保险人按保险金额与保险价值的比例承担赔偿保险金的责任。

（2）足额保险。即保险金额等于保险价值的情况，被保险人在损失发生后，能够按实际损失获得足额的赔偿。

（3）超额保险。即保险金额超过保险价值的情况，这一般是受到法律禁止的。《保险法》规定，保险金额不得超过保险价值。超过保险价值的，超过部分无效，保险人应当退还相应的保险费。

2. 重复保险

重复保险是指投保人对同一保险标的、同一保险利益、同一保险事故分别与两个以上保险人订立保险合同，且保险金额总和超过保险价值的保险。针对重复保险的保险赔偿，需要注意以下三个方面：①重复保险的投保人应当将重复保险的有关情况通知各保险人。②重复保险的各保险人赔偿保险金的总和不得超过保险价值。除合同另有约定外，各保险人按照其保险金额与保险金额总和的比例承担赔偿保险金的责任。③重复保险的投保人可以就保险金额总和超过保险价值的部分，请求各保险人按比例返还保险费。

（四）保险代位权制度

《保险法》中的代位权制度只适用于财产保险，它是指财产保险的保险人，在赔偿被保险人的损失后，可以在赔付保险金的范围内，享有向造成损失的第三者进行索赔的权利的制度。由此可见，保险代位权具有以下五个特征：①保险人因保险事故对有过错的第三者享有赔偿请求权，这是保险代位权产生的基础；②保险代位权的产生必须是在保险人给付保险金之后；③保险代位权的范围不得超过保险人的赔付金额；④代位求偿权在被保险人取得保险赔付后自动转移给保险人；⑤被保险人有义务协助保险人向第三者追偿，不得损害保险人的代位求偿权。

代位清偿是财产保险合同补偿性的具体体现。因第三者对保险标的的损害而造成保险事故的，保险人自向被保险人赔偿保险金之日起，在赔偿金额范围内代位行使被保险人对第三者请求赔偿的权利。因第三者对保险标的损害造成保险事故发生后，被保险人已经从第三者取得损害赔偿的，保险人赔偿保险金时，可以相应扣减被保险人从第三者已取得的赔偿金额。保险人行使代位请求赔偿的权利，不影响被保险人就未取得赔偿的部分向第三者请求赔偿的权利。

与之相反，人身保险则禁止保险人追偿，不适用财产保险中的保险代位权规则。被保险人因第三者的行为而发生死亡、伤残或者疾病等保险事故的，保险人向被保险人或者受益人给付保险金后，不享有向第三者追偿的权利，但被保险人或者受益人仍有权向第三者请求赔偿。

在保险实务中，代位求偿权的行使需要注意以下几个方面的问题。

（1）代位求偿权的实现保障。保险事故发生后，保险人未赔偿保险金之前，被保险人放弃对第三者请求赔偿的权利的，保险人不承担赔偿保险金的责任。保险人向被保险人赔偿保险金后，被保险人未经保险人同意放弃对第三者请求赔偿的权利的，该行为无效。被保险人故意或者因重大过失致使保险人不能行使代位请求赔偿权利的，保险人可以扣减或者要求返还相应的保险金。

（2）代位求偿权的对象。除被保险人的家庭成员或者其组成人员故意造成保险事故外，保险人不得对被保险人的家庭成员或者其组成人员行使代位请求赔偿的权利。该规定的目的是防止因被追偿的亲属或雇员与被保险人具有一定的利益，而使保险赔偿失去意义。

（3）被保险人的协助义务。保险人向第三者行使代位请求赔偿的权利时，被保险人应当向保险人提供必要的文件和所知道的有关情况。

📝 **案例分析** ⌇⌇⌇⌇⌇⌇⌇⌇⌇⌇⌇⌇⌇⌇⌇⌇⌇⌇⌇⌇⌇⌇⌇⌇⌇⌇⌇⌇

张某为其轿车投保了全车盗抢险，该险种保险责任为"保险期间内，被保险机动车的下列损失和费用，且不属于免除保险人责任的范围，保险人依照本保险合同的约定负责赔偿：（一）被保险机动车被盗窃、抢劫、抢夺，经出险当地县级以上公安刑侦部门立案证明，满60天未查明下落的全车损失……"。

保险期限内的某日张某之妻陈某将车辆开至洗车行进行清洗，把车钥匙交给工作人员后离开。田某尾随陈某观察其去向后，进入洗车行佯装车主向工作人员给付20元洗车费后取得车钥匙将车开走后卖掉。后田某被成都中院判决犯诈骗罪，田某上诉后四川高院裁定驳回上诉，维持原判。该裁定书"审理查明"部分载明"田某佯装车主支付洗车费后取得车辆钥匙，将汽车骗走"。

请问： 案例中，按照保险合同约定，保险公司需要对车主进行赔偿吗？其可以取得对洗车行的代位求偿权吗？

解析： 本案中，保险公司不需要对车主进行赔偿。因为车主的损失原因是诈骗而不是盗窃，不属于保险责任，因此保险公司不用赔偿。同时，保险公司不能取得代位求偿权，因为保险代位求偿权的产生必须是在保险人给付保险金之后，但本案中保险公司对标的损失不需要承担赔偿责任，并未给付保险金。

⌇⌇

（五）保险合同的解除

保险合同的解除是指保险合同成立后，因出现法定事由或者根据当事人的约定，保险合同当事人行使合同解除权，使保险合同关系归于消灭的行为。除《保险法》另有规定或者保险合同另有约定外，保险合同成立后，投保人可以解除合同，保险人不得解除合同。这里的《保险法》另有规定是指货物运输保险合同和运输工具航程保险合同，保险责任开始后，合同当事人不得解除合同。

因保险标的转让导致危险程度显著增加的，保险人自收到被保险人或者受让人的通知之日起30日内，可以按照合同约定增加保险费或者解除合同。投保人、被保险人未按照约定履行其对保险标的的安全应尽责任的，保险人有权要求增加保险费或者解除合同。

在合同有效期内，保险标的的危险程度显著增加的，被保险人应当按照合同约定及时通知保险人，保险人可以按照合同约定增加保险费或者解除合同。

保险人解除合同的，应当将已收取的保险费，按照合同约定扣除自保险责任开始之日起至合同解除之日止应收的部分后，退还投保人。

保险标的发生部分损失的，自保险人赔偿之日起30日内，投保人可以解除合同；除合同另有约定外，保险人也可以解除合同，但应当提前15日通知投保人。合同解除的，保险人应当将保险标的未受损失部分的保险费，按照合同约定扣除自保险责任开始之日起至合同解除之日止应收的部分后，退还投保人。

第四节　保险业的监督管理

我国保险监管遵循"依法、公开、公正"的原则，目的是"维护保险市场秩序，保护投保人、被保险人和受益人的合法权益"。从《保险法》的规定来看，我国保险监管的方式采用了保险监管中最严格的一种方式——实体监管方式，即由国务院保险监督管理机构对保险企业的设立、经营、财务、人事乃至倒闭清算实施有效的监督和管理。

一、对保险公司组织的监管

1. 保险公司的设立制度

保险公司是指依照《公司法》和《保险法》设立的专门从事保险业务的企业法人。设立保险公司实施准入制，必须经国务院保险监督管理机构批准。国务院保险监督管理机构审查设立申请时，应当考虑保险业的发展和公平竞争的需要。

（1）保险公司的设立条件。设立保险公司应当具备下列条件：①主要股东具有持续盈利能力，信誉良好，最近3年内无重大违法违规记录，净资产不低于人民币2亿元；②有符合《保险法》和《公司法》规定的章程；③有符合《保险法》规定的注册资本；④有具备任职专业知识和业务工作经验的董事、监事和高级管理人员；⑤有健全的组织机构和管理制度；⑥有符合要求的营业场所和与经营业务有关的其他设施；⑦法律、行政法规和国务院保险监督管理机构规定的其他条件。

（2）保险公司的设立程序。申请设立保险公司，申请人应当向国务院保险监督管理机构提出书面申请，并提交设立申请书、可行性研究报告、筹建方案等材料。国务院保险监督管理机构应当对设立保险公司的申请进行审查，自受理之日起6个月内作出批准或者不批准筹建的决定，并书面通知申请人。决定不批准的，应当书面说明理由。

申请人应当自收到批准筹建通知之日起1年内完成筹建工作；筹建期间不得从事保险经营活动。筹建工作完成后，申请人具备法定设立条件的，可以向国务院保险监督管理机构提出开业申请。该监督管理机构应当自受理开业申请之日起60日内，作出批准或者不批准开业的决定。决定批准的，颁发经营保险业务许可证；决定不批准的，应当书面通知申请人并说明理由。经批准设立的保险公司，凭经营保险业务许可证向市场监督管理机关办理登记，领取营业执照。保险公司自取得经营保险业务许可证之日起6个月内，无正当理由未向市场监督管理机关办理登记的，其经营保险业务许可证失效。

2. 保险公司分支机构的设立

保险公司在我国境内设立分支机构，应当经国务院保险监督管理机构批准。保险公司分支机构不具有法人资格，其民事责任由保险公司承担。保险公司申请设立分支机构，应当向国务院保险监督管理机构提出书面申请，并提交设立申请书、拟设机构3年业务发展规划和市场分析材料等。

3. 保险公司的变更

保险公司有下列情形之一的，应当经国务院保险监督管理机构批准：①变更名称；②变更注册资本；③变更公司或者分支机构的营业场所；④撤销分支机构；⑤公司分立或者合并；⑥修改公司章程；⑦变更出资额占有限责任公司资本总额5%以上的股东，或者变更持有股份有限公司股份5%以上的股东；⑧国务院保险监督管理机构规定的其他情形。

4. 保险公司的终止

保险公司终止的情形包括以下三种。

（1）解散。保险公司因分立、合并需要解散，或者股东会、股东会决议解散，或者公司章程规定的解散事由出现的，经国务院保险监督管理机构批准后解散。经营有人寿保险业务的保险公司，除因分立、合并或者被依法撤销外，不得解散。保险公司解散，应当依法成立清算组进行清算。

（2）被撤销。保险公司成立后，因出现严重违反法律法规的情形，由国务院保险监督管理机构依法吊销经营保险业务许可证，并由市场监督管理机关吊销营业执照的，可以依法被撤销。依法被撤销后，保险公司经营保险业务的资格就被取消，其不得再进行保险业务。

（3）破产。保险公司有《企业破产法》第2条规定情形的，经国务院保险监督管理机构同意，保险公司或者其债权人可以依法向人民法院申请重整、和解或者破产清算；国务院保险监督管理机构也可以依法向人民法院申请对该保险公司进行重整或者破产清算。

经营有人寿保险业务的保险公司被依法撤销或者被依法宣告破产的，其持有的人寿保险合同及责任准备金，必须转让给其他经营有人寿保险业务的保险公司；不能同其他保险公司达成转让协议的，由国务院保险监督管理机构指定经营有人寿保险业务的保险公司接受转让。转让或者由国务院保险监督管理机构指定接受转让前款规定的人寿保险合同及责任准备金的，应当维护被保险人、受益人的合法权益。保险公司依法终止其业务活动的，应当注销其经营保险业务许可证。

二、对保险公司经营活动的监管

（一）保险公司业务范围监管

《保险法》规定，保险公司应当在国务院保险监督管理机构依法批准的业务范围内从事保险经营活动。

《保险法》禁止保险公司兼业，即保险公司必须专门经营保险业务，不得经营其他业务。《保险法》规定，保险公司的业务范围有：①人身保险业务，包括人寿保险、健康保险、意外伤害保险等保险业务；②财产保险业务，包括财产损失保险、责任保险、信用保险、保证保险等保险业务；③国务院保险监督管理机构批准的与保险有关的其他业务。

《保险法》原则上禁止保险公司兼营，即原则上禁止同一保险企业兼营财产保险和人身保险业务。原因在于财产保险和人身保险是保险性质完全不同的两类业务，承保、理赔和保险费计算以及财产管理方式都截然不同，如果允许兼营会导致业务活动和资金混杂，不利于保险公司风险管理，不利于被保险人利益保护，不利于保险监管。但是，《保险法》也规定了两种经批准的兼营情况：①经营财产保险业务的保险公司经国务院保险监督管理机构批准，可以经营短期健康保险业务和意外伤害保险业务；②经国务院保险监督管理机构批准，保险公司可以经营财产保险和人身保险业务的再保险的分出业务和分入业务。

（二）保险公司偿付能力监管

1. 保证金、责任准备金、公积金、保险保障基金的提取

为了保证保险公司清算时具有足够的资金清偿债务，保险公司应当按照其注册资本总额的20%提取保证金，存入国务院保险监督管理机构指定的银行，除公司清算时用于清偿债务外，不得动用。

责任准备金是保险企业从收取的保险费或者经营利润中提取的准备用于履行保险责任的货币金额。保险公司应当根据保障被保险人利益、保证偿付能力的原则，提取各项责任准备金。保险公司提取和结转责任准备金的具体办法，由国务院保险监督管理机构制定。

公积金是指为了弥补亏损、扩大公司生产经营或者转为增加公司资本，依照法律或者公司章程的规定，从公司盈余或者资本中提取的积累资金。保险公司应当依法提取公积金。

保险公司应当缴纳保险保障基金。保险保障基金应当集中管理，并在下列情形下统筹使用：①在保险公司被撤销或者被宣告破产时，向投保人、被保险人或者受益人提供救济；②在保险公司被撤销或者被宣告破产时，向依法接受其人寿保险合同的保险公司提供救济；③国务院规定的其他情形。保险保障基金筹集、管理和使用的具体办法，由国务院制定。

2. 保险公司最低偿付能力监管

保险公司应当具有与其业务规模和风险程度相适应的最低偿付能力。保险公司的认可资

产减去认可负债的差额不得低于国务院保险监督管理机构规定的数额；低于规定数额的，应当按照国务院保险监督管理机构的要求采取相应措施达到规定的数额。

对偿付能力不足的保险公司，国务院保险监督管理机构应当将其列为重点监管对象，并可以根据具体情况采取下列措施：①责令增加资本金、办理再保险；②限制业务范围；③限制向股东分红；④限制固定资产购置或者经营费用规模；⑤限制资金运用的形式、比例；⑥限制增设分支机构；⑦责令拍卖不良资产、转让保险业务；⑧限制董事、监事、高级管理人员的薪酬水平；⑨限制商业性广告；⑩责令停止接受新业务。

3. 保险公司资金运用监管

保险公司收取保险费后，必须通过一定的投资活动使保险资金增值。但是保险资金来源于投保人交纳的保费，为此保险资金的投资效果关系到保险公司的偿付能力和竞争力。各国保险法都对保险公司的资金运用实施专门的监管。《保险法》规定，保险公司的资金运用必须稳健，遵循安全性原则。保险公司的资金运用限于下列形式：①银行存款；②买卖债券、股票、证券投资基金份额等有价证券；③投资不动产；④国务院规定的其他资金运用形式。这表明保险公司资金运用的首要原则是安全性原则，保险公司不能出于流动性和营利性的要求忽视安全性。

4. 保险公司的整顿和接管

为了有效地加强对保险公司偿付能力的监管，《保险法》建立了保险公司整顿和接管的制度。保险公司未依照《保险法》规定提取或者结转各项责任准备金，或者未依照规定办理再保险，或者严重违反关于资金运用的规定的，由国务院保险监督管理机构责令限期改正，并可以责令调整负责人及有关管理人员。国务院保险监督管理机构依法作出限期改正的决定后，保险公司逾期未改正的，国务院保险监督管理机构可以决定选派保险专业人员和指定该保险公司的有关人员组成整顿组，对公司进行整顿。整顿决定应当载明被整顿公司的名称、整顿理由、整顿组成员和整顿期限，并予以公告。整顿组有权监督被整顿保险公司的日常业务。被整顿公司的负责人及有关管理人员应当在整顿组的监督下行使职权。整顿过程中，被整顿保险公司的原有业务继续进行。但是，国务院保险监督管理机构可以责令被整顿公司停止部分原有业务、停止接受新业务，调整资金运用。被整顿保险公司经整顿已纠正其违反规定的行为，恢复正常经营状况的，由整顿组提出报告，经国务院保险监督管理机构批准，结束整顿，并由国务院保险监督管理机构予以公告。

保险公司有下列情形之一的，国务院保险监督管理机构可以对其实行接管：①公司的偿付能力严重不足的；②违反《保险法》规定，损害社会公共利益，可能严重危及或者已经严重危及公司的偿付能力。被接管的保险公司的债权债务关系不因接管而变化。接管组的组成和接管的实施办法，由国务院保险监督管理机构决定，并予以公告。接管期限届满，国务院保险监督管理机构可以决定延长接管期限，但接管期限最长不得超过 2 年。接管期限届满，被接管的保险公司已恢复正常经营能力的，由国务院保险监督管理机构决定终止接管，并予以公告。

（三）保险公司及其工作人员的禁止行为

保险公司及其工作人员在保险业务活动中不得有下列行为：①欺骗投保人、被保险人或者受益人；②对投保人隐瞒与保险合同有关的重要情况；③阻碍投保人履行《保险法》规定的如实告知义务，或者诱导其不履行《保险法》规定的如实告知义务；④给予或者承诺给予投保人、被保险人、受益人保险合同约定以外的保险费回扣或者其他利益；⑤拒不依法履行保险合同约定的赔偿或者给付保险金义务；⑥故意编造未曾发生的保险事故、虚构保险合同或者故意夸大已经发生的保险事故的损失程度进行虚假理赔，骗取保险金或者牟取其他不正当利益；⑦挪用、截留、侵占保险费；⑧委托未取得合法资格的机构从事保险销售活动；⑨利用开展保险业务为其他机构或者个人牟取不正当利益；⑩利用保险代理人、保险经纪人或者保险评估机构，从事以虚构保险中介业务或者编造退保等方式套取费用等违法活动；⑪以捏造、散布虚假事实等方式损害竞争对手的商业信誉，或者以其他不正当竞争行为扰乱保险市场秩序；⑫泄露在业务活动中知悉的投保人、被保险人的商业秘密；⑬违反法律、行政法规和国务院保险监督管理机构规定的其他行为。

三、对保险中介的监管

保险中介在保险活动中代表不同当事人的利益，是连接保险人和被保险人的重要纽带。保险中介主要有保险代理人、保险经纪人和保险公估人三类。保险代理人是根据保险人的委托，向保险人收取佣金，并在保险人授权的范围内代为办理保险业务的机构或者个人。保险代理机构包括专门从事保险代理业务的保险专业代理机构和兼营保险代理业务的保险兼业代理机构。保险经纪人是基于投保人的利益，为投保人与保险人订立保险合同提供中介服务，并依法收取佣金的机构。保险公估人是对保险事故进行评估和鉴定的独立评估机构和具有相关知识的人员。

1. 保险中介的执业资格

《保险法》规定，保险代理机构、保险经纪人应当具备国务院保险监督管理机构规定的条件，取得国务院保险监督管理机构颁发的经营保险代理业务许可证、保险经纪业务许可证。以公司形式设立保险专业代理机构、保险经纪人，其注册资本最低限额适用《公司法》的规定。国务院保险监督管理机构根据保险专业代理机构、保险经纪人的业务范围和经营规模，可以调整其注册资本的最低限额，但不得低于《公司法》规定的限额。保险专业代理机构、保险经纪人的注册资本或者出资额必须为实缴货币资本。

保险专业代理机构、保险经纪人的高级管理人员，应当品行良好，熟悉保险法律、行政法规，具有履行职责所需的经营管理能力，并在任职前取得国务院保险监督管理机构核准的任职资格。个人保险代理人、保险代理机构的代理从业人员、保险经纪人的经纪从业人员，应当品行良好，具有从事保险代理业务或者保险经纪业务所需的专业能力。

2. 保险中介的执业规则

个人保险代理人在代为办理人寿保险业务时，不得同时接受两个以上保险人的委托。保险人委托保险代理人代为办理保险业务的，应当与保险代理人签订委托代理协议，依法约定双方的权利和义务。保险代理人根据保险人的授权代为办理保险业务的行为，由保险人承担责任。保险代理人没有代理权、超越代理权或者代理权终止后以保险人名义订立合同，使投保人有理由相信其有代理权的，该代理行为有效。保险人可以依法追究越权的保险代理人的责任。保险经纪人因过错给投保人、被保险人造成损失的，依法承担赔偿责任。

保险活动当事人可以委托保险公估机构等依法设立的独立评估机构或者具有相关专业知识的人员，对保险事故进行评估和鉴定。接受委托对保险事故进行评估和鉴定的机构和人员，应当依法、独立、客观、公正地进行评估和鉴定，任何单位和个人不得干涉。相关机构和人员因故意或者过失给保险人或者被保险人造成损失的，依法承担赔偿责任。

保险佣金只限于向保险代理人、保险经纪人支付，不得向其他人支付。

3. 保险中介的禁止行为

保险代理人、保险经纪人及其从业人员在办理保险业务活动中不得有下列行为：①欺骗保险人、投保人、被保险人或者受益人；②隐瞒与保险合同有关的重要情况；③阻碍投保人履行《保险法》规定的如实告知义务，或者诱导其不履行《保险法》规定的如实告知义务；④给予或者承诺给予投保人、被保险人或者受益人保险合同约定以外的利益；⑤利用行政权力、职务或者职业便利以及其他不正当手段强迫、引诱或者限制投保人订立保险合同；⑥伪造、擅自变更保险合同，或者为保险合同当事人提供虚假证明材料；⑦挪用、截留、侵占保险费或者保险金；⑧利用业务便利为其他机构或者个人牟取不正当利益；⑨串通投保人、被保险人或者受益人，骗取保险金；⑩泄露在业务活动中知悉的保险人、投保人、被保险人的商业秘密。

导入案例解析

本案中，赵某对孩子是没有保险利益的。李某与妻子马某离婚以后，孩子是和马某生活的，只是周六的时候和李某在一起生活一天。赵某和孩子之间并没有法律上的抚养、赡养或者扶养的关系。本案中，由于孩子双方的父母都健在，而且孩子并不和赵某生活在一起，在赵某和孩子之间不存在任何法律上的抚养关系，赵某也就不享有保险利益，因此该保险合同无效。

综合练习题

一、名词解释

保险　保险合同　保险利益　近因原则　保险价值　保险金额　重复保险

二、判断题

1．保险合同中保险人是否对被保险人履行赔偿或给付保险金的义务，取决于约定的保险事故是否发生，这说明保险合同属于单务合同。　　　　　　　　　　　　　（　　）

2．人身保险中，要求投保时投保人对被保险人要有保险利益。　　　　　　（　　）

3．交纳保险费是投保人的最基本义务，通常也是保险合同生效的必要条件。（　　）

4．经营人寿保险代理业务的保险代理机构不得同时接受两个以上保险人的委托。
　　　　　　　　　　　　　　　　　　　　　　　　　　　　　　　　　　（　　）

5．保险公司的资金不能运用于投资不动产。　　　　　　　　　　　　　　（　　）

三、单项选择题

1．财产保险要求（　　　）一定要有保险利益。

　　A．投保时　　　B．事故发生时　　　C．被保险人索赔时　　D．解除合同时

2．（　　　）不属于投保人需要通知保险人的事项。

　　A．危险增加　　B．承保危险发生　　C．受益人变更　　　　D．投保人收入增加

3．杜某与其妻陈某经人民法院判决于2020年离婚，其女随陈某生活。次年杜某为其母购买了一份人寿保险，并经其母同意指定自己为受益人。杜某无其他亲戚。一日，杜某与其母外出旅游遭遇车祸，其母当场死亡，杜某受重伤住院两天后亦死亡。对于人寿保险金，选项（　　　）是正确的。

　　A．因无受益人，应归国家所有　　　　B．应当支付给杜某的前妻陈某和女儿

　　C．应当支付给杜某的女儿　　　　　　D．因已无受益人，应归保险公司所有

4．《保险法》要求投保时投保人的如实告知属于（　　　　）。

　　A．有限告知　　B．客观告知　　　C．询问告知　　　　D．都不对

5．陈某将自己的轿车投保于某保险公司。一日，其车被房东之子（未成年）损坏，花去修理费 1 500 元。陈某遂与房东达成协议：房东免收陈某两个月房租 1 300 元，陈某不再要求房东赔偿修车费。后陈某将该次事故报保险公司要求赔偿。在此情形下，以下哪一判断是正确的？（　　）

  A．保险公司应赔偿 1 500 元　　　　 B．保险公司应赔偿 200 元

  C．保险公司应赔偿 1 300 元　　　　 D．保险公司不再承担赔偿责任

四、多项选择题

1．保险利益即投保人或被保险人应当对保险标的具有法律上承认的利益，否则会导致保险合同无效。选项（　　）符合保险利益原则。

  A．甲经同事乙同意，为其购买 1 份人寿险

  B．丙为自己刚出生 1 个月的孩子购买 1 份人身险

  C．丁公司为其经营管理的风景区内的 1 颗巨型钟乳石投保 1 份财产险

  D．戊公司为其一座已经投保的仓库再投保 1 份财产险

2．在（　　）等情况下，保险人可以解除保险合同。

  A．投保人故意隐瞒事实不履行如实告知义务

  B．在财产保险中，被保险人未按约定履行其对标的安全应尽之责任

  C．在人身保险中，合同效力中止超过 2 年

  D．在人身保险合同中，被保险人未指定受益人

3．张某将自有轿车向某保险公司投保，其保险合同中含有自燃险险种。一日，该车在行驶中起火，张某情急之下将一农户晾在公路旁的棉被打湿灭火，但车辆仍有部分损失，棉被也被烧坏。保险公司对（　　）等费用应承担赔付责任。

  A．车辆维修费 500 元　　　　　 B．张某误工费 400 元

  C．农户的棉被损失 200 元　　　 D．张某乘其他车辆返回的交通费 50 元

4．王某将自己居住的房屋向某保险公司投保家庭财产保险。保险合同有效期内，该房屋因邻居家的小孩玩火而被部分毁损，损失 10 万元。选项（　　）是错误的。

  A．王某应当向邻居索赔，在邻居无力赔偿的前提下才能向保险公司索赔

  B．王某可以放弃对邻居的赔偿请求权，单独向保险公司索赔

  C．若王某已从邻居处得到 10 万元的赔偿，其仍可向保险公司索赔

  D．若王某从保险公司得到的赔偿不足 10 万元，其仍可向邻居索赔

5．经营财产保险业务的保险公司经国务院保险监督管理机构批准，可经营（　　）业务。

  A．短期健康保险业务　　　　　 B．长期寿险业务

  C．投资连结业务　　　　　　　 D．意外伤害保险业务

五、思考题

1．简述保险合同的基本原则。

2．简述保险合同的主要内容。

3．简述投保人的如实告知义务。

4．简述人身保险合同中的自杀条款。

5．简述保险公司的设立条件。

六、案例分析题

  A 钢铁公司（以下简称"A 公司"）承租 B 运输公司（以下简称"B 公司"）的一艘江海直达运输轮船运输铁矿，A 公司将此轮船足额投保 2 800 万元。保险公司经过调查发现该轮

船的产权人 B 公司对该轮船没有投保，而 A 公司与 B 公司的租赁合同真实有效，轮船的实际价值确实可靠，A 公司拥有对该轮船的承租权，具有保险利益，遂同意承保该轮船。A 公司交付了 1 年的保险费。10 个月后 A 公司结束租赁，将轮船退还给 B 公司。3 天后该轮船在锚地系泊时因锚链断了，发生漂泊碰撞，轮船本身损失 700 万元。A 公司认为这是在保险合同规定的投保期限内发生的碰撞损失，应当得到赔付，遂向保险公司主张赔偿，并提交保险合同以及该轮船受碰撞损失的证明等文件资料。B 公司以轮船属于自己为由，也向保险公司提出赔偿的请求，并提交了该轮船受碰撞损失的证明等文件资料。保险公司经过调查后拒绝承担赔偿责任。

请问：（1）A 公司提出赔偿的请求有没有法律依据？为什么？

（2）B 公司提出赔偿的请求有没有法律依据？为什么？

（3）保险公司拒绝赔偿的法律依据是什么？

第十章　信托法律制度

【学习目标】

熟悉信托的概念、特征和职能；理解信托财产的独立性，了解信托当事人的权利义务；掌握信托设立的条件、信托的无效和可撤销的情形；掌握公益信托的范围，了解公益信托的设立、终止，掌握公益信托监察人；了解信托公司的设立条件、经营范围、经营规则。

【素养目标】

领悟诚实和信任是信托的基石，理解公益信托在当代社会中的重要价值，进而强化遵纪守法、诚信至上、责任底线、保护民族品牌等意识，践行社会主义核心价值观。

导入案例

张某与妻子离婚后与朋友合开了一家公司。某年1月，张某拿出20万元人民币，以甲信托公司为受托人，为其正在上初中的儿子设立大学教育经费信托。次年8月甲信托公司由于连续两年年检不合格，依法被中国人民银行撤销。之后，乙信托公司受张某之托继续管理该项教育经费信托事务。今年4月张某因交通事故死亡，在处理张某的遗产时，张某的其他继承人主张对该20万元的继承权，但遭到了受托人的拒绝。

请问：（1）甲信托公司被撤销是否会影响信托的存在？

（2）张某可否自行再选任受托人？

（3）张某的其他继承人有该20万元的继承权吗？

第一节　信　托　概　述

一、信托的概念与特征

信托是一种特殊的财产管理制度、一种特殊的法律行为，也是一种金融制度。该制度因在财产管理、融通资金、社会公益等方面具有突出的功能，已为不少国家所采用，并成为现代金融业的重要支柱之一。信托与银行、保险、证券一起构成了现代金融体系。

1. 信托的概念

《信托法》第2条规定，信托是指委托人基于对受托人的信任，将其财产权委托给受托人，由受托人按委托人的意愿以自己的名义，为受益人的利益或者特定目的，进行管理或者处分的行为。

不管各国信托法如何规定，信托都是一种代人理财的财产管理制度，是委托人在对受托人信任的基础上，将其财产委托给受托人进行管理或者处分，以实现受益人的利益或者特定目的的。

2. 信托的特征

现代信托的特征主要表现在以下几方面。

（1）信托以信任为基础。作为一种社会信用活动，信托业务中始终贯穿着信任关系。委托人之所以会将自己的财产交给受托人代为管理，正是基于对受托人的充分信任，这种信任关系是信托业务得以存续的基本条件。如果作为此种关系中关键环节的受托人不被委托人所信任，则不可能有信托的存在。因此，受托人是否具有良好的信誉至关重要。在信托关系成立后，为保护委托人、受益人的合法权益，受托人应恪尽职守，履行诚实、信用、谨慎、有效管理的义务，并按照委托人的意愿对财产进行管理和处分。

（2）信托关系具有三方当事人。与委托代理制度不同，信托关系中包含三方当事人，即委托人、受托人和受益人，这是信托的一个特征。其中，委托人是信托的创设者，也是提供信托财产的人；受托人由委托人选定，并以自己的名义管理和处分信托财产，以满足委托人的要求，使受益人获得相应的利益，实现信托目的；受益人是在信托中享有信托受益权的人，是信托行为的终点。

（3）信托财产的权利主体与利益主体相分离。信托财产的权利主体与利益主体相分离，是信托区别于类似财产管理制度的基本特征。委托人将财产设立信托后，这笔财产就成为信托财产不再属于委托人所有，也不属于受益人所有，而是受托人取得信托财产的所有权，以自己的名义依约对信托财产进行管理和处分，但因此所产生的利益归委托人指定的受益人所有。

（4）信托是一种由他人进行财产管理、运用、处分的财产管理制度。委托人虽是信托行为的发起者，但委托人将信托财产委托给受托人后，对信托财产没有直接的控制权，受托人完全以自己的名义对信托财产进行管理和处分，不需要借助委托人或者受益人的名义，这是信托的另一重要特征。受托人因管理、运用或者处分信托财产而产生与第三人之间的权利、义务归属于受托人，不直接归属于委托人。受托人以自己的名义管理、处分信托财产应依据信托合同的约定或者民事法律的规定。

> **思考与讨论**
>
> 信托与委托代理的区别是什么？

二、信托的职能

信托具有设计上无可比拟的灵活性和应用上的广泛性。因此，信托的类型多种多样、纷繁复杂，并且随着信托理论与实践的不断发展创新而有所变化、调整。例如，根据信托财产的性质不同，信托可分为资金信托和财产信托；根据信托的目的不同，信托可分为私益信托和公益信托；根据信托利益归属的不同，信托可分为自益信托和他益信托等。

信托业以其独特的、有别于其他金融机构的职能，牢固地在现代各国金融机构体系中占有重要的地位，对社会经济发展起到了积极的促进作用。信托制度具有多样化的社会职能，主要表现在以下几方面。

（1）财产管理职能。"受人之托，代人理财"是信托业的基本职能，是指受托人接受财产所有者的委托，为其经营管理和处理财产的职能。信托业的其他诸种职能，都是在这一职能的基础上派生而来的。在该职能下，信托机构作为受托人，必须按委托人的要求或其指定的具体项目，发放贷款或进行投资，为委托人或受益人谋利。而且，信托财产所获收益，全部归受益人享有，信托机构只按合同约定收取相应手续费。

（2）融通资金职能，是指信托具有筹集资金和融通资金的功能。信托机构的主要职能是代人管理和经营信托财产，使信托财产保值增值，而信托财产有很大一部分是以货币的形态存在的。因此，对这些信托财产的管理和运用过程就必然伴随着货币资金的融通，从而使信托机构具有金融功能，特别是中长期的融资功能。表面上看信托的融通资金的功能与信贷相似，实则二者有着本质区别：在融资对象上信托既融资又融物；在信用关系上信托体现了委托人、受托人和受益人多边关系；在融资形式上实现了直接融资与间接融资相结合；在信用形式上信托成为银行信用与商业信用的结合点。

（3）社会投资职能，是指信托机构运用信托业务手段参与社会投资的功能。随着信托业务的开拓和延伸，必然伴随着投资行为的出现，也只有在信托机构享有投资权和具有适当的投资方式的条件下，其财务管理功能的发挥才具有可靠的基础。信托业的社会投资功能，可以通过信托投资业务和证券投资业务得到体现。信托机构开办投资业务是世界上许多国家普遍的做法，我国也不例外。

（4）沟通和协调经济关系职能，是指通过信托业务处理和协调交易主体间经济关系，为之提供信托与咨询事务的功能。它不同于财产管理和融资功能，不存在所有权的转移或让渡与否。信托业务具有多边经济关系，受托人作为委托人与受益人的中介，是天然的横向经济联系的桥梁和纽带。信托机构通过其业务活动而充当"担保人""见证人""咨询人""中介人"，为交易主体提供经济信息和经济保障。

（5）为社会公益服务职能。随着经济的发展和社会文明程度的提高，社会公益需求逐步上升，越来越多的人热心于教育、科研、慈善等公益事业，但他们通常对捐助或募集的资金缺乏管理经验，而又希望支持的公益事业能持续。因此，信托机构便可以发挥作用。信托机构对委托人所捐助或募集的资金进行管理和运用，借助其专业运作能力和信托监察制度，实现特定的目的，不仅保证了资金的安全，而且能增加资金的收益，有利于公益事业的规模扩大。

第二节　信托基本法律制度

信托法是调整信托关系的法律规范的总称。信托法有广义和狭义之分。广义的信托法包括一切与调整信托关系有关的法律、行政法规和行政规章。狭义的信托法仅指《信托法》。本书主要阐析狭义的《信托法》。

一、信托的设立

信托的设立，是指特定当事人之间确定信托关系的法律行为。

（一）信托设立的条件

信托的有效设立应具备以下条件。

（1）具有合法的信托主体。具有合法的信托主体是信托设立的一个基本条件，其要求信托关系中的委托人和受托人具有法律认可的行为能力，受益人为委托人指定或法律规定。我国营业信托关系中的受托人须为特殊主体，即为国家法律特别许可的信托公司。

（2）具有合法的信托目的。设立信托是委托人自愿的行为，但是该行为必须符合法定的要件。因此，合法的、确定的信托目的，是设立一项信托必须具备的要件之一。信托只要不违反法律、行政法规，不违背国家利益和社会公共利益，可以为委托人所希望达到的各种目的而设立。但是，信托的设立不得违反法律规定的禁止性规定。

（3）具有确定、合法的信托财产。信托是一种特殊的财产管理制度，其核心是信托财产。信托关系的产生、信托当事人之间的权利义务都与信托财产及信托财产的收益密切相关。因此，设立信托必须有确定的信托财产，期待实现的财产不能成为信托财产。同时，该信托财产必须是委托人合法所有的财产，即委托人对用于设立信托的财产享有占有、使用、收益和处分的权利，包括有形财产、无形财产以及财产性权利。而人身权以及其他不独立具有经济价值的权利，不能作为信托的财产。

（4）具有合法的设立形式。《信托法》规定委托人设立信托的意思表示，无论是契约行为还是单独行为，都必须采取书面的形式，而不能采取口头的形式。书面形式包括：①信托合同；②遗嘱；③法律、行政法规规定的其他书面文件，如信件和数据电文（包括电报、电传、传真、电子数据交换和电子邮件）等。

（5）登记生效。设立信托，对于信托财产，有关法律、行政法规规定应当办理登记手续的，应当依法办理信托登记。未依照规定办理信托登记的，应当补办登记手续；不补办的，该信托不产生效力。

（二）信托的成立以及信托书面文件的记载事项

1. 信托的成立

采取信托合同形式设立信托的，信托合同签订时，信托成立。签订信托合同，是指信托当事人对合同条款协商一致后，依法履行必要手续并在相互间建立起合同关系的整个过程。依照《民法典》的规定，依法成立的合同，自成立时生效。合同一旦生效，即受到法律保护，并对当事人产生法律约束力。因此，通过合同设立信托的，合同签订时，信托即告成立。

采取遗嘱和法律、行政法规规定的其他书面文件形式设立信托的，受托人承诺信托时，信托成立。也就是这些书面文件并不能直接导致信托的成立，它的成立要以受托人的承诺为前提，即受托人表示愿意接受信托并作为该信托的受托人。

2. 信托书面文件的记载事项

设立信托，其书面文件记载事项分为必要记载事项和选择性记载事项。设立信托的书面文件应当载明以下必要事项，且缺一不可，否则，信托不能有效成立：①信托目的；②委托人、受托人的姓名或者名称、住所；③受益人或者受益人范围；④信托财产的范围、种类及状况；⑤受益人取得信托利益的形式、方法。

选择性记载事项属于可有可无的内容，不要求设立信托的书面文件必须具备，而是由委托人选择确定。一旦委托人作出选择，受托人在实施信托的过程中就应当受其约束，不得违反。选择性记载事项具体包括：①信托期限；②信托财产的管理方法；③受托人的报酬；④新受托人的选任方式；⑤信托终止事由等。

案例分析

委托人康尔与 A 信托公司达成设立信托的意向书，对信托财产、信托受益人等事项作了约定，并约定双方于 12 月 31 日签订信托合同。但由于康尔所在公司临时派其公出，故其电话通知 A 信托公司改期。此前，康尔曾立下一份遗嘱，以其好友古域作为受托人，管理其死后的财产，受益人为康尔的妻子、两个子女以及古域本人。次年 1 月 3 日委托人康尔公出途中所乘飞机失事，导致其死亡。同年 2 月 5 日，康尔的妻子在清理他的遗物时发现该遗嘱并交与古域，古域承诺接受该信托。而 A 信托公司得知委托人康尔遇难的消息后要求作为受托人管理其信托财产。

请问： A 信托公司与古域谁应作为受托人管理信托财产？

解析： 应由古域作为受托人管理信托财产。采取合同形式设立信托的，合同签订时信托成立。采取其他书面形式设立信托的，受托人承诺信托时，信托成立。本案中，委托人康尔与 A 信托公司签订的意向书虽然对信托合同应当具备的内容作了约定，但该意向书并不具有合同的效力。由于意外事件，信托合同没有签订，因此信托不成立。由于康尔曾写下遗嘱，因此应该按该遗嘱来处理其遗产，且古域承诺接受该信托，信托成立。

（三）无效信托与可撤销信托

1. 无效信托

无效信托是指已经成立但因欠缺信托的有效要件，因而不发生法律效力的信托。无效信托自始不发生法律效力。它不仅在当事人之间不发生预定的法律后果，而且在其与第三人之间也不发生预定的法律后果。

有下列情形之一的，信托无效：①信托目的违反法律、行政法规或者损害社会公共利益；②信托财产不能确定；③委托人以非法财产或者《信托法》规定不得设立信托的财产设立信托；④专以诉讼或者讨债为目的设立信托；⑤受益人或者受益人范围不能确定；⑥法律、行政法规规定的其他情形。

2. 可撤销信托

可撤销信托，是指因行为人撤销权的行使，使信托行为归于无效的信托。信托设立后，委托人将信托财产转移给受托人，而使自己的财产减少，可能无法清偿其全部债务，从而损害债权人的利益。我国法律为防止委托人利用信托转移财产、逃避债务，保护其债权人的合法权益，赋予委托人的债权人申请撤销信托的权利。《信托法》规定，委托人设立信托损害其债权人利益的，债权人有权申请人民法院撤销该信托。

信托被撤销，信托自始无效，所有已经发生的行为和事实，均可以依法撤销，但撤销权的行使不影响善意受益人已经取得的信托利益。受益人如出于恶意取得信托利益，则应返还给委托人用于清偿债务。债权人知道或者应当知道撤销事由之日起 1 年内行使撤销权。自委托人的行为发生之日起 5 年内债权人没有行使撤销权的，该撤销权消灭。

二、信托变更、解除与终止

（一）信托的变更

信托变更是指因出现了法定情形或者约定情形而对信托当事人或者信托内容进行变更的行为。信托关系一经设立，即具有法律效力，一般不得随意变更。但为了保护受益人和委托人的利益，在特定情形下，可以对受托人、受益人或者信托关系的内容进行变更。

1. 受托人的变更

设立信托后，经委托人和受益人同意，受托人可以辞任。受托人辞任的，在新受托人选出前仍应履行管理信托事务的职责。

受托人有下列情形之一的，其职责终止：①死亡或者被依法宣告死亡；②被依法宣告为无民事行为能力人或者限制民事行为能力人；③被依法撤销或者被宣告破产；④依法解散或者法定资格丧失；⑤辞任或者被解任；⑥法律、行政法规规定的其他情形。

2. 受益人的变更

在他益信托中，委托人不是唯一受益人时，在信托生效后委托人一般不可变更受益人，也不可处分受益人的受益权。但在受益人对委托人有重大侵权行为，或者受益人对其他共同受益人有重大侵权行为，或者经受益人同意，或者出现信托文件规定的其他情形时，可以变更受益人或处分受益人的信托受益权。

3. 信托关系内容的变更

信托关系内容的变更主要是指对信托财产管理方式的变更。在信托财产管理方式不利于实现信托目的时，可以变更信托财产管理方式。因设立信托时未能预见的特别事由，致使信托财产的管理方法不利于实现信托目的或者不符合受益人的利益时，委托人有权要求受托人调整该信托财产的管理方法。此外，受益人也可以对信托财产的管理方法进行变更。

（二）信托的解除

信托的解除指的是在信托存续期间，信托关系当事人基于法律或者信托文件的规定，行使解除权而使信托关系归于消灭的行为。

信托一经生效，信托文件的规定对信托关系当事人均有法律约束力。但自益信托是委托人为自己的利益而设立的，即委托人同时为唯一受益人，委托人与受益人为同一人，允许委托人或者其继承人享有随时解除信托的权利，在通常情况下并不会损害其他信托当事人的利益。但是信托文件另有规定的，委托人或者其继承人则不得随意解除该信托。例如，委托人在设立信托时，在信托文件中事先规定该信托是不可撤销的信托，则委托人或其继承人就不得解除信托。

在他益信托中，委托人在下列情况下，可以行使解除权，使信托关系归于消灭：①受益人对委托人有重大侵权行为；②经受益人同意；③信托文件规定的其他情形。

信托关系中的受托人没有解除信托的权利，这是信托关系的特殊性所在。信托以委托人对受托人的信任为基础，当受托人由于各种原因不愿承担继续管理、处分信托财产的责任时，受托人可以辞任，以终止自己的职责。

（三）信托的终止

信托的终止是指信托关系因法律或者信托文件规定的事由发生而归于消灭。除法定或约定外，信托不因委托人或受托人的死亡、丧失民事行为能力、依法解散、被撤销或宣告破产而终止，也不因受托人的辞任而终止。

1. 信托终止的事由

信托因下列情形之一而终止：①信托文件规定的终止事由发生。信托行为的当事人可以在信托文件中约定信托终止的事由，当规定的事由出现，信托便自动终止。如委托人设立信托时规定了信托存续的时间，当规定的期限届满时，信托终止。②信托的存续违反信托目的。信托目的是委托人在设立信托时希望达到的目的，即信托是围绕着信托目的进行的。若信托存续违反委托人设立信托的目的，那么信托就无存续的必要，应归于终止。③信托目的已经实现或者不能实现。信托事务是围绕着信托目的的实现开展的，如果信托目的已经达到，或者信托的目的因种种原因不能实现，信托就失去了存在的意义，自应终止。如某人设立信托是为了供其儿子读完大学。其儿子大学毕业，意味着其设立信托的目的已经实现，该信托也因完成了使命而终止。④信托当事人协商同意。信托当事人经协商就信托终止达成一致意见，信托应当终止。⑤信托被撤销。信托被撤销，意味着信托已不存在，信托当然要终止。《信托法》规定，委托人设立信托损害其债权人利益的，债权人有权申请人民法院撤销该信托。⑥信托被解除。信托在前文所述情形下而解除。信托被解除，信托关系不复存在，信托当然终止。

2. 信托终止的法律后果

信托终止，信托财产归属于信托文件规定的人。信托文件未规定的，按下列顺序确定归属：①受益人或者其继承人；②委托人或者其继承人。

信托财产的归属确定后，在该信托财产转移给权利归属人的过程中，信托视为存续，权利归属人视为受益人。

信托终止后，人民法院依法对原信托财产进行强制执行的，以权利归属人为被执行人。

信托终止后，受托人依法行使请求给付报酬、从信托财产中获得补偿的权利时，可以留置信托财产或者对信托财产的权利归属人提出请求。

信托终止的，受托人应当作出处理信托事务的清算报告。受益人或者信托财产的权利归属人对清算报告无异议的，受托人就清算报告所列事项解除责任，但受托人有不正当行为的除外。

案例分析

A 公司于某年 9 月设立一项信托，将其 150 万元资金委托某信托公司管理，受益人为 A 公司。A 公司在后来的经营中，分别与甲、乙发生业务关系，并成为两者的债务人，其中欠甲 50 万元货款，欠乙 80 万元银行贷款。次年 4 月，A 公司因管理不善经营业绩下滑。A 公司与乙之间存在长期的业务关系，A 公司看到已无法挽救公司经营状况，遂将其拥有的另一公司 40% 的股份设立信托，乙为受益人。随后，A 公司申请破产，其债权人甲要求用 A 公司设立信托的财产清偿，A 公司主张信托财产具有独立性，不能作为其自身财产用于清偿债务。

请问： A 公司分别设立两项信托，甲可否申请撤销？

解析： 本案中，第一项信托是在 A 公司与甲、乙发生债权债务关系之前设立的，所以该信托并未损害甲、乙的可预期利益，该信托不能被撤销。在该信托中 A 公司为唯一受益人，信托终止，信托财产依法应作为 A 公司清算财产。所以，该信托终止，信托财产列入 A 公司的清算财产。第二项信托发生在 A 公司破产前，A 公司明知自己财产不足以清偿全部债务但仍以债权人之一乙为受益人设立信托，这显然侵犯了甲的权利。所以，甲依法有权向人民法院申请撤销该信托，从而维护其权利。

三、信托财产

信托财产是指受托人因承诺信托而取得的财产以及受托人因信托财产的管理运用、处分或者其他情形而取得的财产。通常将前者称为信托财产，后者称为信托收益，信托财产和信托收益是广义的信托财产。

信托是一种理财制度，信托行为的成立以一定财产的存在为前提，信托当事人的权利义务都是围绕财产而确定的。可以说，信托法律关系实质上是信托当事人之间的一种财产关系，信托财产在信托关系中处于核心地位。

1. 信托财产的范围

可纳入信托的财产范围有一定的限制，需要满足以下条件。

（1）信托财产必须具有财产价值。一种物品或者一项权利能够成为信托财产的前提是具有财产价值。凡是具有金钱价值的东西，都可以作为信托财产，如动产、不动产、有价证券、知识产权等。但与人身权有关的权利因不具有财产价值而不得作为信托财产，如名誉权、姓名权、身份权等不能作为信托财产。

（2）信托财产是可以合法转让的财产。如果信托财产不能合法转让或者流通，就无法用来交易和实现信托财产的保值增值，并影响受益人的合法利益。禁止流通的财产除非经有关主管部门批准，不能作为信托财产。禁止流通的财产是指法律、行政法规规定不得流通、不得自由转让的财产，如武器、弹药、矿产、水流等。以禁止流通的财产设立的信托无效。

2. 信托财产的独立性

信托财产的独立性是指信托一经有效设立，信托财产即从委托人、受托人和受益人的固有财产中分离出来而成为一项独立的财产，仅服从于信托目的。信托财产的独立性是信托财产最重要的特征，具体表现在以下几方面。

（1）信托财产独立于委托人未设立信托的财产。设立信托后，为了保障受益人的利益，委托人的财产要独立于他的其他财产。在委托人是唯一受益人的自益信托中，委托人即受益人，在委托人死亡或者依法解散、被依法撤销、被宣告破产等情形下，受益人不复存在，信托失去了存在的必要性，信托自应终止，信托财产作为其遗产或者清算财产。在同一信托中，委托人是受益人之一，同时还存在其他受益人，当委托人死亡或者依法解散、被依法撤销、被宣告破产时，为保护其他受益人的利益，也为了完全实现信托目的，信托存续，信托财产不作为其遗产或者清算财产，但其所享有的信托受益权应作为其遗产或者清算财产。

（2）信托财产独立于受托人的固有财产。信托成立后，受托人因承诺信托而取得信托财产，并以自己的名义对信托财产进行管理或者处分。可以说信托成立后，信托财产处于受托人的实际支配控制之下，但它与受托人的固有财产有本质的区别。因此，受托人必须将信托财产与固有财产分别管理、分别记账，不得将信托财产归入自己的固有财产或者使其成为固有财产的一部分。受托人死亡或者依法解散、被依法撤销、被宣告破产而终止的，信托财产不属于其遗产或者清算财产。否则，受托人应当将其恢复原状，因此造成损失的还应当承担赔偿责任。

（3）抵销的禁止。信托财产是为信托目的而独立存在的财产，因此，受托人管理运用、处分信托财产所产生的债权，不得与其固有财产产生的债务相抵销。受托人管理运用、处分不同委托人的信托财产所产生的债权债务，不得相互抵销。这样才能保证不同委托人和受益人的利益，促使受托人公正、合理地处置信托财产。

（4）信托财产独立于受益人的自有财产。对受益人而言，其虽然对信托财产享有受益权，但这只是一种利益请求权，在信托法律关系存续期间，受益人并不享有信托财产的所有权，即使信托法律关系终了，委托人也可通过信托条款将信托财产本金归于自己或第三人，故信托财产也独立于受益人的自有财产。

3. 信托财产的隔离保护效应

信托关系一经成立，信托财产就超越于委托人、受托人和受益人等三方债权人追及范围之外。这是因为对委托人的债权人而言，委托人既然已经把财产所有权转移给受托人，自然不能对不属于委托人的财产主张任何权利；对受托人的债权人而言，受托人只是对信托财产享有管理处分权利，而非实质上享有财产的所有权，故受托人的债权人也不能对信托财产主张权利，就连信托财产上发生的收益也不为受托人的债权人所追索。

4. 不得强制执行及例外

禁止强制执行信托财产是一项基本规则，体现了信托财产独立性的要求。信托财产既非委托人债务的担保，也非受托人债务的担保，不论是委托人的债权人，还是受托人固有财产的债权人，都不具有请求债务人以信托财产偿还债务的权利，从而也不应允许他们对信托财产申请强制执行。

有以下情形之一的，对信托财产可以强制执行：①设立信托前债权人已对该信托财产享有优先受偿的权利，并依法行使该权利的；②受托人处理信托事务所产生债务，债权人要求清偿该债务的；③信托财产本身应担负的税款；④法律规定的其他情形。

对于违反规定而强制执行信托财产，委托人、受托人或者受益人有权向人民法院提出异议。

四、信托当事人

信托当事人又称信托关系人，是指享有信托权益、承担信托义务的信托关系各主体。信托关系的当事人主要包括委托人、受托人和受益人。

（一）委托人

委托人是将自己拥有的合法财产委托给他人管理和处分而设立信托的人，可以说没有委托人就没有信托的成立。

委托人应当是具有完全民事行为能力的自然人、法人或者依法成立的其他组织。无民事行为能力人或者限制民事行为能力人不能成为委托人。委托人可以是一个人，也可以是数人。虽然《信托法》中没有关于共同委托人的规定，但两人以上的委托人为了特定目的共同进行一个信托行为是允许的。两个以上的人在其所共有的财产上设立信托关系而取得共同委托人的身份。

1. 委托人的权利

委托人作为设立信托的主体，主要有以下几方面权利。

（1）知情权。为了保护信托财产的安全，委托人有对信托财产运用和信托事务处理的有关信息的知情权，以实现对信托事务的监督。首先，委托人有权了解其信托财产的管理运用、处分及收支情况，并有权要求受托人作出说明；其次，委托人有权查阅、抄录或者复制与其信托财产有关的信托账目以及处理信托事务的其他文件。

（2）变更信托财产管理方法的权利。在信托关系中，信托财产的管理权属于受托人，委托人一般不得随意干涉受托人的管理活动，也无权随意变更信托财产的管理方法。但如果因为设立信托时未能预见的特别事由，致使信托财产的管理方法不利于实现信托目的或者不符合受益人的利益时，委托人有权要求受托人调整该信托财产的管理方法。

（3）撤销权、恢复原状请求权和赔偿损失请求权。撤销权是当受托人处分信托财产的行为足以影响信托目的的实现或受益人利益的时候，委托人享有可以撤销该行为的权利。委托人的撤销权能够使受托人实施有害于信托财产的行为归于无效。因此，委托人在受托人违反信托目的处分信托财产或者因受托人违背管理职责、处理信托事务不当致使信托财产受到损失时，有权申请人民法院撤销该处分行为。同时，委托人有权要求受托人恢复信托财产的原状或者予以赔偿。另外，该信托财产的受让人明知是违反信托目的而接受该财产的，应当予以返还或者予以赔偿。

（4）解任权。委托人拥有保护信托财产、促使信托目的的实现的权利。据此，委托人有权解任受托人。委托人在两种情况下可以行使解任权：一是受托人违反信托目的处分信托财产；二是受托人管理运用、处分信托财产有重大过失的。委托人可以通过两种方式行使解任权：①直接行使解任权。委托人有权依照信托文件的规定解任受托人。②申请人民法院行使解任权。不论信托文件对解任受托人的内容是否作出规定，委托人都可以申请人民法院解任受托人。

2. 委托人的义务

委托人在享有上述权利的同时也要承担一定的义务。委托人的义务主要有：①在信托合同依法生效后，转移信托财产；②依信托合同向受托人支付报酬；③不得干预受托人活动，信托文件另有规定的除外。

（二）受托人

受托人是接受信托财产并按照信托合同的约定管理和处分信托财产的人。受托人承担着管理和处分信托财产的责任，其行为直接影响信托财产的运用效果，关系到信托目的能否顺利实现。因此，第一，受托人应当是具有完全民事行为能力的自然人、法人，受托人可以是一人，也可以是数人，不具备法律上行为能力的人不能成为受托人。第二，受托人必须具有办理信托业务的能力和专业技能条件。这里的能力主要指受托人必须掌握金融与信托方面的专业知识；专业技能条件主要指受托人本人应具有充足的资本、丰富的经验、良好的品行等。

值得注意的是，受托人为法人时，应当具备依法设立并且可以在核准登记的范围内从事管理、处分信托财产活动的资格。事实上在我国，信托的受托人主要为信托公司。设立信托公司，应当具备一些基本的条件，这部分内容将在本章第三节阐述。

由于受托人实际控制着信托财产，很容易利用信托财产牟取私利。因此，《信托法》在赋予受托人相应职权的同时，更着重规定了受托人的义务。

1. 受托人的义务

受托人须履行以下义务。

（1）忠实履行受托的义务。受托人管理信托财产，必须恪尽职守，履行诚实、信用、谨慎、有效管理的义务。受托人除依法取得报酬外，不得利用信托财产为自己谋取利益，如果受托人利用信托财产为自己谋取利益的，所得利益归入信托财产。

（2）保持信托财产独立性的义务。第一，受托人不得将信托财产转为其固有财产。受托人将信托财产转为其固有财产的，必须恢复该信托财产的原状；造成信托财产损失的，应当承担赔偿责任。第二，受托人不得将其固有财产与信托财产进行交易或者将不同委托人的信托财产进行相互交易，但信托文件另有规定或者经委托人或者受益人同意，并以公平的市场价格进行交易的除外。由此造成信托财产损失的，受托人应当承担赔偿责任。

（3）分别管理与亲自处理的义务。第一，分别管理。受托人必须将信托财产与其固有财产分别管理、分别记账，并将不同委托人的信托财产分别管理、分别记账。第二，亲自处理。受托人应当自己处理信托事务，但信托文件另有规定或者有不得已事由的，可以委托他人代为处理。因为信托设立的基础是委托人对受托人的信任，如果受托人依法将信托事务委托他人代理的，则应当对他人处理信托事务的行为承担责任。

（4）报告与保密的义务。受托人必须保存处理信托事务的完整记录。受托人应当每年定期将信托财产的管理运用、处分及收支情况，报告委托人和受益人。受托人对委托人、受益人以及处理信托事务的情况和资料负有依法保密的义务。

（5）支付信托利益的义务。受托人以信托财产为限向受益人承担支付信托利益的义务。

2. 受托人的权利

受托人享有以下权利。

（1）获得报酬权。受托人有权依照信托文件的约定取得报酬。信托文件未作事先约定的，经信托当事人协商同意，可以作出补充约定；未作事先约定和补充约定的，不得收取报酬。约定的报酬经信托当事人协商同意，可以增减其数额。受托人违反信托目的处分信托财产或者因违背管理职责、处理信托事务不当致使信托财产受到损失的，在未恢复信托财产原状或者未予赔偿前，不得请求给付报酬。

（2）优先受偿权。受托人因处理信托事务所支出的费用、对第三人所负债务，以信托财产承担。受托人以其固有财产先行支付的，对信托财产享有优先受偿的权利。受托人违背管理职责或者处理信托事务不当对第三人所负债务或者自己所受到的损失，以其固有财产承担。

（三）受益人

受益人是在信托中享有信托受益权的人。受益人是信托关系中不可缺少的一方当事人，没有受益人的信托是无效的。因为受益人在信托关系中对受托人享有给付信托利益的请求权，委托人与受托人的行为都要受到为受益人的利益这一信托目的的约束。同时，受益人按照信托文件的规定享有信托利益，对信托财产不负有管理、处分的责任，受托人因处理信托事务所支出的费用、对第三人所负债务，也不由受益人承担，而是以信托财产承担的。故受益人是信托关系中纯享利益之人。

受益人可以是自然人、法人或者依法成立的其他组织，也可以是胎儿。由于受益人在信托关系中纯享利益，不是签订信托的当事人，因此，不受有无民事行为能力的限制。受益人是由委托人指定的，受益人可以是一人，也可以是数人。当受益人为两人及以上时，为共同受益人。

在信托关系中，受益人与委托人和受托人之间的关系如下：第一，委托人可以是受益人，也可以是同一信托的唯一受益人；第二，受托人可以是受益人，但不得是同一信托的唯一受益人。

根据《信托法》规定，受益人享有以下权利。

（1）信托受益权。这是指依法享有受托人管理运用和处分信托财产所产生的全部利益或者部分利益的权利。在同一信托中，受益人可以是一人，也可以是数人。受益人是一人的，享有全部信托受益权；受益人是数人的，则作为共同受益人，各自享有部分信托受益权。受益人自信托生效之日起享有信托受益权。共同受益人按照信托文件的规定享受信托利益。信托文件对信托利益的分配比例或者分配方法未作规定的，各受益人按照均等的比例享受信托利益。具体来讲，信托受益权包括以下几个方面的内容：①在信托存续期间，享受信托财产收益的权利；②在信托终止时获得信托财产本金的权利。

（2）放弃信托受益权和债务清偿。受益人可以放弃信托受益权。全体受益人放弃信托受益权的，信托终止。部分受益人放弃信托受益权的，被放弃的信托受益权按下列顺序确定归属：①信托文件规定的人；②其他受益人；③委托人或者其继承人。当受益人不能清偿到期债务时，其信托受益权可以用于清偿债务，但法律、行政法规以及信托文件有限制性规定的除外。

（3）信托事务监督权。受益人可以行使委托人享有的知情权、管理方法变更权、撤销权和解任权。主要包括：有权了解其信托财产的管理运用、处分及收支情况，并有权要求受托人作出说明；有权查阅、抄录或者复制与其信托财产有关的信托账目以及处理信托事务的其他文件；因设立信托时未能预

见的特别事由，致使信托财产的管理方法不利于实现信托目的或者不符合受益人的利益时，有权要求受托人调整该信托财产的管理方法；受托人违反信托目的处分信托财产或者因违背

管理职责、处理信托事务不当致使信托财产受到损失的，有权申请人民法院撤销该处分行为，并有权要求受托人恢复信托财产的原状或者予以赔偿；受托人违反信托目的处分信托财产或者管理运用、处分信托财产有重大过失的，有权依照信托文件的规定解任受托人，或者申请人民法院解任受托人。受益人行使这些权利，与委托人意见不一致时，可以申请人民法院作出裁定。

在信托关系中受益人的受益权因委托人的指定或法律的规定而产生，并不需要受益人为此而履行相对应的义务。

第三节 信托公司

一、信托公司及组织形式

信托机构是从事信托业务，充当受托人的法人机构。由于信托机构的业务范围主要为财产信托、融通资金、代理财产保管、融资租赁、经济咨询、证券发行和投资等。因此，各国一般都把信托机构定位为金融机构，归中央银行监督和管理。我国信托机构是指依照《公司法》《信托法》《信托公司管理办法》设立的主要经营信托业务的信托公司，并由国务院银行业监督管理机构负责对信托业务的监管工作。

我国的信托公司采取有限责任公司或者股份有限公司的形式。设立信托公司，应当经国务院银行业监督管理机构批准，并领取金融许可证。未经国务院银行业监督管理机构批准，任何单位和个人不得经营信托业务，任何经营单位不得在其名称中使用"信托公司"字样。法律法规另有规定的除外。

二、信托公司的设立、变更与终止

1. 信托公司的设立

信托公司的设立，应具备以下条件：①有符合《公司法》和国务院银行业监督管理机构规定的公司章程；②有具备国务院银行业监督管理机构规定的入股资格的股东；③具有《信托公司管理办法》规定的最低限额的注册资本；④有具备国务院银行业监督管理机构规定的任职资格的董事、高级管理人员和与其业务相适应的信托从业人员；⑤具有健全的组织机构、信托业务操作规程和风险控制制度；⑥有符合要求的营业场所、安全防范措施和与业务有关的其他设施；⑦国务院银行业监督管理机构规定的其他条件。

国务院银行业监督管理机构依照法律法规和审慎监管原则对信托公司的设立申请进行审查，作出批准或者不予批准的决定；不予批准的，应说明理由。未经国务院银行业监督管理机构批准，信托公司不得设立或变相设立分支机构。

2. 信托公司的变更

信托公司有下列情形之一的，应当经国务院银行业监督管理机构批准：①变更名称；②变更注册资本；③变更公司住所；④改变组织形式；⑤调整业务范围；⑥更换董事或高级管理人员；⑦变更股东或者调整股权结构，但持有上市公司流通股份未达到公司总股份5%的除外；⑧修改公司章程；⑨合并或者分立；⑩国务院银行业监督管理机构规定的其他情形。

3. 信托公司的终止

信托公司可因解散和破产而终止。《信托公司管理办法》对信托公司终止的事由作了规定。

（1）信托公司依法解散。信托公司出现分立、合并或者公司章程规定的解散事由，申请解散的，经国务院银行业监督管理机构批准后解散，并依法组织清算组进行清算。

（2）信托公司被依法宣告破产。信托公司不能清偿到期债务，且资产不足以清偿债务或明显缺乏清偿能力的，经国务院银行业监督管理机构同意，可向人民法院提出破产申请。国务院银行业监督管理机构可以向人民法院直接提出对该信托公司进行重整或破产清算的申请。

信托公司终止时，其管理信托事务的职责同时终止。清算组应当妥善保管信托财产，作出处理信托事务的报告并向新受托人办理信托财产的移交。信托文件另有约定的，从其约定。

三、信托公司的经营范围与经营方式

1. 经营范围

信托公司的经营范围不是信托公司自己能够随意确定的，而是由相关法律法规规定的。根据《信托公司管理办法》的规定，我国信托公司可以申请经营下列部分或者全部本、外币业务：①资金信托；②动产信托；③不动产信托；④有价证券信托；⑤其他财产或财产权信托；⑥作为投资基金或者基金管理公司的发起人从事投资基金业务；⑦经营企业资产的重组、购并及项目融资、公司理财、财务顾问等业务；⑧受托经营国务院有关部门批准的证券承销业务；⑨办理居间、咨询、资信调查等业务；⑩代保管及保管箱业务；⑪法律法规规定或国务院银行业监督管理机构批准的其他业务。同时，信托公司可以根据《信托法》等法律法规的有关规定开展公益信托活动。

此外，信托公司除了管理委托人的财产外，还有自己的固有资产，运用固有资产经营的业务称为固有业务。按照《信托公司管理办法》的规定，信托公司在固有业务项下可以开展存放同业、拆放同业、贷款、租赁、投资等业务。其中，投资业务限定为金融类公司股权投资、金融产品投资和自用固定资产投资，但国务院银行业监督管理机构另有规定的除外。

信托公司可以开展对外担保业务，但对外担保余额不得超过其净资产的50%。信托公司不得开展除同业拆入业务以外的其他负债业务，且同业拆入余额不得超过其净资产的20%，国务院银行业监督管理机构另有规定的除外。

案例分析

A公司与B信托公司签订了一份《信托存款合同》。合同约定A公司将300万元存入B信托公司账户，存款期限为2年，存款年利率为12%，利息每年一次支付，B信托公司应保证存款方按期用款并按期支付利息。随后，A公司支付给B信托公司300万元，同时B信托公司向A公司出具了300万元的大额存单。

请问： A公司与B信托公司签订的《信托存款合同》是否有效？

解析： A公司与B信托公司签订的《信托存款合同》无效。信托公司的经营范围不是信托公司自己能够随意确定的，而应当由国家法律法规规定。《信托公司管理办法》明确规定了信托公司的经营范围。A公司与B信托公司签订的《信托存款合同》超出了《信托公司管理办法》规定的业务范围，所以应属无效。

2. 经营方式

在信托经营范围确定的情况下，信托公司可以采取各种方式运用信托财产及固有财产开展经营活动。《信托公司管理办法》对信托公司不同性质的财产具体规定了不同经营方式和经营限制。

信托公司管理运用或处分信托财产时，可以依照信托文件的约定，采取以下方式进行：投资、出售、存放同业、买入返售、租赁、贷款。国务院银行业监督管理机构另有规定的，从其规定。但信托公司不得以卖出回购方式管理运用信托财产。同时，信托公司可以根据市场需要，按照信托目的、信托财产的种类或者对信托财产管理方式的不同设置信托业务品种。但需要事先将信托合同样本及有关资料报送国务院银行业监督管理机构核准。

四、信托公司经营规则

《信托公司管理办法》对信托公司的经营规则作了详细的规定，本书择其要点介绍如下。

（1）信托公司应忠实履行受托人职责维护受益人利益，不得承诺信托财产不受损失或者保证最低收益，不得利用受托人地位谋取不当利益，最大限度地避免利益冲突。

（2）信托公司应当依法建账，对信托业务与非信托业务分别核算，并对每项信托业务单独核算。

（3）信托公司开展固有业务，不得有下列行为：①向关联方融出资金或转移财产；②为关联方提供担保；③以股东持有的本公司股权作为质押进行融资。开展信托业务，不得有下列行为：①利用受托人地位谋取不当利益；②将信托财产挪用于非信托目的的用途；③承诺信托财产不受损失或者保证最低收益；④以信托财产提供担保；⑤法律法规和国务院银行业监督管理机构禁止的其他行为。

（4）信托公司每年应当从税后利润中提取 5%作为信托赔偿准备金，但该赔偿准备金累计总额达到公司注册资本的 20%时，可不再提取。信托公司的赔偿准备金应存放于经营稳健、具有一定实力的境内商业银行，或者用于购买国债等低风险高流动性证券品种。

（5）信托公司的董事、高级管理人员实行任职资格审查制度，信托从业人员实行信托业务资格管理制度。

（6）信托公司可以加入中国信托业协会，实行行业自律。

案例分析

某市甲信托公司在与乙企业签订的信托合同中约定，由甲信托公司负责将乙企业的自有闲余资金 3 000 万元用于投资，期限 4 年。在甲信托公司对该笔资金的运营过程中发生了如下事件：①甲信托公司的主管部门在年度检查中，发现该公司将乙企业的信托资金存放在自己的资金账户上进行管理，且未单独建账；②在该笔资金用于投资两年后，乙企业得到了丰厚回报，甲信托公司提出自下一年度起要按投资回报的三成分享收益；③第四年头上，甲信托公司因业务繁忙，无暇专顾，委托丙信托公司管理营运乙企业信托资金中的 800 万元，后者因管理不慎，造成了 300 万元的损失。

请问：（1）甲信托公司对乙企业的信托财产在账目设立管理上存在什么问题？

（2）甲信托公司能否要求与乙企业按投资回报的三成分享收益？为什么？

（3）甲信托公司将 800 万元信托资金委托丙信托公司管理营运的行为是否恰当？为什么？造成的 300 万元损失应由谁承担？

解析：（1）甲信托公司必须将信托财产与其固有财产分别管理、分别记账。

（2）甲信托公司不能要求分享收益。根据《信托法》的规定，受托人除依法取得报酬外，不得利用信托财产为自己谋取利益。

（3）不恰当。受托人应当自己处理信托事务，但信托文件另有规定或者有不得已事由的，可以委托他人代为处理。受托人依法将信托事务委托他人代理的，应当对他人处理信托事务的行为承担责任。本案中，甲信托公司违反信托义务，应对造成的 300 万元损失承担赔偿责任。

第四节　公益信托

公益信托又称慈善信托，是指出于公共利益的目的，为使社会公众或者一定范围内的社会公众受益而设立的信托。

设立公益信托，其必须是完全为了社会公共利益，并必须取得有关主管部门批准，接受社会公众和国家有关机构监督，且不得中途解除合同。发展公益信托，有利于促进社会的发展和进步，是一项有利于国家和社会的公益活动。

一、公益信托的范围

根据《信托法》和《信托公司管理办法》的规定，为了下列公共利益目的之一而设立的信托，属于公益信托。

（1）救济贫困。救济贫困是各国信托法公认的一项重要公益目的，通过公益信托帮助贫困的人，是维持社会稳定的一个重要手段。一般来说，下列行为都属于救济贫困：①对贫困者、孤寡老人和其他生活困难的人提供一般性经济资助，或者资助其生活费、医疗费等费用，或者给予物质资助；②直接收养、照顾孤寡老人、孤儿弃婴等；③为穷人建立免费施舍食物处、护理所等。

（2）救助灾民。救助灾民是指发生自然灾害或者其他灾害时，直接向灾民提供资金、物质帮助，或者通过其他机构提供经济或物质资助，帮助灾民解决生活、生产困难等救助灾民的行为。

（3）扶助残疾人。残疾人是社会的弱者，由于身体的障碍，生活一般比较困难。帮助残疾人是整个社会的责任。因此，通过提供财物设立信托来扶助残疾人属于公益信托。

（4）发展教育、科技、文化、艺术、体育事业。教育、科技、文化、艺术、体育事业的范围比较广泛，只要提供财物设立信托的目的是发展这些事业，就都可以称为公益信托。例如，出资设立学校或者维持现有学校的运行，设立奖学金、帮助贫困学生，设立或资助新学科、新课程等，出资设立或者维护博物馆、美术馆、图书馆，资助公共艺术团体或组织，资助公共体育运动以及资助相关的科学研究等。

（5）发展医疗卫生事业。发展医疗卫生事业包括设立或者维护公益性的医院、诊所，救助某种疾病的患者或者一般性的救助病人，资助医学研究等。

（6）发展环境保护事业，维护生态环境。如出资或者捐物设立信托，用于防止或清除环境污染，植树造林，采取措施防止沙漠化危害，科学处理工业废料和生活垃圾等致污物，进行环境保护方面的科学研究等。

（7）发展其他社会公益事业。由于公益事业的范围随着社会、经济的发展而变化，采用列举的办法确定公益事业的范围，显然难以适应这种变化。为此增加这项规定，以便今后增加相应的公益目的。在一些发达国家，戒毒、戒酒，建立和维护社会公众休闲设施等公共设施，保护动物不受伤害，增强国家的防御力量，发展宗教等，也被看成公益事业。

案例分析

蔡某生前立下遗嘱，将自己的银行存款 50 万元和其所拥有的不动产指定 A 信托公司为受托人，要求受托人将这部分财产本身及其所取得的收益用于资助其故乡单亲家庭中年龄在 18 岁以下达不到该镇平均生活水平的少数民族家庭，帮助这些家庭的少年儿童支付医疗费、教育费等。蔡某死后，遗嘱管理人要求按照其遗嘱规定的内容执行该遗嘱，但蔡某的继承人以该遗嘱有严重的个人倾向为由，要求人民法院判决该信托无效。

请问：（1）本案是否属公益信托？

（2）本案中蔡某的继承人要求人民法院判决该信托无效的理由是否成立？

解析：（1）本案中，委托人以立遗嘱的方式设立信托将自己的财产用于救济贫困，符合救济贫困的公益目的，属公益信托。

（2）本案并不符合信托无效的情形，所以蔡某的继承人的主张不成立。

二、公益信托当事人

1. 委托人

公益信托的委托人与一般信托的委托人一样，并无特别要求。凡有志于社会公益事业的个人、法人或者依法成立的其他组织都可以成为公益信托的委托人，设立公益信托。

委托人的职责是在信托实施过程中严格依照法律及信托文件的规定，将信托财产及其收益用于社会公益目的，而不得将之用于非公益目的。

2. 受托人

个人和法人组织均可成为受托人。考虑到公益信托的社会公益性，为了保护公共利益，公益信托受托人的确定要经公益事业管理机构批准；未经有关公益事业管理机构的批准，不得以公益信托的名义进行活动。同时，出于同样考虑，为了保证公益信托的正常运转，有利于信托目的的实现，受托人未经公益事业管理机构批准，不得辞任。

3. 受益人

公益信托的受益人为不特定的人，即该受益人不是规定在有关的信托文件中的特定人，并且不能以权利主体身份参加信托关系。因为公益信托是一种由委托人出于谋求社会公共利益的目的而设立的信托，是一种"造福社会"的信托，这便使它不能够以有姓有名的某一人或者某些人为受益人，否则其公益性质便荡然无存。

4. 信托监察人

信托的最终目的，是按照委托人的意愿实现信托受益权。公益信托以不特定的社会公众为受益人，委托人只能指定受益人的范围，只在享受信托利益时才能确定具体的受益人。因此，公益信托在执行过程中，由广大受益人直接对受托人的信托活动进行监督难以操作，所以《信托法》规定在公益信托中应当设置信托监察人，就是为了加强对公益信托的监督，保证公益信托目的的实现，以保护社会公众利益。

对于信托监察人的选任，委托人在设立公益信托时，如果决定自己选任信托监察人，就应当在信托文件中作出规定。如果在信托文件中未规定信托监察人，则由公益事业管理机构指定。信托监察人有权以自己的名义，为受益人的利益，提起与信托有关的诉讼或者实施其他法律行为。

三、公益信托的设立和终止

1. 公益信托的设立

我国公益信托的设立采取审批制，要求经有关公益事业的管理机构批准。

2. 公益信托的终止

公益信托因下列情形而终止：①信托文件规定的终止事由出现；②信托的存续违反信托目的；③信托目的已经实现或者不能实现；④信托被撤销。

当公益信托出现上述规定的终止事由时，受托人应当于终止事由发生之日起 15 日内，将终止事由和终止日期报告公益事业管理机构。

公益信托终止的，受托人作出的处理信托事务的清算报告，应当经信托监察人认可后，报公益事业管理机构核准，并由受托人予以公告，以体现国家对公益信托的管理，使社会可以了解公益信托的处理情况，对公益信托的清算报告进行监督。

对于公益信托终止后的财产权利归属，《信托法》规定，没有信托财产权利归属人或者信托财产权利归属人是不特定的社会公众的，经公益事业管理机构批准，受托人应当将信托财产用于与原公益目的相近似的目的，或者将信托财产转移给具有近似目的的公益组织或者其他公益信托。

四、公益信托的监督管理

公益信托的监督管理，不同国家设有不同的监管机关。我国公益信托的监管机关为公益事业管理机构，其履行以下职责：①批准公益信托的设立和确定其受托人；②批准公益信托受托人的辞任；③受托人违反信托义务或者无能力履行其职责的，变更受托人；④检查受托人处理公益信托事务的情况及财产状况、受托人制作的相关报告；⑤对公益信托文件中未指定信托监察人的予以指定；⑥发生设立信托时不能预见的情形，根据信托目的变更信托文件中的有关条款。

导入案例解析

（1）甲信托公司被撤销不影响原信托的存在。因为根据《信托法》的规定，信托不因受托人被依法撤销而终止。

（2）可以。本案中，甲信托公司由于连续两年年检不合格，依法被中国人民银行撤销。而张某与甲信托公司的信托文件中未对选任新受托人作出约定，且张某也并非不指定或无能力指定，故依法可以选任新受托人。

（3）无权。因为委托人不是唯一受益人的，信托存续，信托财产不作为其遗产或者清算财产。故本案张某的其他继承人无权获得该 20 万元的继承权。

综合练习题

一、名词解释

信托　信托受益权　信托财产独立性　信托监察人　公益信托

二、判断题

1. 信托的受托人主要为信托公司。　　　　　　　　　　　　　　　　（　　　）
2. 设立信托可以采取书面形式，也可以采取口头形式。　　　　　　　（　　　）
3. 信托公司可以承诺最低收益。　　　　　　　　　　　　　　　　　（　　　）
4. 委托人和受托人都可成为信托关系的受益人。　　　　　　　　　　（　　　）
5. 公益信托的委托人不能指定受益人的范围。　　　　　　　　　　　（　　　）

三、单项选择题

1. 信托财产的有限性是指对（　　　）权利的限制。
   A. 受益人　　B. 委托人　　　　C. 受托人　　　D. 担保人
2. 受益人自（　　　）起享有信托受益权。
   A. 信托生效之日　　　　　　　B. 信托财产转移占有之日
   C. 受托人接受信托之日　　　　D. 被委托人指定之日
3. 设立信托公司应由（　　　）审查批准。
   A. 财政部　　　　　　　　　　B. 国务院银行业监督管理机构
   C. 国务院证券监督管理机构　　D. 中国人民银行
4. 有权申请撤销可撤销信托行为的人是（　　　）。

A．对信托财产有争议的第三人　　B．受益人的监护人

C．利益受到损害的委托人的债权人D．受托人

5．下列选项中可以充当信托公司注册资本的是（　　　　）。

A．有价证券　　　　　　　　　　B．以抵押的财产折抵成货币资本充当

C．实缴货币资本　　　　　　　　D．不动产

四、多项选择题

1．下列可以成为受益人的是（　　　　）。

A．自然人　　　　B．法人　　　　　　C．胎儿　　　　D．依法成立的其他组织

2．在信托关系中，当事人包括（　　　　）。

A．委托人　　　　B．受托人　　　　　C．受益人　　　　D．见证人

3．下列信托设立目的中属于公益信托的是（　　　　）。

A．发展教育、科技、文化、艺术事业　　　　　　B．救济贫困

C．发展环境保护事业　　　　　　　　　　　　　D．证券投资

4．委托人作为设立信托的主体，享有（　　　　）等权利。

A．知情权　　　　B．撤销权　　　　　C．监督权　　　　D．解任权

5．下列情形中委托人可以变更受益人的是（　　　　）。

A．受益人对委托人或者其他共同受益人有重大侵权行为的

B．经受益人同意的

C．信托文件规定的其他情形

D．受益人丧失行为能力的

五、思考题

1．什么是信托？它有哪些特征？

2．简述信托财产的独立性。

3．受托人的义务有哪些？

4．哪些情形下信托财产可以强制执行？

5．简述公益信托的范围。

六、案例分析题

邓某经营一家公司。邓某与杨某结婚后其女儿于前年出生，近日夫妻两人决定协议离婚。根据协议，女儿归杨某抚养，邓某一次性支付孩子抚养费300万元。但邓某担心如果杨某再婚，这300万元可能会被挪作他用。邓某该怎么办呢？

问题：请根据所学信托知识为邓某设计应对计划。

第十一章　融资租赁法律制度

【学习目标】

熟悉融资租赁的概念和特征；熟悉金融租赁公司设立的条件；掌握融资租赁合同的特征；掌握融资租赁合同当事人的权利和义务。

【素养目标】

理解防范融资租赁法律风险对实体经济高质量发展的重要意义，提高合法合规履行融资租赁合同的意识，增强诚信履约、团队合作和责任底线，进一步树牢社会主义核心价值观。

导入案例

某钢铁厂（以下简称"承租人"）需要一套生产设备，但因资金缺乏遂与某租赁公司（以下简称"出租人"）达成协议以融资租赁的方式引进该设备。

8月15日，出租人与某外商公司（以下简称"出卖人"）签订了购买该生产设备的协议。承租人以用户的身份参加了协议的签订，对设备的各项指标向出卖人提出了具体要求并在合同上签字。该合同约定，标的物的品质须为一流，若货物不符合约定，出租人有权凭中国国家知识产权局商标局的证明向出卖人索赔，出租人购买货物的目的是租给承租人，出卖人须保证货物符合承租人的使用目的，有关本合同的货物质量及出卖人的其他义务，均由出卖人直接向承租人负责。

8月20日，出租人与承租人又签订了一份融资租赁合同，约定了租期，以及租金的计算标准和支付方式、违约责任，并约定出租人对租赁物的品质不负责任，承租人若因该项原因遭受了损失，出租人则根据购买合同中对出卖人的索赔条款将索赔权转让给承租人并协助承租人向出卖人索赔。

货物送达后，承租人认为有质量问题，并且通知了出租方。出租人联系了出卖人，三方达成了协议，出卖人承诺即日起一周内派员进行检验调试。但出卖人到期后并没有履行协议，后在出租人的多次联系之下，方派员前往承租人处。但因承租人拒不接受而导致该设备未能安装使用，于是承租人起诉至人民法院，要求解除合同，退还租赁物，并判令出租人赔偿经济损失。

请问：人民法院会支持承租人的诉讼请求吗？为什么？

第一节　融资租赁概述

租赁是人们生活中一种常见的经济活动，例如，房屋租赁、设备租赁、汽车租赁、土地租赁等。概括地说，租赁是人们在不拥有物品所有权的情况下，通过支付费用在一定的期限内获得物品的使用权。作为一种信用形式，租赁具有信用的基本特征——价值的单方面转移，物品的所有权和使用权分离。租赁是物品的所有者以收取报酬为条件，转让物品的使用权的一种方式。

一、融资租赁的概念

融资租赁又称金融租赁，是一个涉及贸易、金融、法律、财务、保险、证券、税收等多领域的边缘产业，是一种以融物代替融资，融物与融资密切联系的信用形式。《金融租赁公司管理办法》规定，融资租赁，是指金融租赁公司作为出租人，根据承租人对出卖人、租赁物的选择，向出卖人购买租赁物，提供给承租人使用，承租人支付租金的交易活动。其通常的交易模式是：需要添置某些技术设备的企业（承租人），在缺乏流动资金时，由金融中介机构（出租人）代其购进或租入所需设备，然后再出租给该企业（承租人）使用，该企业（承租人）按融资租赁合同的约定分期支付租金。租赁期内，所租赁设备的所有权属于出租人，承租人对该设备拥有使用权。

目前我国涉及融资租赁的规范性文件主要是《民法典》和《金融租赁公司管理办法》以及最高人民法院的司法解释。

二、融资租赁的特征

融资租赁具有以下特征。

（1）融资租赁是融资与融物相结合的一种交易活动。融资租赁是由出租人先融通资金，购进承租人所需的技术和设备，然后租给承租人的活动。融资租赁是一种集贸易、金融、租借为一体的特殊金融产品，出租人提供的是金融服务，而不是单纯的租借服务。因此，融资租赁属于准金融业务，可以由金融机构经营，也可以由非金融机构经营。

（2）融资租赁涉及出租人、承租人和出卖人三方当事人和至少两个合同。两个合同为出租人与承租人之间的租赁合同和出租人与出卖人之间的买卖合同，这两个合同相互联系：租赁合同的签订和履行是买卖合同签订和履行的前提，买卖合同的履行是一笔租赁业务完成的不可缺少的组成部分。

（3）融资租赁财产的所有权与使用权分离。在租赁期间，租赁财产的所有权始终属于出租人，承租人仅享有使用权。租赁期满后，承租人对租赁设备有三种方式可以选择，即留购、续租或退租。实践中，在这三种租赁物的选择方式中，出租人更希望承租人选择留购这一处理方式。因为出租人关心的是如何收回其投入以及盈利，如果选择另外两种方式处理租赁物，则仍面临着租赁物的最终处理问题。

（4）承租人对设备和出卖人有选择权利，并承担相应责任。在融资租赁中，设备和出卖人是承租人选定的，出租人只根据承租人的意愿到其指定的出卖人处购进设备，再租给承租人使用。所以承租人对设备的质量、技术性能、数量、规格等负责，且在租赁期内负责设备的保养、维护及保险等事项。

（5）融资租赁的租期较长，租赁期限大致与设备的使用年限相同。出租人在一个较长的租赁期内，通过收取租金来收回全部投资。其租期一般为 3～5 年，大型设备可达 10 年以上。

三、融资租赁的种类

经过多年的实践，融资租赁已经从最基本的直接购买融资租赁形式衍生出多种形式，其典型形式有以下几种。

1. 直接租赁

直接租赁或称自营租赁，是融资租赁的主要形式。它是由出租人根据对市场的判断，筹措资金后向出卖人购进承租人所需的设备后直接出租给承租人的方式。它以出租人保留租赁物的所有权和收取租金为条件,承租人在租赁合同期内对租赁物享有占有、使用和受益的权利。直接租赁一般包括两个合同:一是租赁合同,由出租人和承租人签订;二是购货合同,由出租人与出卖人签订。直接租赁如图 11.1 所示。

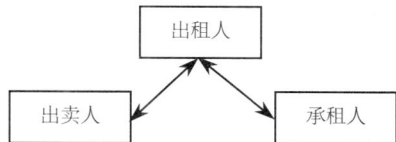

图 11.1　直接租赁

2. 转租赁

转租赁简称转租,是由承租人先以第一承租人的身份从其他租赁公司(第一出租人)租进用户所需的设备,然后将租来的设备以第二出租人的身份再转租给第二承租人使用的融资租赁方式。转租赁至少涉及四方当事人,即出卖人、第一出租人、第二出租人和第二承租人。转租赁涉及三个合同:①买卖合同,由租赁公司(第一出租人)与出卖人签订;②租赁合同,由承租人(第一承租人)与租赁公司签订;③转租赁合同,由出租人(第二出租人)与第二承租人签订。转租赁如图 11.2 所示。从上述合同关系中可以看出,上一租赁合同的承租人同时又是下一租赁合同的出租人,称为转租人。转租人从其他出租人处租入租赁物再转租给第三人。转租赁是转租人以收取租金差为目的的融资租赁形式,其租赁物的所有权归第一出租人。

3. 回租租赁

回租租赁或称回租、售后回租,指承租人将自有物件出卖给出租人,同时与出租人签订一份融资租赁合同,再将该物件从出租人处租回的融资租赁形式,如图 11.3 所示。与普通融资租赁相比,其特点在于它是承租人、出卖人为同一人的特殊融资租赁方式。我国融资租赁市场大部分采用的是售后回租方式。

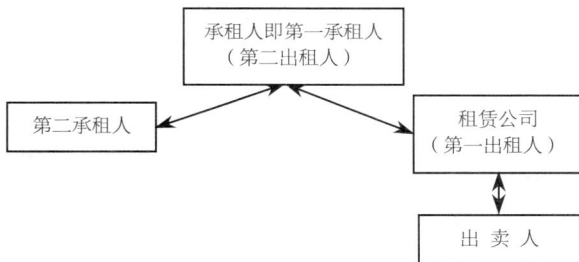

图 11.2　转租赁

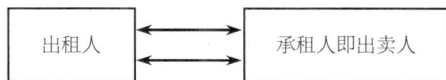

图 11.3　回租租赁

回租涉及两个关系人:企业和租赁公司。企业既是出卖人,又是承租人;租赁公司既是买受人,又是出租人。回租涉及两个合同:买卖合同和租赁合同,即企业与租赁公司签订的买卖合同和企业与租赁公司签订的租赁合同。

4. 杠杆租赁

杠杆租赁又称衡平租赁,是指出租人一般只需支付设备全部价款的一部分(20%~40%),另以该设备做抵押,由金融机构贷款支付其余价款(60%~80%),然后将购入设备用于租赁的一种融资租赁形式。它是目前采用较为广泛的一种国际融资租赁方式,是一种利用财务杠杆原理形成的融资租赁形式。杠杆租赁至少有贷款人、出租人和承租人三方面的人员参与。该租赁方式需签订多个合同文本,是最复杂的一种融资租赁交易方式。

四、融资租赁的功能

融资租赁的功能表现在以下几个方面。

(1)融资与投资是融资租赁的基本功能。融资租赁从其本质上看是以融通资金为目的的,它是为解决企业资金不足的问题而产生的。需要添置设备的企业只需付少量资金就能使用到所需设备进行生产，相当于为企业提供了一笔中长期贷款。同时，租赁业务也是一种投资行为。租赁公司对租赁项目具有选择权，可以挑选一些风险较小、收益较高以及国家产业倾斜的项目给予资金支持。一些拥有闲散资金、闲置设备的企业也可以通过融资租赁使其资产增值。融资与投资这两项功能使融资租赁在投融资领域具备了其他融资形式所没有的特殊作用，成为推动租赁业发展的基本因素。

（2）产品促销功能。由于每一笔融资租赁业务都与设备紧紧地捆在一起，出租人将设备出租的同时也实现了设备的销售和使用。融资租赁可以用"以租代销"的形式，为生产企业提供金融服务。这样一可避免生产企业存货太多，导致流通环节的不畅通，有利于社会总资金的加速周转和国家整体效益的提高；二可扩大产品销路，加强产品在国内外市场上的竞争能力。

（3）资产管理功能。资产管理功能建立在不断创新的租赁业务的基础上。融资租赁公司是服务承租企业的第三方的资产管理机构。因为租赁物的所有权在租赁公司，所以融资租赁公司有责任对租赁资产进行管理、监督，控制资产流向。

第二节　融资租赁合同

融资租赁是一种具有融资与融物双重功能的新型交易方式，集信贷、贸易与租赁于一体。作为交易载体的融资租赁合同，对稳定融资租赁环境，促进融资租赁业的发展具有巨大影响和帮助。

一、融资租赁合同的概念及特征

《民法典》规定，融资租赁合同是出租人根据承租人对出卖人、租赁物的选择，向出卖人购买租赁物，提供给承租人使用，承租人支付租金的合同。其有以下几方面特征。

（1）租赁合同与买卖合同紧密相连。融资租赁合同必须是彼此相关的三方当事人（即出租人、承租人和出卖人）分别签订买卖、租赁两个合同。出租人一方面与出卖人签订买卖合同，另一方面与承租人签订租赁合同，两个合同的标的相同。因此，买卖合同的意义在于保证租赁合同的履行，租赁合同是在买卖合同的基础上订立的；租赁意向的存在又是买卖合同的前提，没有租赁意向的存在，买卖合同的订立就失去了意义。其中租赁合同是主合同，而买卖合同是辅助性合同。

思考与讨论

融资租赁合同与借贷合同的区别是什么？

（2）出租人对租赁物不承担瑕疵担保责任。融资租赁与传统租赁的一个重要区别在于，出租人对于租赁物的瑕疵免于担保责任，即出租人对于出卖人交付的租赁物不符合约定或者不符合使用目的的不承担责任。如前所述，融资租赁物一般都由承租人依据自己的专业知识、经验和判断来选择出卖人、指定租赁物，出租人仅是名义上的买受人。所以，当租赁物出现瑕疵时，出租人一般只负责辅助索赔义务，不承担瑕疵担保责任。但是，如果租赁物是承租人依赖出租人的技能确定的或在出租人干预下选择的，则出租人要承担瑕疵担保责任。

（3）融资租赁合同是双务、有偿、诺成、要式合同。对于融资租赁合同，出租人有收取租金的权利，承租人有支付租金的义务，双方的权利义务具有对应性，一方的权利也就是另一方的义务；对于融资租赁合同，出租人须向出卖人支付购买设备的价款，而承租人须向出租人支付租金；对于融资租赁合同，当事人意思表示一致，合同即可成立，而不以租赁物交付为成立条件；根据《民法典》的规定，融资租赁合同应当采用书面形式。

（4）租赁期内租赁物的所有权与使用权分离。《民法典》规定，出租人对租赁物享有所有权，以及出租人应当保证承租人对租赁物的占有和使用。也就是说，在整个合同期内，承租人可以取得有关租赁物的占有权、使用权以及相应的收益权，但并不拥有租赁物的所有权。出租人对租赁物的所有权并不因合同的成立而消失。不论租期多长，到合同终止为止，租赁物的所有权均归出租人。即使于租赁期满后，承租人可以通过交付一定的转让费，获得租赁物的所有权，但也是经双方协商达成一致，由出租人将所有权转移给承租人的。需注意的是，出租人对租赁物享有所有权，未经登记的，不得对抗善意第三人。

（5）融资租赁合同是不可撤销合同。融资租赁合同涉及的租赁物是由承租人根据自己的需要选定的，故一般情况下租赁物的通用性较差。所以，租赁期间合同一般不得解除。同时，承租人在租期内，即使使用租赁设备未取得预期的经济效益，仍须交付租金。实践中，融资租赁合同一般设定严格的解除条件、违约责任来保证合同的履行。

（6）租赁物未取得使用许可不影响合同的效力。依照法律、行政法规的规定，对于租赁物的经营使用应当取得行政许可的，出租人未取得行政许可不影响融资租赁合同的效力。实践中，承租人实际占有使用租赁物，租赁物经营使用的行政许可约束的主要是承租人利用租赁物开展的经营行为，而融资租赁公司实际为出资方，并不经营使用租赁物，对于租赁物所享有的所有权，更多的是一种债的担保形式。因此，融资租赁合同的效力与出租人是否取得租赁物的经营使用行政许可没有必然联系。此外，《民法典》规定当事人以虚构租赁物方式订立的融资租赁合同无效。

实案广角

名为租赁实为借贷
之司法认定

二、融资租赁合同的内容

在实践中，由于租赁形式的不同，融资租赁合同的内容往往也不同。根据《民法典》的相关规定，从内容上看，融资租赁合同有一般性条款和特殊性条款。

（一）融资租赁合同的一般性条款

融资租赁合同的一般性条款包括以下几项。

1. 合同当事人和合同标的物

融资租赁合同首先应明确双方当事人即出租人和承租人的名称、地址、法定代表人等基本情况。

融资租赁合同的标的物是承租人要求出租人购买的设备，是合同当事人双方权利和义务指向的对象。因此，融资租赁合同应就租赁标的物的名称、数量、规格、技术性能、检验方法等作出明确约定。由于融资租赁合同的特殊性，其标的物必须是有形资产，像专利、商标等无形资产不能作为融资租赁合同的标的物。另外，那些只能使用一次的消费物也不能作为融资租赁合同的标的物。

2. 履行期限、地点和方式

融资租赁合同的履行期限主要是合同中约定的租赁物的租赁期限和租金支付的时间。由于融资租赁合同的一个重要的特征就是合同不可中途撤销，因此，在合同中应当明确规定租赁的起止日期和租金的支付时间。融资租赁的起租日期一般为租赁物的交付之日。

履行地点是当事人双方在合同中约定的履行合同义务的地点。它一般包括交货地点、提货地点、付款地点等。履行的方式一般在合同中均有规定，涉及的主要内容有：货物的交付方法、运输方法、货物的检验方法、结算支付方法等。

3．租金

租金是融资租赁合同的主要内容之一。融资租赁合同应对租金作出明确规定，它包括租金总额、租金构成、租金支付方式、支付地点和次数、租金支付期限、每期租金额、租金计算方法、租金币种等。

4．租赁物的归属

融资租赁期间届满，承租人对租赁物一般有三种选择，即留购、续租或退租。①留购。承租人支付一定的名义货价（往往就是租赁物的残值）后获得租赁物的所有权。这种方法对出租人和承租人均有利，故融资租赁合同期间届满后，对租赁物的处理一般采用这种方式。②续租。在融资租赁合同期间届满前的合理时间内，承租人应通知出租人，就租赁物的继续租用进行协商，确定续租期限、租金等内容，在融资租赁合同期间届满时签订续租合同。③退租。融资租赁合同期满，承租人负责将租赁物按出租人要求的运输方式运至出租人指定的地点，由此而产生的一切支出，如包装、运输、途中保险等费用均由承租人承担。

在留购情况下，承租人取得租赁物的所有权。在续租和退租情况下，租赁物仍归出租人所有。具体采取哪种方式，可以通过当事人之间的约定来确定。出租人和承租人对租赁物的归属没有约定或者约定不明确的，可以协议补充；不能达成补充协议的，按照合同有关条款或者交易习惯确定。依据上述方法仍不能确定的，租赁物的所有权依然归出租人享有。

5．违约或争议的处理

出租人、承租人以及出卖人应事先就履行合同中出现的违约或争议，协商确定解决方法和途径，并在合同中明确规定。在融资租赁合同履行期间，出租人、承租人、出卖人之间发生合同争议时，有以下四种解决方法：①协商解决；②调解解决；③仲裁解决；④诉讼解决。

（二）融资租赁合同的特殊性条款

1．租赁物交付条款

融资租赁合同一般都规定由出卖人向承租人交付租赁物。融资租赁不是纯粹的传统民事租赁关系，它以租赁合同的法律形式达到实现融资的经济实质的目的，兼具租赁和融资双重性质。因此，融资租赁合同并不要求出租人直接向承租人履行交付义务，而由出卖人直接向承租人交付租赁物。

2．对出租人免责和对承租人保障的条款

融资租赁合同中一般明文规定出租人对租赁物的质量、性能和适用与否不承担任何责任。因为融资租赁合同涉及的租赁物的种类、性能、规格、型号等均是由承租人根据自己的知识和经验选定，出租人根据承租人的要求购买的，且租赁物由出卖人直接交给承租人并由其验收。承租人应具备对租赁物的鉴别、检验的知识和经验，因此，出租人对租赁物的质量、性能和适用与否不承担任何责任。

为了保障承租人的利益，在合同中明确规定了出租人的免责条款后，还应规定对出卖人就租赁物的索赔权由出租人转让给承租人，索赔发生的费用由承租人承担，获得的赔偿金也归承租人。但只要出租人无过错，无论索赔的结果如何，承租人均应无条件按照合同规定向出租人交纳租金。

当然，出租人免责并非意味着出租人在任何情况下都不承担责任，有下列情形之一的，致使承租人对出卖人行使索赔权利失败的，承租人有权请求出租人承担相应的责任：①明知租赁物有质量瑕疵而不告知承租人的；②出租人在承租人选择出卖人、租赁物时，对租赁物的选定起决定作用的；③出租人干预或者要求承租人按照出租人意愿选择出卖人或者租赁物的；

④出租人擅自变更承租人已经选定的出卖人或者租赁物的；⑤承租人行使索赔权利时，未及时提供必要协助的。值得注意的是，出租人怠于行使只能由其对出卖人行使的索赔权利，造成承租人损失的，承租人有权请求出租人承担赔偿责任。

3. 不得中途解约条款

融资租赁合同中一般都有类似"除合同约定条款外，未经对方同意，任何一方不得中途变更或解除合同"的规定，即禁止中途解约条款。融资租赁合同一经生效，承租人就不能单方面提出解除合同。承租人发生租赁物灭失或毁损的，不得中途解约并须继续交纳租金。

有下列情形之一的，出租人或者承租人可以解除融资租赁合同：①出租人与出卖人订立的买卖合同解除、被确认无效或者被撤销，且未能重新订立买卖合同；②租赁物因不可归责于当事人的原因毁损、灭失，且不能修复或者确定替代物；③因出卖人的原因致使融资租赁合同的目的不能实现。

4. 对第三人的责任条款

为防止合同履行过程中涉及出租人、承租人以外的第三人权益，合同中应规定：①出租人应在租赁期内排除第三人对租赁财产权益的异议，以确保承租人对租赁物的使用权不受干扰；因出租人的原因致使第三人对租赁物主张权利的，承租人有权请求其赔偿损失。②因承租人的自身过错或无效行为给第三人造成损失的，承租人应承担赔偿责任。

三、融资租赁合同当事人的权利和义务

融资租赁合同涉及三方当事人，即出租人、承租人和出卖人。

（一）出租人的权利和义务

1. 出租人的权利

出租人主要享有以下权利。

（1）享有租赁物的所有权。租赁物是出租人依承租人选定的设备向出卖人支付价款，取得租赁物的物权，而后出租人将租赁物租赁给承租人使用，由承租人向出租人支付租金，因而在租赁期间，租赁物的所有权始终由出租人享有。

（2）收取租金。出租人有权要求承租人按照合同规定的数额、时间、方式支付租金。承租人不按照约定支付租金的，经催告后在合理期限内仍不支付租金的，出租人可以请求支付全部租金。

（3）免除责任的权利。在通常情况下，作为出租人的租赁公司并不承担租赁物的瑕疵担保责任，不承担租赁物在租赁期间毁损灭失的风险和对租赁物的维修义务。

（4）有权提前终止合同。出租人发现承租人有严重违约行为时，有权提前终止合同，收回租赁物，并按合同要求提出赔偿。但是，因出租人原因致使买卖合同解除、被确认无效或者被撤销的除外。出租人的损失已经在买卖合同解除、被确认无效或者被撤销时获得赔偿的，承租人不再承担相应的赔偿责任。

2. 出租人的义务

出租人主要承担以下义务。

（1）购买租赁物的义务。出租人应当根据承租人对出卖人、租赁物的选择订立买卖合同，购买符合承租人要求的租赁物，未经承租人同意，出租人不得变更与承租人有关的合同内容。

（2）协助承租人索赔义务。出租人、出卖人、承租人可以约定，出卖人不履行买卖合同义务的，由承租人行使索赔的权利。索赔权是出租人基于买卖合同而享有的权利，但在融资

租赁合同中，出租人往往将此权利转让给承租人行使而由出租人承担协助的义务。

（3）保证承租人占有和使用租赁物的义务。出租人为保证承租人对租赁物的占有和使用，应当履行相关的义务。第一，出租人应按照买卖合同的要求向出卖人支付租赁物价款，以保证出卖人向承租人交付租赁物。第二，出租人应协助承租人实际受领租赁物，使承租人享有与受领租赁物有关的买受人的权利。第三，出租人在租赁期间不得擅自将租赁物转让给他人或者设置抵押，以保证承租人对租赁物的独占使用权。

案例分析

甲融资租赁公司（以下简称"甲公司"）与乙企业签订了融资租赁合同。合同约定由甲公司按照乙企业的要求，从国外购买两台设备，租给乙企业使用，租期3年。同年10月设备抵达马尾港，甲公司通知乙企业前去提货。但由于购买人是甲公司，因此运单上收货人是甲公司，故乙企业到港口提货时遭到拒绝。乙企业急忙电告甲公司派人解决，但甲公司以承租人为租赁物的接受人为由未及时派人前往协助提货，后乙企业通过其他途径提取了设备，但由于超过了提货期限被港口罚款2.5万元。乙企业认为是甲公司延误了提货期限，遂向甲公司索赔。

请问：这笔罚款应由谁承担？为什么？

解析：罚款应由甲公司承担。根据《民法典》规定，出租人应当保证承租人对租赁物的占有和使用。因此，出租人有义务协助承租人实际受领租赁物，使承租人享有与受领租赁物有关的买受人的权利。本案中由于运单上的收货人为甲公司，致使乙企业无法提取设备，且乙企业及时通知了甲公司，但甲公司在知情后未能及时派人前去协助处理，而导致超过了提货期限，也使乙企业未能按合同约定及时享有对租赁物的占有和使用权。由此造成的费用和损失，应由甲公司承担。

（二）承租人的权利和义务

1. 承租人的权利

承租人主要享有以下权利。

（1）享有与受领的标的物有关的买受人的权利。在租赁期间，承租人享有对租赁物的占有、使用和收益权；对出卖人不履行买卖合同义务的，有行使索赔的权利。有下列情形之一的，承租人可以拒绝受领出卖人向其交付的标的物：①标的物严重不符合约定；②未按照约定交付标的物，经承租人或者出租人催告后在合理期限内仍未交付。承租人拒绝受领标的物的，应当及时通知出租人。

（2）选择租赁物的出卖人并决定租赁物的条件。承租人是占有、使用租赁物所获收益的所有者，租赁物的情况和出卖人的信誉以及其所提供的服务，关系到承租人的切身利益。由承租人依靠自身的专业知识、技能和经验选择租赁物的名称、规格、型号、性能、数量以及出卖人等，更有利于实现合同的目的。

（3）对租赁物享有优先购买权。在租赁期间届满时，如果出租人转让租赁物，在同等条件下，承租人享有优先购买权。

（4）请求部分利益返还权。当事人约定租赁期限届满租赁物归承租人所有，承租人已经支付大部分租金，但无力支付剩余租金，出租人因此解除合同收回租赁物的，收回租赁物的价值超过承租人欠付的租金以及其他费用的，承租人可以请求相应返还。

2. 承租人的义务

承租人主要承担以下义务。

（1）受领和检验租赁物的义务。承租人必须在约定的或出卖人通知的时间和地点检验和受领租赁物，无故不得迟延受领或拒收，承租人对因其无故迟延受领或拒收而给出卖人造成的损失必须承担责任。同时，承租人应当将验收的结果及时通知出租人。

（2）支付租金的义务。《民法典》规定，"承租人应当按照约定支付租金""承租人占有租赁物期间，租赁物毁损、灭失的，出租人有权请求承租人继续支付租金，但是法律另有规定或者当事人另有约定的除外"。与通常由物的所有权人承担风险不同，因融资租赁的租赁物由承租人选定并直接交付给承租人占有、使用、收益，出租人在融资租赁中的主要功能与职责是为租赁物的买卖提供融资，却不承担对租赁物的管控义务。因此，出租人对租赁物享有所有权的目的，主要在于为租金收取提供非典型性担保，故要求出租人承担租赁物毁损、灭失风险，既不公平，也不现实，理应由承租人承担。但是，承租人依赖出租人的技能确定租赁物或者出租人干预选择租赁物的，承租人可以请求减免相应租金。

（3）妥善保管、使用和维修租赁物的义务。在融资租赁中，出租人不负租赁物的瑕疵担保责任，因而对租赁物无维修义务，但出租人却享有在租赁期限届满后收回租赁物并加以使用或者处分的权益。因此，为了保障出租人权益的实现，在租赁期限内承租人不仅应当妥善保管、使用租赁物，而且还应当履行租赁期限内的维修义务。

（4）租赁期间届满时返还租赁物的义务。出租人和承租人可以约定租赁期限届满时租赁物的归属，如果未确定租赁物的归属，或者虽有约定而并非归属承租人，承租人应当在租赁期限届满时，将租赁物返还给出租人。

（5）在租赁期间未经出租人同意不得将租赁物擅自转租的义务。

（三）出卖人的权利和义务

出卖人的主要权利是收取货款。出卖人主要承担的义务有：按照合同的约定向承租人交付租赁物的义务；按照合同约定的内容履行交付符合国家规定或者当事人约定的质量标准的租赁物的义务；按照合同约定的交付期限交付租赁物的义务。

案例分析

甲公司与乙公司签订融资租赁合同。双方约定，出租人甲公司按照承租人乙公司的要求，从国外购进芯片制造生产线，租赁给乙公司使用。租金总额12万美元，租期2年，每6个月为1期。如乙公司不支付或延期支付租金，甲公司可要求即时付清租金的一部分或全部，或终止合同，收回租赁物，并由乙公司赔偿损失。

合同签订后，甲公司按照乙公司的要求将购进的全套设备全部运抵目的地。乙公司经开箱检验和安装调试后，告知甲公司设备质量合格。设备投产后，因生产原料成本较高，销路较差，开工后不久就停了产。乙公司仅支付甲公司设备租金3万美元。对于所欠租金，甲公司多次催要，乙公司仍未能支付。于是甲公司向人民法院提起诉讼，要求乙公司立即偿付所欠租金及利息。乙公司辩称，甲公司在乙公司经营不善的情况下，未能收回租赁物，致使损失扩大，乙公司不应承担责任，甲公司无权就扩大的损失要求赔偿。

请问：（1）乙公司是否应当支付租金、逾期利息并赔偿损失？

（2）甲公司不选择收回租赁物的处理办法是否违反法律规定？

解析：（1）本案中，作为出租人的甲公司享有按合同约定的租金标准收取租金的权利。乙公司不按照合同的规定支付租金，属于违约行为。根据法律规定，当事人一方不履行合同，另一方有权要求履行或者采取补救措施，并有权要求赔偿损失。因此，乙公司应当支付租金、逾期利息并赔偿损失。

（2）本案中，融资租赁合同中约定，如乙公司不支付租金，甲公司可要求即时付清租金的一部分或全部，或终止合同，收回租赁物。根据该约定，当承租人违约后，出租人可以行使债权——要求即时付清租金的一部分或全部，也可以行使担保物权——收回租赁物。这一约定对于出租人实际上是可选择行使的权利，出租人有权选择其一来实现权利的保护。所以，甲公司不选择收回租赁物的处理办法是没有违反法律规定的，乙公司以甲公司在乙公司经营不善的情况下，没有及时采取措施，致使损失扩大，无权就扩大的损失要求赔偿的抗辩理由不能成立。

第三节　金融租赁公司

金融租赁公司是指经国家金融监督管理总局批准设立的，以经营融资租赁业务为主的非银行金融机构。金融租赁公司名称中必须标明"金融租赁"字样。未经国家金融监督管理总局批准，任何组织和个人不得设立金融租赁公司，任何组织不得在其名称中使用"金融租赁"字样。

一、金融租赁公司的设立

1．金融租赁公司设立条件

根据《金融租赁公司管理办法》（以下简称《管理办法》）的规定，申请设立金融租赁公司应具备以下条件。

（1）有符合《公司法》和国家金融监督管理总局规定的公司章程。

（2）有符合规定条件的主要出资人。

（3）注册资本为一次性实缴货币资本，最低限额为10亿元人民币或等值的可自由兑换货币，国家金融监督管理总局根据金融租赁公司的发展情况和审慎监管的需要，可以提高金融租赁公司注册资本金的最低限额。

（4）有符合任职资格条件的董事、高级管理人员，从业人员中具有金融或融资租赁工作经历3年以上的人员应当不低于总人数的50%，并且在风险管理、资金管理、合规及内控管理等关键岗位上至少各有1名具有3年以上相关金融从业经验的人员。

（5）建立有效的公司治理、内部控制和风险管理体系。

（6）建立与业务经营和监管要求相适应的信息科技架构，具有支撑业务经营的必要、安全且合规的信息系统，具备保障业务持续运营的技术与措施。

（7）有与业务经营相适应的营业场所、安全防范措施和其他设施。

（8）国家金融监督管理总局规章规定的其他审慎性条件。

2．金融租赁公司设立限制

有以下情形之一的企业，不得作为金融租赁公司的出资人。

（1）公司治理结构与机制存在明显缺陷。

（2）关联企业众多、股权关系复杂且不透明、关联交易频繁且异常。

（3）核心主业不突出且其经营范围涉及行业过多。

（4）现金流量波动受经济景气影响较大。

（5）资产负债率、财务杠杆率高于行业平均水平。

（6）被相关部门纳入严重失信主体名单。

（7）存在恶意逃废金融债务行为。

（8）提供虚假材料或者作不实声明。

（9）因违法违规行为被金融监管部门或政府有关部门查处，造成恶劣影响。

（10）其他可能会对金融租赁公司产生重大不利影响的情况。

二、金融租赁公司的变更与终止

1. 变更

公司的变更是指公司设立登记事项中某一项或某几项的改变。

根据《管理办法》的规定，金融租赁公司有下列变更事项之一的，应当向国家金融监督管理总局或其派出机构申请批准：①变更名称；②调整业务范围；③变更注册资本；④变更股权或调整股权结构；⑤修改公司章程；⑥变更住所；⑦变更董事、高级管理人员；⑧分立或合并；⑨国家金融监督管理总局规定的其他变更事项。

2. 终止

金融租赁公司可因撤销、解散、破产等原因而终止。

（1）撤销。金融租赁公司有违法经营、经营管理不善等情形，不予撤销将严重危害金融秩序、损害公众利益的，国家金融监督管理总局有权予以撤销。

（2）解散。金融租赁公司出现下列情况时，经国家金融监督管理总局批准后，予以解散：①公司章程规定的营业期限届满或者公司章程规定的其他解散事由出现；②股东会决议解散；③因公司合并或者分立需要解散；④依法被吊销营业执照或者被撤销；⑤其他法定事由。金融租赁公司解散的，应当依法成立清算组，按照法定程序进行清算，并对未到期债务及相关责任承接等作出明确安排。国家金融监督管理总局监督清算过程。清算结束后，清算组应当按规定向国家金融监督管理总局及其派出机构提交清算报告等相关材料。清算组在清算中发现金融租赁公司的资产不足以清偿其债务时，应当立即停止清算，并向国家金融监督管理总局报告，经国家金融监督管理总局同意，依法向人民法院申请该金融租赁公司破产清算。

（3）破产。金融租赁公司符合《企业破产法》规定的破产情形的，经国家金融监督管理总局同意，金融租赁公司或其债权人可以依法向人民法院提出重整、和解或者破产清算申请。国家金融监督管理总局派出机构应当根据进入破产程序金融租赁公司的业务活动和风险状况，依法对其采取暂停相关业务等监管措施。

三、金融租赁公司的业务范围与经营规则

（一）业务范围

金融租赁公司可以经营下列本外币业务：融资租赁业务；转让和受让融资租赁资产；向非银行股东借入3个月（含）以上借款；同业拆借；向金融机构融入资金；发行非资本类债券；接受租赁保证金；租赁物变卖及处理业务。

同时，符合条件的金融租赁公司可以向国家金融监督管理总局及其派出机构申请经营下列本外币业务：在境内设立项目公司开展融资租赁业务；在境外设立项目公司开展融资租赁业务；向专业子公司、项目公司发放股东借款，为专业子公司、项目公司提供融资担保、履约担保；固定收益类投资业务；资产证券化业务；从事套期保值类衍生产品交易；提供融资租赁相关咨询服务；经国家金融监督管理总局批准的其他业务。

（二）经营规则

为了防范金融风险，《管理办法》就金融租赁公司的业务经营规则作了较为详细的规定。

1. 公司治理

金融租赁公司应当按照法律法规及监管规定，建立包括股东会、董事会、高级管理层等治理主体在内的公司治理架构，明确各治理主体的职责边界、履职要求，不断提升公司治理水平。金融租赁公司应当按照全面、审慎、有效、独立原则，建立健全内部控制制度，持续开展内部控制监督、评价与整改，防范、控制和化解风险，并加强专业子公司并表管理，保障公司安全稳健运行。金融租赁公司应当按照国家有关规定建立健全公司财务和会计制度，遵循审慎的会计原则，真实记录并全面反映其业务活动和财务状况。金融租赁公司开展的融资租赁业务，应当根据《企业会计准则第 21 号——租赁》相关规定，按照融资租赁或经营租赁分别进行会计核算。金融租赁公司应当建立健全覆盖所有业务和全部流程的信息系统，加强对业务和管理活动的系统控制功能建设，及时、准确记录经营管理信息，确保信息的真实、完整、连续、准确和可追溯。金融租赁公司应当建立健全内部审计制度，审查评价并改善经营活动、风险状况、内部控制和公司治理效果，促进合法经营和稳健发展。

2. 租赁物管理

（1）租赁物选择和归属。金融租赁公司应当选择适格的租赁物，确保租赁物权属清晰、特定化、可处置、具有经济价值并能够产生使用收益。金融租赁公司不得以低值易耗品作为租赁物，不得以小微型载客汽车之外的消费品作为租赁物，不得接受已设置抵押、权属存在争议或已被司法机关查封、扣押的财产或所有权存在瑕疵的财产作为租赁物。金融租赁公司应当合法取得租赁物的所有权。租赁物属于未经登记不得对抗善意第三人的财产类别，金融租赁公司应当依法办理相关登记。除上述规定情形外，金融租赁公司应当在国务院指定的动产和权利担保统一登记机构办理融资租赁登记，采取有效措施保障对租赁物的合法权益。

（2）租赁物购置。金融租赁公司应当在签订融资租赁合同或明确融资租赁业务意向的前提下，按照承租人要求购置租赁物。特殊情况下需提前购置租赁物的，应当与自身现有业务领域或业务规划保持一致，且具有相应的专业技能和风险管理能力。金融租赁公司以设备资产作为租赁物的，同一租赁合同项下与设备安装、使用和处置不可分割的必要的配件、附属设施可纳入设备类资产管理，其中配件、附属设施价值合计不得超过设备资产价值。

（3）租赁物价值评估。金融租赁公司应当建立健全租赁物价值评估体系，制定租赁物评估管理办法，明确评估程序、评估影响因素和评估方法，合理确定租赁物资产价值，不得低值高买。

（4）租赁物风险管理。金融租赁公司应当持续提升租赁物管理能力，强化租赁物风险缓释作用，充分利用信息科技手段，密切监测租赁物运行状态、租赁物价值波动及其对融资租赁债权的风险覆盖水平，制定有效的风险管理措施，降低租赁物持有期风险。金融租赁公司应当加强租赁物未担保余值的评估管理，定期评估未担保余值，并开展减值测试。当租赁物未担保余值出现减值迹象时，应当按照会计准则要求计提减值准备。金融租赁公司应当加强未担保余值风险的限额管理，根据业务规模、业务性质、复杂程度和市场状况，对未担保余值比例较高的融资租赁资产设定风险限额。金融租赁公司还应当加强对租赁期限届满返还或因承租人违约而取回的租赁物的风险管理，建立完善的租赁物变卖及处理的制度和程序。

3. 联合租赁业务管理

与具备从事融资租赁业务资质的机构开展联合租赁业务的，金融租赁公司应当按照"信息共享、独立审批、自主决策、风险自担"的原则，自主确定融资租赁行为，按实际出资比例或按约定享有租赁物份额以及其他相应权利、履行相应义务。相关业务参照国家金融监督管理总局《银团贷款业务管理办法》执行。

4. 固定收益类投资业务管理

金融租赁公司基于流动性管理需要，可以开展固定收益类投资业务，其投资范围包括国债、中央银行票据、金融债券、同业存单、货币市场基金、公募债券型投资基金、固定收益类理财产品、AAA级信用债券以及国家金融监督管理总局认可的其他资产。

5. 咨询服务业务管理

金融租赁公司提供融资租赁相关咨询服务，应当遵守国家价格主管部门和国家金融监督管理总局关于金融服务收费的相关规定。坚持质价相符等原则，不得要求承租人接受不合理的咨询服务，未提供实质性服务不得向承租人收费，不得以租收费。

导入案例解析

承租人的诉讼请求不会得到人民法院的支持。对于融资租赁合同，租赁物是承租人自己选定的，而出租人是按照承租人的要求向出卖人购买租赁物的。因此，租赁物质量问题出租人不承担赔偿责任。本案中，承租人对设备的各项指标向出卖人提出了具体要求并在合同上签字，且出租人并未进行干预，所以后果不应由出租人承担。

综合练习题

一、名词解释

融资租赁　直接租赁　转租赁　融资租赁合同　金融租赁公司

二、判断题

1. 融资租赁合同的租赁期结束后，租赁物所有权必须转移给承租人。　　　　（　　）
2. 出租人在租赁期间不可将租赁财产转让给第三者。　　　　　　　　　　　（　　）
3. 出租人对租赁物享有所有权，未经登记的，不得对抗善意第三人。　　　　（　　）
4. 融资租赁出租人对租赁物都不承担瑕疵担保责任。　　　　　　　　　　　（　　）
5. 当事人以虚构租赁物方式订立的融资租赁合同部分无效。　　　　　　　　（　　）

三、单项选择题

1. 承租人将设备卖给租赁公司后再行租用的方式，称为（　　　）。
   A. 现代租赁　　B. 回租租赁　　　　C. 经营租赁　　D. 融资租赁
2. 对于融资租赁合同，因出卖人不履行买卖合同的义务产生索赔的权利，（　　　）。
   A. 出租人可以转让给承租人
   B. 出租人不可以转让给承租人
   C. 经出卖人同意，出租人可以转让给承租人
   D. 在不损害出卖人利益的前提下，出租人可以转让给承租人
3. 融资租赁的一个重要特点是（　　　）。
   A. 租赁设备的所有权与使用权归租赁公司
   B. 租赁设备的所有权与使用权相结合

C．租赁设备的所有权与使用权相分离

D．租赁设备的所有权与使用权归承租人

4．在租赁设备的使用过程中，（　　　）。

A．出卖人有对设备保管的义务

B．出租人有对设备保管的义务

C．承租人有对设备保管的义务

D．出租人和承租人有对设备共同保管的义务

5．下列可以作为融资租赁合同的标的物的是（　　　）。

A．货币　　　　B．能源　　　　　C．汽车　　　　D．商誉

四、多项选择题

1．融资租赁租期结束后，承租人对租赁物可以选择的方式有（　　　）。

A．退租　　　B．续租　　　　　C．留购　　　　D．留置

2．融资租赁合同的法律特征有（　　　）。

A．双务合同　　B．诺成合同　　　C．要式合同　　D．有偿合同

3．在租赁合同履行期间，出租人、承租人、出卖人之间发生合同争议时，解决的方法有（　　　）。

A．协商解决　　B．调解解决　　　C．仲裁解决　　D．诉讼解决

4．导致租赁公司解散的事由包括（　　　）。

A．依法被吊销营业执照　　　　B．不能支付到期债务

C．公司章程规定的营业期限届满　D．公司合并

5．租赁物因不可归责于当事人的原因毁损、灭失，且不能修复或者确定替代物，（　　　）可以解除融资租赁合同。

A．出卖人　　　B．出租人　　　　C．承租人　　　D．监督机构

五、思考题

1．什么是融资租赁？它有哪些特征？

2．金融租赁公司设立的条件有哪些？

3．简述出租人的权利和义务。

4．哪些情况下企业不得作为金融租赁公司的发起人？

5．简述承租人的权利和义务。

六、案例分析题

甲公司需要乙公司生产的一套机床设备，双方找到丙公司商议，希望丙公司购买后直接租给甲公司。丙公司同意后三方签订了合同，内容如下：①由丙公司向乙公司购买该机床设备，货款总计550万元；②乙公司负责将机床设备运送到甲公司；③甲公司承租该机床设备，期限10年，租金60万元，分10期支付。合同由甲、乙、丙公司的法定代表人签字并加盖了各公司的合同专用章。合同签订后，乙公司按约定将机床设备交付甲公司。甲公司收到机床设备经调试合格后，开始使用机床设备，但在使用过程中，遭雷电击中电缆，致使机床设备损坏。

请问：（1）甲、乙、丙之间订立的合同属于《民法典》中的哪种合同？

（2）若乙公司交付的机床设备质量不符合要求，甲公司可否向乙公司追究违约责任？

（3）甲公司在使用设备过程中，因雷电击中电缆致使设备受损，损失应由谁承担？

（4）甲公司在使用设备过程中部分部件需要维修，维修费用应由谁承担？

（5）租赁期满，设备所有权归谁所有？

第十二章　金融犯罪

【学习目标】

掌握金融犯罪的构成要件，了解金融犯罪的种类和特征，熟悉金融犯罪的防治对策；掌握特殊主体金融犯罪的概念、构成要件及法律责任；掌握一般主体金融犯罪的概念、构成要件及法律责任。

【素养目标】

深刻认识金融领域的禁区，领会全面从严治党、金融从业人员廉洁自律的要求和金融从业人员职务犯罪的特点，切实理解、践行作为金融犯罪规范"底座"的社会主义公平正义观这一核心价值观念。

导入案例

2020 年至 2022 年间，林甲违反国家规定从事民间"标会"活动，采用假冒会员"杜甲""杜乙"等"会脚"标走会款的诈骗手段，先后诱使林乙、林丙等 132 名群众"入会"，集资诈骗金额达 337.7 万元。

请问：林甲的行为构成何种犯罪？应如何处罚？请说明理由。

第一节　金融犯罪概述

金融犯罪是指发生在金融领域，违反金融管理法律法规，破坏金融管理秩序，危害金融管理制度，侵犯公私财产，情节严重，依照刑法应受刑事处罚的行为。金融犯罪并不是一个独立的罪名，而是包含在经济犯罪之中的一类犯罪的总称，主要集中在《刑法》分则第三章第四节"破坏金融管理秩序罪"和第五节"金融诈骗罪"中，共涉及 30 多个具体罪名。

一、金融犯罪的种类

根据不同的标准，金融犯罪种类众多。常见的分类标准包括：①按照行为方式不同，把金融犯罪分为诈骗型、伪造型、利用便利型、规避型等四类；②按照犯罪主体是否为金融机构及金融机构工作人员，把金融犯罪分为一般主体金融犯罪和特殊主体金融犯罪；③采取混合分类法，既按照犯罪客体即金融管理秩序，又依据诈骗的行为特征，把金融犯罪分为破坏金融管理秩序罪和金融诈骗罪；④按照主观方面不同，把金融犯罪分为金融故意犯罪和金融过失犯罪。

一般主体金融犯罪是指所有达到法定年龄具有刑事责任能力的人均可构成的金融犯罪，包括擅自设立金融机构罪、非法吸收公众存款罪、集资诈骗罪、贷款诈骗罪、票据诈骗罪和保险诈骗罪等。

特殊主体金融犯罪是指犯罪主体是特殊主体，即金融机构及金融机构工作人员实施的金融犯罪，包括金融工作人员购买假币、以假币换取货币罪，违法发放贷款罪，吸收客户资金不入账罪等。

本章根据现实中金融犯罪的发生概率，选择其中若干高发金融犯罪加以介绍。

二、金融犯罪的特征与防治对策

与其他犯罪相比，金融犯罪具有以下几个主要特征。

（1）犯罪领域的专业化。金融行业的特殊性，决定了各个金融行业的犯罪在手段、运作模式方面具有自身的专业性，如证券、期货犯罪则具有复杂、新型化的专有属性。

（2）犯罪主体的组织化。涉案公司、企业内部组织结构日趋严密，"专业化"程度越来越高，公司内部结构已由早期的"作坊式"组织向现代企业模式转变，单打独斗式的街头骗局模式已经变成精心包装的在高档写字楼中办公的各种"基金公司""资管金融公司"等。更加严密的组织形式，可以使金融犯罪更加隐蔽。一些不法公司常常以金融创新或者开展新业务为名，例如利用非法资金购买境外无价值股票、债权，以掩盖非法集资的事实。

（3）犯罪手段的智能化。利用互联网实施金融犯罪的趋势明显。如利用互联网实施的集资诈骗、非法吸收公众存款等案件大量出现，利用高频交易技术操纵证券期货市场的案件也已出现。

（4）犯罪后果的社会化。专业化、智能化、组织化的金融犯罪带来的后果是其危害在全社会范围的扩大。除了涉众型金融犯罪中成千上万的直接参与者，金融市场造成的震荡还传导到社会生活的各个领域，影响各个经济领域的健康发展。

防治金融犯罪是一项复杂的社会系统工程，需要全社会的高度配合和通力协作。对此，需要不断修订完善《刑法》等法律法规，出台专门的司法解释；建立健全金融犯罪办案机制；加强对金融领域的监管，强化金融从业人员的金融法律思维；做好金融普法宣传工作，提升公众的法律素养和金融知识。

三、金融犯罪的构成要件

犯罪的构成要件，是指某一行为构成犯罪必须具备的基本条件。我国刑法学通说的犯罪构成要件为四要件，即包括四个方面：犯罪客体、犯罪客观方面、犯罪主体和犯罪主观方面。金融犯罪的构成要件也不例外。

（1）犯罪客体。犯罪客体是指犯罪行为所侵害的而为刑法所保护的社会关系。金融犯罪侵犯的客体是国家的金融管理制度、金融管理秩序和公私的财产所有权，包括货币管理制度，金融机构设立管理制度，金融机构存贷管理制度，客户、公众资金管理制度，金融票证、有价证券管理制度，证券、期货管理制度，外汇管理制度等；还可以是各种金融工具，包括货币、金融票证、有价证券、信用证、信用卡等。

（2）犯罪客观方面。犯罪客观方面是指犯罪活动的客观外在表现，包括危害行为、危害结果以及因果关系等要件。金融犯罪的客观方面表现为：从事违反金融管理法规、非法从事货币资金融通活动的行为；危害国家金融管理秩序，情节严重的行为。

（3）犯罪主体。犯罪主体是指达到法定年龄、具有责任能力，实施危害社会行为的人，单位也可以成为部分犯罪的主体。金融犯罪的主体，包括自然人和单位。自然人可分为一般主体和特殊主体。一般主体是指年满16周岁、精神正常，能够承担刑事责任的人。特殊主体是指实施某种犯罪除满足一般主体的条件外，还应当符合某种身份的自然人，如金融犯罪中的一些犯罪的主体，要求必须是银行或者其他金融机构本身及其工作人员，才能构成犯罪。

（4）犯罪主观方面。犯罪主观方面是指犯罪主体对其实施的危害行为及危害结果所抱的心理态度，包括故意和过失两种，故意可以分为直接故意和间接故意。直接故意即明知（必然或可能）和希望；间接故意即明知（可能）和放任。大多数金融犯罪主观上是故意的，如《刑法》分则第三章第五节"金融诈骗罪"规定的八种罪名"集资诈骗罪、贷款诈骗罪、票据诈骗罪、金融凭证诈骗罪、信用证诈骗罪、信用卡诈骗罪、有价证券诈骗罪、保险诈骗罪"主观上均有非法占有目的，均为故意犯罪；而少部分罪名如违法发放贷款罪，对违法票据承兑、付款、保证罪的主观方面是故意或过失的。

第二节　一般主体金融犯罪

本节主要阐述擅自设立金融机构罪，非法吸收公众存款罪，集资诈骗罪，贷款诈骗罪，票据诈骗罪，保险诈骗罪，信用卡诈骗罪，洗钱罪，内幕交易、泄露内幕信息罪，操纵证券、期货市场罪。

一、擅自设立金融机构罪

擅自设立金融机构罪，是指未经国家有关主管部门批准，擅自设立商业银行、证券交易所、期货交易所、证券公司、期货经纪公司、保险公司或其他金融机构的行为。

擅自设立金融机构罪的构成要件如下。

（1）犯罪客体。本罪侵犯的客体是国家对金融机构的管理秩序。

（2）犯罪客观方面。本罪客观行为具体表现为：没有依法提出设立金融机构的申请便自行设立金融机构，或虽依法提出申请但在未获得正式批准时自行设立金融机构。

（3）犯罪主体。犯罪主体为一般主体，即自然人和单位都可以成为本罪主体。

（4）犯罪主观方面。本罪主观上是故意的。

根据《刑法》第174条的规定，犯本罪的，处3年以下有期徒刑或者拘役，并处或者单处2万元以上20万元以下罚金；情节严重的，处3年以上10年以下有期徒刑，并处5万元以上50万元以下罚金。单位犯本罪的，对单位判处罚金，并对其直接负责的主管人员和其他直接责任人员，依照上述规定处罚。

二、非法吸收公众存款罪

非法吸收公众存款罪，是指未经国家金融监管部门依法批准，违反金融管理法规，通过宣传手段，承诺在一定期限内还本付息或给付回报，向社会不特定对象吸收资金的行为。

非法吸收公众存款罪的构成要件如下。

（1）犯罪客体。本罪侵犯的客体是复杂客体，一方面将公众的资金作为犯罪的直接侵害的对象，严重地侵犯了公众财产的所有权；另一方面，还严重地扰乱了国家正常的金融秩序。

（2）犯罪客观方面。本罪客观行为具体表现为：非法吸收公众存款或变相吸收公众存款的行为。"非法"表现为主体不合法或行为方式、内容不合法。

司法审判实践中，有下列情形之一的，应当依法追究刑事责任：①个人非法吸收或者变相吸收公众存款，数额在20万元以上的，单位非法吸收或者变相吸收公众存款，数额在100万元以上的；②个人非法吸收或者变相吸收公众存款对象30人以上的，单位非法吸收或者变相吸收公众存款对象150人以上的；③个人非法吸收或者变相吸收公众存款，给存款人造成直接经济损失数额在10万元以上的，单位非法吸收或者变相吸收公众存款，给存款人造成直接经济损失数额在50万元以上的；④造成恶劣社会影响或者其他严重后果的。

（3）犯罪主体。犯罪主体为一般主体，即自然人和单位都可以成为本罪主体。

（4）犯罪主观方面。本罪主观上是故意的，不另要求特定目的。以非法占有目的骗取公众存款的，成立集资诈骗罪或其他罪名。

根据《刑法修正案（十一）》的相关规定，犯本罪的，处3年以下有期徒刑或者拘役，并处或者单处罚金；数额巨大或者有其他严重情节的，处3年以上10年以下有期徒刑，并处罚金；数额特别巨大或者有其他特别严重情节的，处10年以上有期徒刑，并处罚金。单位犯本罪的，对单位判处罚金，并对其直接负责的主管人员和其他直接责任人员依照上述规定处罚。有前两款行为，在提起公诉前积极退赃退赔，减少损害结果发生的，可以从轻或者减轻处罚。

三、集资诈骗罪

集资诈骗罪，是指以非法占有为目的，使用诈骗方法非法集资，数额较大的行为。

1. **集资诈骗罪的构成要件**

集资诈骗罪的构成要件如下。

（1）犯罪客体。本罪侵犯的客体是复杂客体，一方面将公众的资金作为犯罪的直接侵害的对象，严重地侵犯了公众财产的所有权；另一方面，还严重地扰乱了国家正常的金融秩序。

（2）犯罪客观方面。本罪客观行为具体表现为：行为人必须实施了"以诈骗的方法非法集资"的行为。"以诈骗的方法"是指，行为人以非法占有为目的，采取编造谎言、捏造或者隐瞒事实真相等欺骗的方法，骗取他人资金的行为。不论其采取什么欺骗手段，实质都是为了隐瞒事实真相，诱使公众信以为真，错误地相信非法集资者的谎言，以达到其进行非法集资进而非法占有的目的。"非法集资"是指，公司、企业、个人或其他组织未经批准，违反法律、法规，通过不正当的渠道，向社会公众或者集体募集资金的行为；既指未经批准向社会募集资金，也指虽经批准但已经被撤销，仍然继续向社会募集资金。司法实践中，个人集资诈骗数额达到10万元以上，单位集资诈骗数额在50万元以上的，应当承担刑事责任。

（3）犯罪主体。犯罪主体为一般主体，即自然人和单位都可以成为本罪主体。

（4）犯罪主观方面。本罪主观上是故意的，并且以非法占有为目的，具体表现为具有不归还集资款的意思。而"非法占有目的"的认定只能求诸司法推定。司法实践中，有下列情形之一的，可以认定为"非法占有目的"：①集资后不用于生产经营活动或者用于生产经营活动与筹集资金规模明显不成比例，致使集资款不能返还的；②肆意挥霍集资款，致使集资款不能返还的；③携带集资款逃匿的；④将集资款用于违法犯罪活动的；⑤抽逃、转移资金、隐匿财产，逃避返还资金的；⑥隐匿、销毁账目，或者搞假破产、假倒闭，逃避返还资金的；⑦拒不交代资金去向，逃避返还资金的；⑧其他可以认定为非法占有目的的情形。

2. **非法吸收公众存款罪与集资诈骗罪的区别**

非法吸收公众存款罪与集资诈骗罪最重要的区别在于是否具有非法占有目的。非法吸收公众存款罪不以非法占有为目的，而构成集资诈骗罪就必须主观上具有非法占有之目的。

（1）从筹集资金的目的和用途来看。如果向社会公众筹集资金的目的是用于生产经营，并且实际上全部或者大部分的资金也是用于生产经营，定非法吸收公众存款罪的可能性更大一些；如果向社会公众筹集资金的目的是用于个人挥霍，或者用于偿还个人债务，或者用于单位或个人"拆东墙补西墙"，则定集资诈骗罪的可能性更大一些。

（2）从单位的经济能力和经营状况来看。如果单位有正常业务，经济能力较强，在向社会公众筹集资金时具有偿还能力，则定非法吸收公众存款罪的可能性更大一些；如果单位本身就是皮包公司，或者已经资不抵债，没有正常稳定的业务，则定集资诈骗罪的可能性更大一些。

（3）从造成的后果来看。如果非法筹集的资金在案发前全部或者大部分没有归还，造成投资人重大经济损失的，则定集资诈骗罪的可能性更大一些；如果非法筹集的资金在案发前全部或者大部分已经归还，则定集资诈骗罪的余地就非常小，一般应定非法吸收公众存款罪。

（4）从案发后的归还能力来看。如果案发后行为人具有归还能力，并且积极筹集资金，实际归还了全部或者大部分资金，则具有定非法吸收公众存款罪的可能性；如果案发后行为人没有归还能力，而且全部或者大部分资金没有实际归还，则具有定集资诈骗罪的可能性。

3．对集资诈骗罪的处罚

根据《刑法修正案（十一）》的相关规定，犯本罪的，数额较大的，处 3 年以上 7 年以下有期徒刑，并处罚金；数额巨大或者有其他严重情节的，处 7 年以上有期徒刑或者无期徒刑，并处罚金或者没收财产。单位犯本罪的，对单位判处罚金，并对其直接负责的主管人员和其他直接责任人员，依照前款的规定处罚。

在量刑时，不仅要考虑集资诈骗的数额，还要考虑诈骗手段、诈骗次数、危害结果等情节。

四、贷款诈骗罪

贷款诈骗罪，是指以非法占有为目的，骗取银行或者其他金融机构的贷款，数额较大的行为。贷款诈骗罪的构成要件如下。

（1）犯罪客体。本罪侵害的客体是国家金融机构贷款业务的管理秩序。

（2）犯罪客观方面。<u>本罪客观行为具体表现为诈骗银行或者其他金融机构贷款的行为，具体包括：①编造引进资金、项目等虚假理由的；②使用虚假的经济合同的；③使用虚假的证明文件的；④使用虚假的产权证明作担保或者超出抵押物价值重复担保的；⑤以其他方法诈骗贷款的。</u>同时，诈骗贷款数额较大，才能构成本罪。根据立案标准，以非法占有为目的，诈骗银行或者其他金融机构的贷款，数额在 2 万元以上的，应予立案追诉。未达该追诉标准的，应视具体情况以诈骗罪或本罪的未遂犯论处。

（3）犯罪主体。犯罪主体只能是自然人。对于单位实施的贷款诈骗行为，应当对组织、策划、实施贷款诈骗行为的自然人，以贷款诈骗罪论处。

（4）犯罪主观方面。本罪主观上是故意的，且以非法占有为目的，即不归还贷款的意思。

根据《刑法》第 193 条的规定，犯本罪的，数额较大的，处 5 年以下有期徒刑或者拘役，并处 2 万元以上 20 万元以下罚金；数额巨大或者有其他严重情节的，处 5 年以上 10 年以下有期徒刑，并处 5 万元以上 50 万元以下罚金；数额特别巨大或者有其他特别严重情节的，处 10 年以上有期徒刑或者无期徒刑，并处 5 万元以上 50 万元以下罚金或者没收财产。

五、票据诈骗罪

票据诈骗罪，是指以非法占有为目的，利用金融票据进行诈骗活动，数额较大的行为。票据诈骗罪的构成要件如下。

（1）犯罪客体。本罪侵害的客体是国家对票据的管理秩序。

（2）犯罪客观方面。<u>本罪客观行为表现为进行金融票据诈骗活动的行为，具体包括：①明知是伪造、变造的汇票、本票、支票而使用的；②明知是作废的汇票、本票、支票而使用的；③冒用他人的汇票、本票、支票的；④签发空头支票或者与其预留印鉴不符的支票，骗取财物的；⑤汇票、本票的出票人签发无资金保证的汇票、本票或者在出票时作虚假记载，骗取</u>

实案广角

非法集资案实例

根据正文所学知识点讨论：本案中主角是否构成犯罪？是构成非法吸收公众存款罪还是集资诈骗罪？理由是什么？

财物的。同时，诈骗票据数额较大的，才能构成本罪。根据立案标准，个人实施票据诈骗数额在 1 万元以上的或者单位实施票据诈骗数额在 10 万元以上的，就属于数额较大，应予立案追诉。未达该追诉标准的，应视具体情况以诈骗罪或本罪的未遂犯论处。

（3）犯罪主体。主体为一般主体，即个人和单位都能成为本罪主体。

（4）犯罪主观方面。主观上是故意的，且以非法占有为目的。

根据《刑法》第 194 条和第 200 条的规定，犯本罪的，数额较大的，处 5 年以下有期徒刑或者拘役，并处 2 万元以上 20 万元以下罚金；数额巨大或有其他严重情节的，处 5 年以上 10 年以下有期徒刑，并处 5 万元以上 50 万元以下罚金；数额特别巨大或有其他特别严重情节的，处 10 年以上有期徒刑或者无期徒刑，并处 5 万元以上 50 万元以下罚金或者没收财产。同时，单位犯本罪的，对单位判处罚金，并对其直接负责的主管人员和其他直接责任人员，处 5 年以下有期徒刑或者拘役，可以并处罚金；数额巨大或者有其他严重情节的，处 5 年以上 10 年以下有期徒刑，并处罚金；数额特别巨大或者有其他特别严重情节的，处 10 年以上有期徒刑或者无期徒刑，并处罚金。

六、保险诈骗罪

保险诈骗罪是指投保人、被保险人、受益人以非法获取保险金为目的，违反保险法规，采用虚构保险标的、保险事故或者制造保险事故等方法，向保险人骗取保险金，数额较大的行为。保险诈骗罪的构成要件如下。

（1）犯罪客体。本罪侵害的客体是国家的保险制度和保险人的财产所有权。

（2）犯罪客观方面。本罪客观行为表现为：①投保人故意虚构保险标的，骗取保险金的；②投保人、被保险人或者受益人对发生的保险事故编造虚假的原因或者夸大损失的程度，骗取保险金的；③投保人、被保险人或者受益人编造未曾发生的保险事故，骗取保险金的；④投保人、被保险人故意造成财产损失的保险事故，骗取保险金的；⑤投保人、受益人故意造成被保险人死亡、伤残或者疾病，骗取保险金的。根据立案标准，个人实施保险诈骗数额在 1 万元以上的或单位实施保险诈骗数额在 5 万元以上的，就属于数额较大，应予立案追诉。

（3）犯罪主体。本罪主体为一般主体，个人和单位均可，具体指投保人、被保险人、受益人。

（4）犯罪主观方面。本罪主观上是故意的，同时以非法占有为目的。

根据《刑法》第 198 条的规定，犯本罪的，数额较大的，处 5 年以下有期徒刑或者拘役，并处 1 万元以上 10 万元以下罚金；数额巨大或者有其他严重情节的，处 5 年以上 10 年以下有期徒刑，并处 2 万元以上 20 万元以下罚金；数额特别巨大或者有其他特别严重情节的，处 10 年以上有期徒刑，并处 2 万元以上 20 万元以下罚金或者没收财产。单位犯保险诈骗罪的，对单位判处罚金，并对其直接负责的主管人员和其他直接责任人员，处 5 年以下有期徒刑或者拘役；数额巨大或者有其他严重情节的，处 5 年以上 10 年以下有期徒刑；数额特别巨大或者有其他特别严重情节的，处 10 年以上有期徒刑。

案例分析

被告人林某担任某人寿保险股份有限公司上海分公司高级主任期间，为获取保险佣金、公司奖励，与上海某医院医生相互勾结，利用医生为其介绍的李某、王某某等 12 人出具虚假的住院材料，在李某等未实际住院的情况下，虚构住院事实，恶意索赔住院津贴保险 25 万余元。

请问：对林某的行为如何定性并处罚？

解析：应以保险诈骗罪定罪处罚。本案中，林某为获取保险佣金、公司奖励，虚构住院事实，恶意索赔住院津贴保险 25 万余元，无论在主观方面，还是客观行为上，都符合保险诈骗罪的构成要件。

审判实务：人民法院以保险诈骗罪，判处林某有期徒刑 7 年，并处罚金人民币 5 万元。

七、信用卡诈骗罪

信用卡诈骗罪是指使用伪造的信用卡，或者使用以虚假的身份证明骗领的信用卡，或使用作废的信用卡，或冒用他人信用卡，或使用信用卡恶意透支，骗取财物，数额较大的行为。根据全国人大常委会的立法解释，与金融学中对信用卡的定义不同，此处的信用卡做了扩大解释，不仅包括贷记卡，还包括借记卡。信用卡诈骗罪的构成要件如下。

（1）犯罪客体。本罪侵害的客体是金融机构信用卡管理秩序。

（2）犯罪客观方面。本罪客观行为表现为：①使用伪造的信用卡，或者使用以虚假的身份证明骗领的信用卡的；②使用作废的信用卡的；③冒用他人信用卡的；④恶意透支的。这里所称"恶意透支"是指持卡人以非法占有为目的，超过规定限额或者规定期限透支，并且经发卡银行两次有效催收后超过 3 个月仍不归还的行为。本罪行为结果表现为：①使用伪造的信用卡，或者使用以虚假的身份证明骗领的信用卡，或者使用作废的信用卡，或者冒用他人信用卡，进行诈骗活动，数额在 5 000 元以上的，应当承担刑事责任；②恶意透支的数额在 5 万元以上的，应当承担刑事责任。

（3）犯罪主体。本罪主体为一般主体，但仅限于自然人，单位不能成为本罪主体。

（4）犯罪主观方面。本罪主观上是故意的，同时以非法占有为目的。

根据《刑法》第 196 条的规定，犯本罪的，数额较大的，处 5 年以下有期徒刑或拘役，并处 2 万元以上 20 万元以下罚金；数额巨大或者有其他严重情节的，处 5 年以上 10 年以下有期徒刑，并处 5 万元以上 50 万元以下罚金；数额特别巨大或者有其他特别严重情节的，处 10 年以上有期徒刑或者无期徒刑，并处 5 万元以上 50 万元以下罚金或者没收财产。盗窃信用卡并使用的，依照《刑法》第 264 条的规定按盗窃罪定罪处罚。

八、洗钱罪

洗钱罪，是指明知是毒品犯罪、黑社会性质的组织犯罪、恐怖活动犯罪、走私犯罪、贪污贿赂犯罪、破坏金融管理秩序犯罪、金融诈骗犯罪的违法所得及其产生的收益，为掩饰、隐瞒其来源和性质，而提供资金账户、协助将资金汇往境外，或以其他方法掩饰、隐瞒犯罪所得及其收益的来源和性质的行为。本罪构成要件如下。

（1）犯罪客体。本罪所侵犯的客体属于复杂客体，即国家正常的金融管理秩序和司法机关的正常活动。

（2）犯罪客观方面。行为人实施了掩饰、隐瞒毒品犯罪、黑社会性质的组织犯罪、恐怖活动犯罪、走私犯罪等的违法所得及其产生的收益的来源和性质的行为。洗钱罪的成立，应当以上游犯罪事实成立为认定前提。以下共列举了五种洗钱行为：①提供资金账户；②将财产转换为现金、金融票据、有价证券；③通过转账或者其他结算方式转移资金；④跨境转移资产；⑤以其他方法掩饰、隐瞒犯罪的违法所得及其收益的来源和性质。只要行为人实施了上述五种行为方式中的任何一种，不管犯罪分子是否达到了掩饰、隐瞒违法所得及其收益的性质和来源的目的，都构成洗钱罪。

（3）犯罪主体。本罪主体是一般主体，自然人和单位均可以成为本罪主体。

（4）犯罪主观方面。行为人在主观上有犯罪故意，行为人必须明知是上游犯罪所得及其产生的收益。

根据《刑法修正案（十一）》的相关规定，对于个人犯洗钱罪的，没收实施以上犯罪的违法所得及其产生的收益，处 5 年以下有期徒刑或者拘役，并处或者单处罚金；情节严重的，处 5 年以上 10 年以下有期徒刑，并处罚金。单位犯洗钱罪的，实行双罚制。即对单位判处罚金，并对其直接负责的主管人员和其他直接责任人员，依照上述对个人犯洗钱罪的规定处罚。

九、内幕交易、泄露内幕信息罪

实案广角

内幕交易、泄露内幕信息案

内幕交易、泄露内幕信息罪，是指证券、期货交易内幕信息的知情人员或非法获悉内幕信息人员，在该内幕信息尚未公开前，买入或卖出该证券或进行相关期货交易，或泄露该内幕信息，或明示、暗示他人从事上述交易活动，情节严重的行为。

（1）犯罪客体。本罪侵犯的客体是复杂客体，即证券、期货市场的正常管理秩序和证券、期货投资人的合法利益。

（2）犯罪客观方面。本罪客观行为具体表现为：证券、期货交易内幕信息的知情人员或非法获悉内幕信息人员，在该内幕信息尚未公开前，买入或卖出该证券或进行相关期货交易；泄露该内幕信息；明示、暗示他人从事上述交易活动。

内幕信息、知情人员的范围，依照法律、行政法规的规定确定，具体可参见中华人民共和国最高人民法院和最高人民检察院 2012 年 3 月 29 日公布的《关于办理内幕交易、泄露内幕信息刑事案件具体应用法律若干问题的解释》（以下简称《内幕交易解释》）。

根据《内幕交易解释》的规定，具有以下情形之一的，应当认定为情节严重：①证券交易成交额在 50 万元以上；②期货交易占用保证金数额在 30 万元以上；③获利或者避免损失数额在 15 万元以上；④内幕交易或泄露内幕信息 3 次以上；⑤具有其他严重情节的。具有以下情形之一的，应当认定为情节特别严重：①证券交易成交额在 250 万元以上；②期货交易占用保证金数额在 150 万元以上；③获利或避免损失数额在 75 万元以上；④具有其他特别严重情节的。

（3）犯罪主体。犯罪主体为一般主体，即自然人和单位都可以成为本罪主体。

（4）犯罪主观方面。本罪主观上是故意的。

根据《刑法》第 180 条的规定，犯本罪的，情节严重的，处 5 年以下有期徒刑或者拘役，并处或者单处违法所得 1 倍以上 5 倍以下罚金；情节特别严重的，处 5 年以上 10 年以下有期徒刑，并处违法所得 1 倍以上 5 倍以下罚金。单位犯本罪的，对单位判处罚金，并对其直接负责的主管人员和其他直接责任人员，处 5 年以下有期徒刑或者拘役。

十、操纵证券、期货市场罪

操纵证券、期货市场罪是指自然人或单位通过各种手段操纵证券、期货市场，情节严重的行为。

（1）犯罪客体。本罪侵犯的客体是复杂客体，即证券、期货市场的正常管理秩序和证券、期货投资人的合法利益。

（2）犯罪客观方面。本罪客观行为具体表现为有下列情形之一，以操纵证券、期货市场，影响证券、期货交易价格或者证券、期货交易量：单独或者合谋，集中资金优势、持股或者持仓优势或者利用信息优势联合或者连续买卖的；与他人串通，以事先约定的时间、价格和方式相互进行证券、期货交易的；在自己实际控制的账户之间进行证券交易，或者以自己为交易对象，自买自卖期货合约的；不以成交为目的，频繁或者大量申报买入、卖出证券、期货合约并撤销申报的；利用虚假或者不确定的重大信息，诱导投资者进行证券、期货交易的；

对证券、证券发行人、期货交易标的公开作出评价、预测或者投资建议，同时进行反向证券交易或者相关期货交易的；以其他方法操纵证券、期货市场的。

（3）犯罪主体。犯罪主体为一般主体，即自然人和单位都可以成为本罪主体。

（4）犯罪主观方面。本罪主观上是故意的。

根据《刑法》第182条的规定，犯本罪的，情节严重的，处5年以下有期徒刑或者拘役，并处或者单处罚金；情节特别严重的，处5年以上10年以下有期徒刑，并处罚金。单位犯本罪的，对单位判处罚金，并对其直接负责的主管人员和其他直接责任人员，依照上述规定处罚。

第三节　特殊主体金融犯罪

本节主要阐述破坏金融管理秩序罪中的金融工作人员购买假币、以假币换取货币罪，违法发放贷款罪，吸收客户资金不入账罪，违规出具金融票证罪，对违法票据承兑、付款、保证罪，背信运用受托财产罪等。

一、金融工作人员购买假币、以假币换取货币罪

金融工作人员购买假币、以假币换取货币罪，是指银行或者其他金融机构的工作人员购买假币或者利用职务便利将假币换成货币的行为。其构成要件如下。

（1）犯罪客体。本罪侵犯的客体是国家对货币的管理秩序，即国家对货币的买卖和换取管理秩序。

（2）犯罪客观方面。本罪客观行为表现为：购买假币；或利用职务之便，以假币换取货币的行为。同时实施这两种行为的，以一罪论处。结果表现为：必须达到一定数量，才构成犯罪。一般情况下，以假币换取真货币总面额达到2 000元以上或者币量在200张（枚）以上的，应承担刑事责任。

（3）犯罪主体。本罪犯罪主体是特殊主体，必须是金融机构工作人员。

（4）犯罪主观方面。本罪主观方面必须出于故意，过失不构成本罪。

根据《刑法》第171条第2款的规定，金融工作人员购买假币、以假币换取货币的，处3年以上10年以下有期徒刑，并处2万元以上20万元以下罚金；数额巨大或者有其他严重情节的，处10年以上有期徒刑或者无期徒刑，并处2万元以上20万元以下罚金或者没收财产；情节较轻的，处3年以下有期徒刑或者拘役，并处或者单处1万元以上10万元以下罚金。

二、违法发放贷款罪

违法发放贷款罪，是指银行或者其他金融机构的工作人员或经营贷款业务的金融机构违反国家规定发放贷款，数额巨大或者造成重大损失的行为。

违法发放贷款罪的构成要件如下。

（1）犯罪客体。本罪侵害的客体是国家信贷管理秩序。

（2）犯罪客观方面。本罪客观方面表现为：行为人实施了违反法律、行政法规的规定，玩忽职守或者滥用职权，发放贷款，造成重大损失的行为。其中涉嫌下列情形之一的，应予以立案追诉：①违法发放贷款，数额在100万元以上的；②违法发放贷款，造成直接经济损失数额在20万元以上的。

（3）犯罪主体。犯罪主体为特殊主体，即银行或者其他金融机构的工作人员或经营贷款业务的金融机构。

（4）犯罪主观方面。本罪主观上既可以是故意，也可以是过失。

根据《刑法》第 186 条的规定，银行或者其他金融机构的工作人员违反国家规定发放贷款，数额巨大或者造成重大损失的，处 5 年以下有期徒刑或者拘役，并处 1 万元以上 10 万元以下罚金；数额特别巨大或者造成特别重大损失的，处 5 年以上有期徒刑，并处 2 万元以上 20 万元以下罚金。银行或者其他金融机构的工作人员违反国家规定，向关系人发放贷款的，依照上述规定从重处罚。若单位犯上述两款罪的，对单位判处罚金，并对其直接负责的主管人员和其他直接责任人员，依照上述规定处罚。

📓 案例分析

被告人佟某任某县农村信用合作社客户经理期间，在办理文某、唐某等人向信用社贷款业务的过程中，违反《商业银行法》的有关规定，未认真审核贷款用途，未对申请人提供的抵押物是否有抵押担保进行核实，而向上述人员发放贷款合计人民币 1 020 万元。案发后，仅王某归还贷款 81 万元，其余贷款均未能按时归还。

请问：对佟某的行为如何定性？请说明理由。

解析：本案中，佟某明知文某、唐某等人不符合贷款条件，违反《商业银行法》规定，未审核贷款用途和抵押担保情况，向文某发放 1 020 万元贷款，导致大部分款项无法归还，已经达到了违法发放贷款罪的追诉标准。故佟某的行为构成了违法发放贷款罪。人民法院最终判处被告人佟某有期徒刑 6 年，并处罚金 10 万元。

三、吸收客户资金不入账罪

吸收客户资金不入账罪，是指银行或者其他金融机构的工作人员或单位，吸收客户资金不入账，数额巨大或者造成重大损失的行为。客户资金既包括个人存款，也包括单位存款；既包括合法存款，也包括违规吸收的存款。

吸收客户资金不入账罪的构成要件如下。

（1）犯罪客体。本罪侵害的客体是国家金融机构客户资金管理秩序。

（2）犯罪客观方面。本罪客观方面表现为：采取吸收客户资金不入账的方式，将资金用于非法拆借、发放贷款，数额巨大或者造成重大损失的行为。其中涉嫌下列情形之一的，应予立案追诉：①吸收客户资金不入账，数额在 100 万元以上的；②吸收客户资金不入账，造成直接经济损失数额在 20 万元以上的。

（3）犯罪主体。本罪犯罪主体是特殊主体，即银行或者其他金融机构的工作人员或单位。

（4）犯罪主观方面。本罪主观方面为故意，且以牟利为目的。

根据《刑法》第 187 条的规定，犯本罪的，数额巨大或者造成重大损失的，处 5 年以下有期徒刑或者拘役，并处 2 万元以上 20 万元以下罚金；数额特别巨大或者造成特别重大损失的，处 5 年以上有期徒刑，并处 5 万元以上 50 万元以下罚金。单位犯本罪的，对单位判处罚金，并对其直接负责的主管人员和其他直接责任人员，依照上述规定处罚。

四、违规出具金融票证罪

违规出具金融票证罪，是指银行或者其他金融机构的工作人员以及单位，违反规定，为他人出具信用证或者其他保函、票据、存单、资信证明，情节严重的行为。违反规定，是指违反有关金融法律、行政法规、规章及银行或其他金融机构内部制定的规章制度与业务规则。他人既包括自然人，也包括单位。本罪的构成要件如下。

（1）犯罪客体。本罪侵犯的是国家对金融机构的资信管理秩序。

（2）犯罪客观方面。**本罪客观行为具体表现为：为他人出具信用证或者其他保函、票据、存单、资信证明的行为。行为结果表现为情节严重，即造成金融机构或者他人较大的经济损失。**

在司法审判实践中，涉嫌下列情形之一的，应予以立案追诉：①违反规定为他人出具信用证或者其他保函、票据、存单、资信证明，数额在 100 万元以上的；②违反规定为他人出具信用证或者其他保函、票据、存单、资信证明，造成直接经济损失数额在 20 万元以上的；③多次违规出具信用证或者其他保函、票据、存单、资信证明的；④接受贿赂违规出具信用证或者其他保函、票据、存单、资信证明的；⑤其他情节严重的情形。

（3）犯罪主体。本罪犯罪主体是特殊主体，即银行或者其他金融机构的工作人员以及单位。

（4）犯罪主观方面。本罪行为人主观上是过失。

根据《刑法》第 188 条的规定，犯本罪的，情节严重的处 5 年以下有期徒刑或者拘役；情节特别严重的，处 5 年以上有期徒刑。单位犯罪的，对单位判处罚金，并对其直接负责的主管人员和其他直接责任人员，依照上述规定处罚。

五、对违法票据承兑、付款、保证罪

对违法票据承兑、付款、保证罪，是指银行或者其他金融机构的工作人员以及单位，在票据业务中，对违反票据法规定的票据予以承兑、付款或者保证，造成重大损失的行为。本罪的构成要件如下。

（1）犯罪客体。本罪侵害的客体是国家对金融机构票据业务的管理秩序。

（2）犯罪客观方面。**本罪客观方面具体表现为对违反票据法规定的票据予以承兑、付款或者保证，造成重大损失的行为。**司法审判实践中，银行或者其他金融机构及其工作人员在票据业务中，对违反票据法规定的票据予以承兑、付款或者保证，造成直接经济损失数额在 20 万元以上的，应予立案追诉。

（3）犯罪主体。本罪犯罪主体为特殊主体，仅限于银行或者其他金融机构的工作人员以及单位。

（4）犯罪主观方面。本罪在主观方面一般是过失犯罪，也不排除放任的故意。

根据《刑法》第 189 条的规定，犯本罪的，造成重大损失的，处 5 年以下有期徒刑或者拘役；造成特别重大损失的，处 5 年以上有期徒刑。单位犯本罪的，对单位判处罚金，并对其直接负责的主管人员和其他直接责任人员，依照上述规定处罚。

六、背信运用受托财产罪

背信运用受托财产罪，是指商业银行、证券交易所、期货交易所、证券公司、期货经纪公司、保险公司或者其他金融机构，违背受托义务，擅自运用客户资金或者其他委托、信托的财产，情节严重的行为。本罪构成要件如下。

（1）犯罪客体。本罪侵害的客体是国家对银行业、证券业、期货业及保险业的管理秩序。

（2）犯罪客观方面。**本罪客观方面表现为行为人违背受托义务，擅自运用客户资金或者其他委托、信托的财产。**司法实践中，涉嫌下列情形之一的，应予以立案追诉：①擅自运用客户资金或者其他委托、信托的财产数额在 30 万元以上的；②虽未达到上述数额标准，但多次擅自运用客户资金或者其他委托、信托的财产，或者擅自运用多个客户资金或者其他委托、信托的财产的；③其他情节严重的情形。

（3）犯罪主体。本罪犯罪主体是特殊主体，只能是商业银行、证券交易所、期货交易所、证券公司、期货经纪公司、保险公司或者其他金融机构。自然人不能成为本罪犯罪主体。

（4）犯罪主观方面。本罪主观上是故意。

根据《刑法》第185条之一的规定，犯本罪的，情节严重的，对单位判处罚金，并对其直接负责的主管人员和其他直接责任人员，处3年以下有期徒刑或者拘役，并处3万元以上30万元以下罚金；情节特别严重的，处3年以上10年以下有期徒刑，并处5万元以上50万元以下罚金。

📓 案例分析

某省A集团公司是B证券公司的大股东。某年3月9日，A集团公司董事会向B证券公司董事会发来"指示"，建议B证券公司借款人民币1 000万元给A集团公司另一控股公司C房地产公司，C房地产公司承诺将给予高额回报。B证券公司董事长谭某召集该公司董事会成员开会研究该项借款事宜，决定从客户资金中拨1 000万元到C房地产公司账户。一年后，C房地产公司资金链断裂，借B证券公司的巨款无法偿还。谭某见东窗事发，到该省证监局自首，后该案转至侦查机关刑事立案侦查。

请问： B证券公司的行为构成什么犯罪？说明理由。

解析： B证券公司的行为构成背信运用受托财产罪。因为背信运用受托财产罪是纯正的单位犯罪，即该罪犯罪主体只能是单位，不包括自然人。背信运用受托财产罪的刑事立案标准包括擅自运用客户资金或者其他委托、信托的财产数额在30万元以上的，本案中已达1 000万元，故B证券公司的行为构成背信运用受托财产罪，应对B证券公司判处罚金，对其董事长谭某，应处3年以上10年以下有期徒刑，并处5万元以上50万元以下罚金。

导入案例解析

林甲的行为已构成集资诈骗罪。人民法院依法判处林甲有期徒刑12年，并处罚金20万元。根据《刑法》第192条的规定，集资诈骗罪的客观行为具体表现为：违反国家相关规定，未得到相关部门的批准，用一切手段和方法向公众募集资金的行为。行为结果上表现为：以非法占有为目的，个人集资诈骗数额达到10万元以上，单位集资诈骗数额在50万元以上的，应当承担刑事责任。本案中林甲非法集资337.7万元，数额特别巨大，因而构成集资诈骗罪。

📖 综合练习题

一、名词解释

金融犯罪　保险诈骗罪　操纵证券、期货市场罪　洗钱罪　信用卡诈骗罪

二、判断题

1．凡是违反刑法的行为都属于金融犯罪。　　　　　　　　　　　　　　（　　　）

2．《刑法》已出台11个修正案。　　　　　　　　　　　　　　　　　　（　　　）

3．内幕交易、泄露内幕信息罪的主观方面是故意的。　　　　　　　　　（　　　）

4．擅自设立金融机构罪的犯罪主体只能是自然人。　　　　　　　　　　（　　　）

5．集资诈骗罪可判处责任人死刑。　　　　　　　　　　　　　　　　　（　　　）

三、单项选择题

1. 以下金融犯罪的主体不属于特殊主体的是（　　　）。
　A．违规出具金融票证罪　　　　　B．吸收客户资金不入账罪
　C．违法发放贷款罪　　　　　　　D．擅自设立金融机构罪

2. 某商业银行柜员刘某在工作期间从他人手中获得百元面额假币4万元。后刘某利用职务上的便利，趁储户取款之机，先后在给储户支付存款时夹带假币1.8万元。案发当日，从被告人刘某的办公桌内查获假币2.2万元。刘某的行为构成（　　　）。
　A．持有、使用假币罪
　B．伪造、变造金融票证罪
　C．非法吸收公众存款罪
　D．金融机构工作人员购买假币、以假币换取货币罪

3. 银行或者其他金融机构的工作人员违反国家规定发放贷款，数额巨大或者造成重大损失的行为构成（　　　）。
　A．违法发放贷款罪　　　　　　　B．贷款诈骗罪
　C．高利转贷罪　　　　　　　　　D．挪用资金罪

4. 使用信用卡恶意透支，骗取财物，数额较大的行为构成（　　　）。
　A．伪造货币罪　　　　　　　　　B．信用卡诈骗罪
　C．盗窃罪　　　　　　　　　　　D．信用证诈骗罪

5. 关于洗钱罪的认定，下列哪一选项是错误的？（　　　）
　A．《刑法》第191条虽未明文规定侵犯财产罪是洗钱罪的上游犯罪，但是，黑社会性质组织实施的侵犯财产罪，依然是洗钱罪的上游犯罪
　B．将上游的毒品犯罪所得误认为是贪污犯罪所得而实施洗钱行为的，不影响洗钱罪的成立
　C．上游犯罪事实上可以确认，因上游犯罪人死亡依法不能追究刑事责任的，不影响洗钱罪的认定
　D．单位贷款诈骗应以合同诈骗罪论处，合同诈骗罪不是洗钱罪的上游犯罪。为单位贷款诈骗所得实施洗钱行为的，不成立洗钱罪

四、多项选择题

1. 根据金融犯罪的行为方式不同，可以将金融犯罪分为（　　　）。
　A．诈骗型金融犯罪　　　　　　　B．伪造型金融犯罪
　C．利用便利型金融犯罪　　　　　D．特殊主体金融犯罪

2. 贷款诈骗罪的具体行为包括（　　　）。
　A．使用虚假的经济合同　　　　　B．使用虚假的证明文件
　C．超出抵押物价值重复担保的　　D．使用虚假的产权证明作担保

3. 甲去银行取钱时发现银行自动取款机出现故障，取1 000元只扣1元，甲遂用自己的银行卡（余额200元）取款170次合计17万元并潜逃，下列说法错误的有（　　　）。
　A．甲的行为无罪　　　　　　　　B．甲的行为构成盗窃罪
　C．甲的行为构成诈骗罪　　　　　D．甲的行为构成信用卡诈骗罪

4. 洗钱罪的上游犯罪包括（　　　）。
　A．贩卖毒品罪　B．逃税罪　　　　C．绑架罪　　　　D．贪污罪

5. 关于非法吸收公众存款罪，下列说法正确的有（　　　）。
　A．仙桃市某有限公司不具有房产销售的真实内容，以返本销售、售后包租、约定回

购、销售房产份额等方式非法吸收资金，构成非法吸收公众存款罪

B．上海市某信托投资公司不具有募集基金的真实内容，以假借转让股权、发售虚构债券等方式，向社会不特定对象变相吸收公众存款，数额巨大，其行为构成非法吸收公众存款罪

C．王某等人采取投资入股的名义，向公众吸收存款，并承诺在一定期限内还本付息并给付报酬，王某等人的行为构成非法吸收公众存款罪

D．北京某民间环保公益组织以植树造林为名，向社会不特定人员非法吸收数量巨大的资金，该单位构成非法吸收公众存款罪

五、思考题

1．简述金融犯罪的构成要件。

2．简述《刑法修正案（十一）》对金融犯罪类罪名的主要修改。

3．简述集资诈骗罪与非法吸收公众存款罪的区别。

4．简述信用卡诈骗罪的构成要件。

5．简述金融犯罪应如何防治。

六、案例分析题

2024年4月29日，南京警方抓获一名利用航班延误实施保险诈骗的犯罪嫌疑人李某。经查，李某自2018年以来利用亲戚朋友的身份信息，靠自己预测成功的近900次航班延误，累计骗取保险理赔金高达300多万元。

请问：李某是否构成犯罪？构成何种犯罪？理由是什么？应如何处理？

附 录

自测试卷及答案

更新勘误表和配套资料索取示意图

说明 1：本书配套教学资料存于人邮教育社区（www.ryjiaoyu.com），资料下载有教师身份、权限限制（身份、权限需网站后台审批，参见示意图）。

说明 2："用书教师"，是指为学生订购本书的授课教师。

说明 3：本书配套教学资料将不定期更新、完善，新资料会随时上传至人邮教育社区本书相应的页面内。

说明 4：扫描二维码可查看本书现有"更新勘误记录表""意见建议记录表"。如发现本书或配套资料中有需要更新、完善之处，望及时反馈，我们将尽快处理！

咨询邮箱：13051901888@163.com   咨询电话：13051901888

更新勘误及意见建议记录表

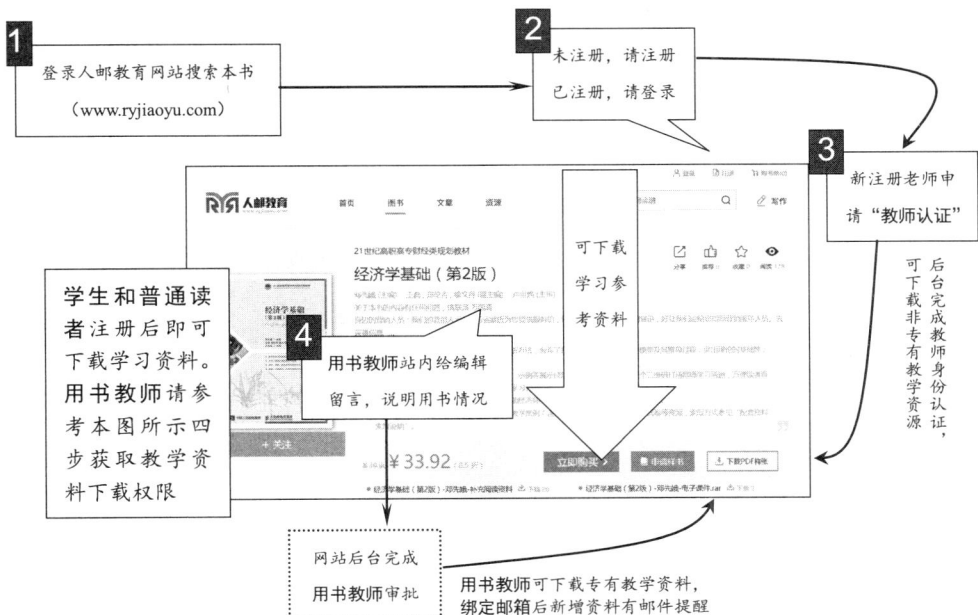

1 登录人邮教育网站搜索本书（www.ryjiaoyu.com）

2 未注册，请注册 已注册，请登录

3 新注册老师申请"教师认证"

后台完成教师身份认证，可下载非专有教学资源

4 用书教师站内给编辑留言，说明用书情况

学生和普通读者注册后即可下载学习资料。用书教师请参考本图所示四步获取教学资料下载权限

21世纪高职高专财经类规划教材
经济学基础（第2版）

可下载学习参考资料

￥33.92

网站后台完成用书教师审批

用书教师可下载专有教学资料，绑定邮箱后新增资料有邮件提醒

主要参考文献

[1] 曹清清，2023. 证券法教程. 北京：中国法制出版社.
[2] 程红星，2022. 中华人民共和国期货和衍生品法释义. 北京：中国金融出版社.
[3] 崔建远，2024. 合同法. 8 版. 北京：法律出版社.
[4] 范健，王建文，2020. 证券法. 3 版. 北京：法律出版社.
[5] 范健，王建文，2021. 商法学. 5 版. 北京：法律出版社.
[6] 郭英，张文辉，2018. 金融法. 北京：清华大学出版社.
[7] 韩松，2020. 民法总论. 4 版. 北京：法律出版社.
[8] 金振朝，2024. 金融担保法律实务 100 问. 2 版. 北京：法律出版社.
[9] 李玉泉，2019. 保险法. 3 版. 北京：法律出版社.
[10] 林旭霞，杨垠红，2022. 债权法. 6 版. 厦门：厦门大学出版社.
[11] 刘隆亨，2020. 银行金融法学. 7 版. 北京：北京大学出版社.
[12] 刘心稳，张静，刘征峰，2023. 票据法. 5 版. 北京：中国政法大学出版社.
[13] 任自力，2024. 信托法学：原理与案例. 北京：法律出版社.
[14] 史国政，2018. 担保法理论与适用实务全书. 北京：中国法制出版社.
[15] 王利明，2023. 民法. 10 版. 北京：中国人民大学出版社.
[16] 王琳雯，李良雄，2022. 经济法实务. 4 版. 北京：人民邮电出版社.
[17] 魏敬淼，2022. 金融法学. 2 版. 北京：中国政法大学出版社.
[18] 谢怀栻，2017. 票据法概论. 2 版. 北京：法律出版社.
[19] 邢会强，2023. 证券法学. 3 版. 北京：中国人民大学出版社.
[20] 许建添，袁雯卿，2023. 融资租赁法律实务 20 讲. 北京：法律出版社.
[21] 徐孟洲，谭立，2019. 金融法. 4 版. 北京：高等教育出版社.
[22] 许永安，2021. 中华人民共和国刑法修正案（十一）解读. 北京：中国法制出版社.
[23] 叶林，2022. 中华人民共和国期货和衍生品法理解与适用. 北京：中国法制出版社.
[24] 岳彩申，盛学军，2024. 金融法学. 4 版. 北京：中国人民大学出版社.
[25] 张明楷，2024. 刑法学. 7 版. 北京：中国政法大学出版社.
[26] 朱崇实，刘志云，2022. 金融法. 5 版. 北京：法律出版社.
[27] 朱大旗，2015. 金融法. 3 版. 北京：中国人民大学出版社.